ドゥルーズと多様体の哲学

二〇世紀のエピステモロジーにむけて

Yohei Watanabe

渡辺洋平

人文書院

はじめに

本書は、二〇世紀フランスの哲学者ジル・ドゥルーズ（一九二五―一九九五）の思想を論じるものである。その理論的な立場は序章において示されるため、ここではまず、全般的な事柄について述べておきたい。

まず取り上げる著作についてである。ドゥルーズは、その生涯において三〇冊近い著作を上梓し、その他にも多くの論考を書いている。当然ながら、本書においてそのすべてを検討することはできない。したがって、重点的に取り扱うべきものを選ばなくてはならない。

一般に、ドゥルーズの著作は年代順に三つに区分されることが多い。すなわち処女作であるヒューム論『経験論と主体性』（一九五三）から、博士論文であり、「哲学することを試みた最初の著作[1]」である『差異と反復』（一九六八）と「初めて伝統的な哲学の形式ではない形式を少しばかり探求した[2]」『意味の論理学』（一九六九）にいたる第一期。次に『アンチ・オイディプス』(一九七二)から『千のプラトー』(一九八〇)にいたる精神分析家フェリックス・ガタリとの共同作業の時期(第二期)。そしてそれ以降の第三期である。

この時期による区別は、ガタリとの共同作業という外的な事情に依拠しているため、非常に明確であるという利点がある一方で、不都合な面もある。それは、特に第三期に内容的にも形式的にも異なるさまざまな著作が含まれてしまうことである。第三期とされる八〇年代以降の著作を挙げてみると、以下のようになる。

まず、画家フランシス・ベーコン論『感覚の論理学』(一九八一)と二巻からなる映画論『シネマ1——運動イメージ』(一九八三)、『シネマ2——時間イメージ』(一九八五)によるイメージについての著作。次にフーコー論『フーコー』(一九八六)、フランソワ・シャトレ論『ペリクレスとヴェルディ』(一九八八)、ライプニッツ論『襞』(一九八八)という哲学者についてのモノグラフ。そしてガタリとの最後の共著『哲学とは何か』(一九九一)である。その他にも、文学論集『批評と臨床』(一九九三)と、アイルランド出身の劇作家サミュエル・ベケットによるテレビ作品の仏訳に付された論考「消尽したもの」(一九九二)がある。これらの多様な著作をひとくくりにするのはかなり難しいと言わざるをえない。また年代ごとに区分けするだけでは、どの著作を取り上げ、どの著作を取り上げないかという基準が不分明であり、考察対象とする著作の選択は、論者の思想と嗜好にゆだねられてしまうことになる。

それに対し、本書はドゥルーズの著作を以下で提示する四つのグループに分類することを提案する。

【一】特定の哲学者や作家に関するモノグラフ。ここには以下のものが含まれる。まず、ヒューム論『経験論と主体性』から、国家博士号取得のための副論文として提出された『スピノザと表現の問題』（一九六八）にいたる一連の著作。これらは『ニーチェと哲学』（一九六二）や『ベルクソンの哲学』（一九六六）の他、『プルーストとシーニュ』の第一版（一九六四）、『マゾッホとサド』（一九六七）等を含み、哲学史家・批評家としてのドゥルーズの力量を示すとともに、『差異と反復』に結実することになるものである。それから八〇年代に書かれたベーコン論『感覚の論理学』、フーコー論『フーコー』、シャトレ論『ペリクレスとヴェルディ』、ライプニッツ論『襞』、それにガタリとの共著『カフカ』（一九七五）も、モノグラフという観点からここに加えることとする。

【二】みずから哲学することを試みた著作。ここには、『差異と反復』と『意味の論理学』、映画論『シネマ1』『シネマ2』が含まれる。『シネマ1』『シネマ2』は映画論でありながら、二冊合わせるならばドゥルーズの著作の中でもっとも大部なものとなるだけでなく、映画に即して語られる時間論や、『ニーチェと哲学』において語られた「偽なるものの力 puissance de

（1）«Préface à l'édition américaine de *Différence et répétition*»[1986], in DRF 280/下157-8.（注の形式については「凡例」を参照）
（2）«Note pour l'édition italienne de *Logique du sens*»[1976], in DRF 58/上85.

faux」の独自の展開など、他の著作にはみられない論点が含まれており、内容的にも哲学的主著と呼ばれるにふさわしいものである。

【三】フェリックス・ガタリおよびクレール・パルネとの共著。まずパルネとの共著として『ディアローグ』（一九七七）が、そしてガタリとの共著として、モノグラフの項に含めた『カフカ』以外の三冊がここに含まれる。すなわち「資本主義と分裂症」の第一巻と第二巻をなす『アンチ・オイディプス』と『千のプラトー』、そして晩年の『哲学とは何か』である。これらは、共著であるという点において【二】と異なっているが、【二】に含めた著作と同様、あるいはそれ以上に独自の概念と思考に貫かれており、ドゥルーズの哲学的な主著とみなすべきものである。

【四】右記以外のもの。ここには以下のものが含まれる。対談集『記号と事件』（一九九〇）、生前に出版された最後の著作となる文学論集『批評と臨床』、死後に出版されたテクスト集成『無人島』（二〇〇二）、『狂人の二つの体制』（二〇〇三）、『書簡とその他のテクスト』（二〇一五）、およびイタリアの劇作家カルメロ・ベーネの『リチャード三世』とともに『重合』のタイトルで出版された「マイナス文学宣言」（一九七九）、そして前述の「消尽したもの」である。

このように分類することで、右記の難点が克服されるだけでなく、ドゥルーズの思想を論じる上で扱うべき著作が自ずと明らかになる。右記の分類にあてはまる著作の数を数えると以下のようになる。【一】一四冊、【二】四冊、【三】四冊、【四】七冊。(3) このように見てみると、ドゥルーズは哲学者と言われながらも、その大部分の著作は哲学者や作家に関する研究書であり、自身の思想を直接語っているものは存外に少ないことがわかる。【二】に分類した『差異と反復』『意味の論理学』『シネマ1』『シネマ2』の他には、【三】の『アンチ・オイディプス』、『千のプラトー』、『哲学とは何か』、『ディアローグ』だけである。したがって、これらの著作が、ドゥルーズの哲学を語る上で必須の対象だということになる。本書が主に取り上げるのも、これらの著作である。

一方、本書では、ドゥルーズの書いたモノグラフ類を主題的に取り上げることはしない。これらの著作は、特定の哲学者や作家に関して書かれたものであり、その対象となった作家、思想家と離れて扱うことはできない。山内志朗が「誤読の天才」と称したように[4]、ドゥルーズの哲学史読解はつねに、どこか逸脱する契機を孕んでいる。これは哲学史の圧迫から逃れるためにドゥルーズ自身が自覚的に採用した方法だったが[5]、この点をおさえておかなければ、ドゥルーズによる哲学史を無批判に再生産することになりかねない。

（3）詳しくは、本節末尾の著作一覧を参照。なお、リセの教科書として編まれた『本能と制度』（一九五五年）や、アンドレ・クレソンとの共著として出版された『デヴィッド・ヒューム』（一九五二年）、ベルクソン選集『思考と生』（一九五七年）、後に『千のプラトー』へと組み込まれる『リゾーム』（一九七六年）といった著作は一覧には含めなかった。

（4）山内志朗、『誤読の哲学――ドゥルーズ、フーコーから中世哲学へ』、青土社、二〇一三年。

（5）ドゥルーズは、自分が哲学史によって蹂躙された世代に属すると述べ、そこから抜け出すため方法が、哲学史をとはいえドゥルーズはその主著においても、過去の哲学者や他の思想家、作家の議論を縦横無尽にパッチワークしながらその議論を組み立てる。この意味で、『差異と反復』の「序文」は彼自身による哲学的マニフェストのようなものである。

哲学書を遥か以前から書かれてきたように書くことがほとんどできなくなるような時代が近づいてきている。「ああ、古きスタイルよ……」新しい哲学的表現手段の探求はニーチェによって開始されたが、今日ではその探求は、例えば演劇や映画といった他の芸術の刷新とともに追求されなくてはならない。この点において、哲学史をどう利用するべきかという問いを今すぐに立てることができる。私たちには、哲学史は、絵画におけるコラージュの役割によく似た役割を演じるべきだと思われる。哲学史とは、哲学そのものの再生産である。哲学史の報告は真の分身として作用し、その分身に固有の変容を最大限に含まなければならないだろう。(口ひげを生やしたモナリザと同じように、哲学的にひげを生やしたヘーゲルや哲学的にひげを剃ったマルクスを想像してみよう)。実在する過去の哲学書を、まるで見せかけだけの想像上の書物であるかのように語らなくてはならないだろう。(6)

哲学史をコラージュし、実在の書物を想像上の書物のように扱うこと。ドゥルーズにとっては、これが哲学するためのスタイルだった。ミシェル・フーコーがいみじくも「劇場としての哲学」と呼んだドゥルーズの哲学に対し、これまでもたびたび「ドゥルーズ固有の哲学とは何か」という問いが立てられてきた。また一方で、ドゥルーズのベルクソン主義、ニーチェ主義、スピノザ主義、ヒューム主義といったものが問題にもなってきた[7]。しかし、哲学史を自覚的にコラージュしながら議論を組み立てていくドゥルーズの哲学の固有さは、なによりもまずこのスタイルそのものの内に見出されるのであり、コラージュによって成立するドゥルーズの哲学

「おかまを掘る enculage」ようなものとみなすことだったと語っている。「私が当時の状況を切り抜けるためのやり方は、哲学史を〈おかまを掘る〉ようなものとして、あるいは同じことだが〈処女懐胎 immaculée conception〉のようなものとして考えることだったように思う。ある作者に背後から近づき、子どもをこしらえる。その子どもは、その作者の子どもであるが、しかしまた怪物的でもある。そんな風に想像してみたのだ」PP 15/17. なお、「immaculée conception」は、本来、「無原罪の宿り」（聖母マリアが原罪を免れた状態で母の胎内に宿ったこと）を指すものであり、「処女懐胎 conception virginale」とは区別されるべきものである。しかし、「おかまを掘る」、「子どもを作る」といった表現から「処女懐胎」と訳した。第一章でもみるように、ドゥルーズは両者をやや混同しているように思われる。「無原罪の宿り」と「処女懐胎」の違いについては、岡田温司、『処女懐胎――描かれた「奇跡」と「聖家族」』、中公新書、二〇〇七年を参照。

（6）DR 4/上18.

（7）奇しくも同じ二〇一三年に日本で上梓されたふたつのドゥルーズ論、國分功一郎『ドゥルーズの哲学原理』（岩波書店）と千葉雅也『動きすぎてはいけない――ジル・ドゥルーズと生成変化の哲学』（河出書房新社）は、それぞれこのふたつの問題を主題にしていたと言ってよいだろう。國分は、ドゥルーズの用いる「自由間接話法」に着目することで、モノグラフ類もドゥルーズの哲学を表現するものとみなす。千葉は、これまであまり取り上げられてこなかったドゥルーズのヒューム論に着目し、ドゥルーズのヒューム主義を「誇張する」という戦略をとる。本書は、このいずれとも異なる道をいくものである。

がどのような姿で現れるかは、ドゥルーズの思想のどの面を強調するかにかかっている。それゆえに、本書ではこうした問いには深入りせず、哲学的主著として先に挙げた八冊の書物を主に取り上げる。それ以外の書は、これら主著の中で提示された問題を理解する手助けになる場合、あるいはさらに敷衍させることができる場合にのみ言及する。

また、本書ではドゥルーズの単著とガタリやパルネとの共著をことさらに区別しないことも断っておく。ここには、ガタリやパルネとの共著で提示された概念がその後のドゥルーズの単著においても用いられているという単純な事情だけでなく、思想的な理由もある。

二〇世紀後半のフランスの知は、作品に先行し、また作品の外部に独立して存在する作者という概念に対して疑義を呈してきた。ロラン・バルトの「作者の死」[8]（一九六八）とフーコーの「作者とは何か」[9]（一九六九）は、たしかに大きな相違も見出されるとはいえ、この意味では軌を一にしていた。ドゥルーズとガタリもこうした思想的風土を共有していたことは間違いない。共同作業をしていた七〇年代、ドゥルーズもガタリも、ともに自分ひとりの名で語ることの不可能性を述べている。

幸いなことに、今後は私ひとりの名において（en mon nom）語ることはほとんど不可能である。『意味の論理学』以降私に起きたことは、フェリックス・ガタリとの出会い、彼との作業、われわれがともにしたことに依拠している。[10]

本書は私の単独著作ではあるが、数年来ジル・ドゥルーズと私が共同で取り組んできた仕事と切り離すことはできない。そのため、私が一人称で話すことになるとき、これは一人称単数であると同時に一人称複数でもある。ここに提案される考えについては、どちらが発案者かといったことは問題としていただきたくない(11)。

『千のプラトー』はその冒頭において、自分たちの名前をそのまま使っているのは「われわれふたりの見分けがつかなくなるようにするため(12)」だと述べている。ふたりの見分けがつかなくなるようにすること、ドゥルーズの思想なのかガタリの思想なのかが問題とならないような地点へと到達すること、これは本書がやがて明らかにするように生成変化のブロックを作り上

(8) Roland Barthes, «La mort de l'auteur»[1968], in *Œuvres complètes*, tome3, Paris, Seuil, 2002(ロラン・バルト、「作者の死」、『物語の構造分析』、花輪光訳、みすず書房、一九七九年所収)
(9) Michel Foucault, «Qu'est-ce qu'un auteur?»[1969], in *Dits et écrits*, tome1, Paris, Gallimard, 1994(ミシェル・フーコー、「作者とは何か」、清水徹・根本美作子訳、『ミシェル・フーコー思考集成Ⅲ』、筑摩書房、一九九九年所収)
(10) «Note pour l'édition italienne de *Logique du sens*»[1976], in DRF 60/上88.
(11) Félix Guattari, *L'inconscient machinique*, Paris, Recherche, 1979, p.15 note4(フェリックス・ガタリ、『機械状無意識』、高岡幸一訳、法政大学出版局、一九九〇年、三七五頁)
(12) MP 9/上15.

げることであり、ひとつの多様体を構成することである。ドゥルーズとガタリにとって、固有名とはこのような「あいだ entre」や「多様体 multiplicité」を指し示すものに他ならない。そして多様体が多様体としてそのまま個体化するとき、ドゥルーズとガタリはそれを「此性 hecceité」と呼ぶ。

ドゥルーズとガタリにとって、「ふたりで書く」ということは、主体や人称を離れ、ひとつの此性になることを意味している。したがってこれは、ドゥルーズとガタリみずからによる多様体の実践なのであり、それゆえに両者の思想を峻別することはあってはならないのである。次の『ディアローグ』の一節をもって本節を閉じることとするが、その意味はやがて明らかとなるであろう。

「多様なもの万歳 vive le multiple」と叫ぶことは、依然として多様なものを作ることではない。多様なものを作り出さなくてはならないのだ。〔……〕私たちはふたりだけだったが、私たちにとって重要だったのは、一緒に仕事をすることというよりも、ふたりのあいだで仕事をするというこの奇妙な事実のほうだった。私たちは「作者」であることをやめたのだ。〔……〕生成変化、反自然の婚姻、非並行的な進化、多言語主義、思考の盗みといったものの全歴史、これこそ私がフェリックスとともにしたことである。〔……〕私たちは一緒に仕事をするのではない、私たちはふたりのあいだで仕事をするのである。こうした条件のもとで、このタイプの多様体が存在するやいなや、それはいくらか政治であり、ミクロ政治である。フェリックスが言うように、〈存在〉以前に政治があるのだ(13)。

ドゥルーズ著作一覧および略号

【一】モノグラフ

Empirisme et subjectivité: Essai sur la nature humaine selon Hume, Paris, PUF, 1953(『経験論と主体性――ヒュームにおける人間的自然についての試論』、木田元・財津理訳、河出書房新社、二〇〇〇年)

Nietzsche et la philosophie, Paris, PUF, 1962(『ニーチェと哲学』、江川隆男訳、河出文庫、二〇〇八年)

La Philosophie critique de Kant, Paris, PUF, 1963(『カントの批判哲学』、國分功一郎訳、ちくま学芸文庫、二〇〇八年)

Proust et les signes, Paris, PUF, 1964 ; 2e éd. 1970 ; 3e éd. 1976(『プルーストとシーニュ』、宇波彰訳、法政大学出版局、一九七四年、増補版一九七七年)[**PS**]

Nietzsche, Paris, PUF, 1965(『ニーチェ』、湯浅博雄訳、ちくま学芸文庫、一九九八年)

---

(13) D 23/34.

Le Bergsonisme, Paris, PUF, 1966（『ベルクソンの哲学』、宇波彰訳、法政大学出版局、一九七四年）［**B**］

Présentation de Sacher-Masoch, Paris, Les Éditions de Minuit, 1967（『マゾッホとサド』、蓮實重彦訳、晶文社、一九七三年）

Spinoza et le problème de l'expression, Paris, Les Éditions de Minuit, 1968（『スピノザと表現の問題』、工藤喜作・小谷晴勇・小柴康子訳、法政大学出版局、一九九一年）

Spinoza, Paris, PUF, 1970; éd. revue et augmentée, *Spinoza: Philosophie pratique,* Paris, Les Éditions de Minuit, 1981（『スピノザ――実践の哲学』、鈴木雅大訳、平凡社ライブラリー、一九九四年）［**SPP**］

Kafka: Pour une littérature mineure, en collaboration avec Félix Guattari, Paris, Les Éditions de Minuit, 1975（『カフカ――マイナー文学のために』、宇波彰・岩田行一訳、法政大学出版局、一九七八年）

Francis Bacon: Logique de la sensation, 2 tomes, Paris, Les Éditions de la Différence, 1981（『フランシス・ベーコン――感覚の論理学』、宇野邦一訳、河出書房新社、二〇一六年）［**FB**］

Foucault, Paris, Les Éditions de Minuit, 1986（『フーコー』、宇野邦一訳、河出文庫、二〇〇七年）［**F**］

Périclès et Verdi: La philosophie de François Châtelet, Les Éditions de Minuit, Paris, 1988（「ペリクレスとヴェルディ――フランソワ・シャトレの哲学」、丹生谷貴志訳、宇野邦一編『ドゥルーズ横断』、河出書房新社、一九九四年所収）

Le pli: Leibniz et le baroque, Paris, Les Éditions de Minuit, 1988（『襞――ライプニッツとバロック』、宇野邦一訳、河出書房新社、一九九八年）［**P**］

【二】みずから哲学した著作

Différence et répétition, Paris, PUF, 1968（『差異と反復』、上下巻、財津理訳、河出文庫、二〇〇七年）［**DR**］

Logique du sens, Paris, Les Éditions de Minuit, 1969（『意味の論理学』、上下巻、小泉義之訳、河出文庫、二〇〇七年）［**LS**］

Cinéma 1: L'image-mouvement, Paris, Les Éditions de Minuit, 1983（『シネマ1——運動イメージ』、財津理・斎藤範訳、法政大学出版局、二〇〇八年）［**IM**］

Cinéma 2: L'image-temps, Paris, Les Éditions de Minuit, 1985（『シネマ2——時間イメージ』、宇野邦一ほか訳、法政大学出版局、二〇〇六年）［**IT**］

【三】フェリックス・ガタリ、クレール・パルネとの共著

Capitalisme et schizophrénie tome1: L'Anti-Œdipe, en collaboration avec Félix Guattari, Paris, Les Éditions de Minuit, 1972（『アンチ・オイディプス』、上下巻、宇野邦一訳、河出文庫、二〇〇六年）［**AO**］

Dialogues, en collaboration avec Claire Parnet, Paris, Flammarion, 1977; éd. augmentée, 1996（『ディアローグ——ドゥルーズの思想』、江川隆男・増田靖彦訳、河出文庫、二〇一一年）［**D**］

Capitalisme et schizophrénie tome2: Mille Plateaux, en collaboration avec Félix Guattari, Paris, Les Éditions de Minuit, 1980（『千のプラトー』、上中下巻、宇野邦一ほか訳、河出文庫、二〇一〇年）［**MP**］

Qu'est-ce que la philosophie?, en collaboration avec Félix Guattari, Paris, Les Éditions de Minuit, 1991（『哲学とは何か』、財津理訳、河出文庫、二〇一二年）［**QP**］

【四】その他

Superpositions, en collaboration avec Carmelo Bene, Paris, Les Édition de Minuit, 1979（『重合』、江口修訳、法政大学出版局、一九九六年）

Pourparlers 1972 - 1990, Paris, Les Éditions de Minuit, 1990（『記号と事件 1972-1990年の対話』、宮林寛訳、河出文庫、二〇〇七年）［**PP**］

«L'Épuisé», in Samuel Beckett, *Quad et autres pièces pour la télévision*, Paris, Les Éditions de Minuit, 1992（『消尽したもの』、宇野邦一・高橋康也訳、白水社、一九九四年）

Critique et clinique, Paris, Les Éditions de Minuit, 1993（『批評と臨床』、守中高明・谷昌親訳、河出文庫、二〇一〇年）［**CC**］

L'île déserte et autres textes: Textes et entretiens 1953-1974, sous la direction de David Lapoujade, Paris, Les Éditions de Minuit, 2002（『無人島 1953-1968』、宇野邦一ほか訳、河出書房新社、二〇〇三年；『無人島 1969-1974』、宇野邦一ほか訳、河出書房新社、二〇〇三年）［**ID**］

Deux régimes de fous: Textes et entretiens 1975-1995, sous la direction de David Lapoujade, Paris, Les Éditions de Minuit, 2003（『狂人の二つの体制 1975-1982』、宇野邦一ほか訳、河出書房新社、二〇〇四年；『狂人の二つの体制 1983-1995』、宇野邦一ほか訳、河出書房新社、二〇〇四年）［**DRF**］

Lettres et autres textes, sous la direction de David Lapoujade, Paris, Les Éditions de Minuit, 2015（『ドゥルーズ　書簡とその他のテクスト』、宇野邦一・堀千晶訳、河出書房新社、二〇一六年）

ドゥルーズと多様体の哲学　目次

はじめに　1

序章　ドゥルーズの哲学とは何か　27

哲学とは何か／概念と問題、哲学の相対主義
内在平面と概念的人物／ドゥルーズの内在平面

第一章　非本質的なものの思想　43

超越論的領野／出来事の概念
出来事の系譜（一）――ストア派／出来事の論理
出来事の系譜（二）――ライプニッツ
出来事の系譜（三）――ホワイトヘッド、役者と反実現
存在の一義性／アリストテレスと存在の多義性
同一性と差異、分析と総合

第二章　映画論からひとつの政治史へ　83

映画へと向かう哲学／アンドレ・バザンとネオ・レアリズモ

ドゥルーズの映画論／潜在的イメージ
結晶イメージ／時間イメージ
偽なるものの力とプラトニズムの転倒
プラトンと道徳（一）／プラトンと道徳（二）
スピノザ主義と拒食症の身体、ひとつの政治史へ

第三章　強度と非有機的生命 137

進化論と熱力学／『生命とはなにか』
強度の差異／熱力学から／同一性と差異
熱力学と差異／ベルクソンと差異／卵としての世界
超越論的原理と新しさの生産／ベルクソンと生命をこえて
非有機的生命／芸術と生の実験

第四章　多様体の論理とノマドロジー 189

一　多様体の論理 189

多様体概念の位置づけ／構造としての理念──『差異と反復』
発生論的観点／理念と強度／理念と多様体

二元論と多様体／知覚しえないものへの生成
多様体と生成変化／此性と個体化／多様体の多様体

二　ノマドロジー　230
遊牧民／『アンチ・オイディプス』における歴史理論
『アンチ・オイディプス』と歴史の三段階（一）
『アンチ・オイディプス』と歴史の三段階（二）
『アンチ・オイディプス』と歴史の三段階（三）
精神分析への批判／ノマドロジーの意義／遊牧民と戦争機械
機械圏、あるいは多元論＝一元論

第五章　欲望と無意識　279
分裂症と自己／分裂症的コギトと集団的アレンジメント
カントと権利における疎外／分裂症者アルトー
無意識と精神病／無意識のふたつの極
分裂性分析へ／三つの線

第六章　芸術とともに　325
芸術と自然／表現と領土／表現と芸術
魔法の鳥スキノピーティス／芸術作品の身分／美学的自然哲学
プルーストと芸術（一）／プルーストと芸術（二）
芸術と生成変化／宇宙と芸術、発生から生成変化へ

あとがき　365

カバー図版：パウル・クレー「さえずり機械」一九二二年

凡例

本書で言及するドゥルーズの著作は、次に挙げる略号で示し、原書／邦訳の順で頁数を示す。邦訳では二分冊となっている『無人島』および『狂人の二つの体制』は、該当の巻を「上下」で表した。

『無人島』『狂人の二つの体制』『批評と臨床』に収録された論文や対談等からの引用の場合、仏語題目と（分かるものに関しては）執筆年を挙げた上で、収録されている著作と該当頁数を示す。

外国語文献の引用に際して、邦訳があるものは適宜参照し頁数を示したが、訳文は必ずしも一致しない。また中には訳書と原文の解釈が異なる場合もある。

訳文中の〔 〕は、引用者による補足を表す。

訳文中の〈 〉は、引用原文において頭文字が大文字で始まっている単語を表す。

訳文中の《 》は、引用原文においてすべて大文字で記されている単語を表す。

引用原文におけるイタリックでの強調は、訳文には反映させなかった。

右記の他、〈 〉をわかりやすさ等を考慮して用いた場合がある。

著作略号（詳しい書誌情報については「はじめに」参照）

AO：『アンチ・オイディプス』／B：『ベルクソンの哲学』／CC：『批評と臨床』／D：『ディアローグ』／DR：『差異と反復』／DRF：『狂人の二つの体制 1975-1982』『狂人の二つの体制 1983-1995』／F：『フーコー』／FB：『フランシス・ベーコン――感覚の論理学』／ID：『無人島 1953-1968』『無人島 1969-1974』／IM：『シネ

マ1——運動イメージ』／IT：『シネマ2——時間イメージ』／LS：『意味の論理学』／MP：『千のプラトー』
／P：『襞』／PP：『記号と事件』／PS：『プルーストとシーニュ』／QP：『哲学とは何か』／SPP：『スピノザ——
実践の哲学』

ドゥルーズと多様体の哲学——二〇世紀のエピステモロジーにむけて

序章　ドゥルーズの哲学とは何か

哲学とは何か

周知のように、ドゥルーズはその晩年、哲学を「概念の創造」として定義した。ドゥルーズにとって、概念を創造するということこそ、哲学を科学とも芸術とも区別する固有の営為なのである。

哲学とは、概念を創造する学問である。〔……〕つねに新しい概念を創造すること、これこそが哲学の目的である。[1]

（1）QP 10/13.

たしかに、西洋の哲学史をひもとけば、数多くの概念が存在してきたことがわかる。プラトンのイデアやアリストテレスの実体にはじまり、デカルトのコギト、ライプニッツのモナド、ベルクソンの持続など、哲学史における概念の例は枚挙に暇がない。

振り返ってみれば、ドゥルーズは、初期のベルクソン論においてすでに「偉大な哲学者とは、新たな概念を創造する者である[2]」と述べており、一貫して概念を哲学の重要な要素とみなしていた。新しい概念を生み出すことこそが、ドゥルーズにとっての哲学の意義なのであり、哲学は概念を創造することで常に新しい思考のあり方を生み出してきたのである。「概念の第一の特徴は、かつてなかった仕方で物事の切り分けを行うということです[3]」。

したがって、ドゥルーズにとって哲学とは、万物の根源や永遠不変の真理を探究するようなものではなく、新たな概念によって思考のあり方を変化させ、それ以前には見えていなかったものを見えるようにする創造的な学問なのである。『哲学とは何か』は、哲学を概念の創造として定義することによって、哲学を科学や芸術だけでなく、社会学や言語学、情報学とも異なるものとして定立し、その権利を肯定するためのドゥルーズからの遺産である。

概念と問題、哲学の相対主義

しかしながら、哲学が創造する概念はそれだけで独立したものではない。ドゥルーズは概念を、それが解答を与える「問題 problème」との関連において提示している。

どんな概念もある問題を、それなしにはその概念が意味を失ってしまうような問題を指し示している[4]。

つまり概念とは、それに対応する問題に対して一定の解答を与えるものなのである。ドゥルーズは、「他者 autrui」の概念を例に挙げている。それによれば、主体の複数性、つまり主体同士の関係や主体相互の呈示（présentation）が問題になるならば、他者は、〈私〉に対する特別な対象、「他の主体」という概念になる。この場合、まず起点となる〈私〉の存在を前提とした上で、〈私〉とは異なるものとしての他者が問題となっているため、他者は〈私〉に対してつねに二次的なものとして現れる。反対に、他の主体に対して特別な対象として現れるならば、私もまたその主体にとってはひとりの他者である。

それに対し、「他者の位置 position d'autrui」とは何かという問題が考察されるならば、他者の概念はまた異なる様相を呈するという。この場合に問われているのは、もはや私に対して現れてくる具体的な他者ではない。

（2）«Bergson 1859-1941»[1956], in ID 28/上41.
（3）«Nous avons inventé la Ritournelle»[1991], in DRF 356/下290.
（4）QP 22/31.

もし私たちがある別の問題、すなわち他者の位置とは何か、すなわち、他の主体が私に対して特別な対象として現れるならばその主体が単に「占め occuper」、また私が他の主体に対して現れるならば今度は私が占める、そうした他者の位置とは何かという問題を発見したと思うならば、明らかにすべてが変わってしまう。この視点からすれば、他者とは誰でもなく、主体でもなければ客体でもない。(5)

ドゥルーズによれば、このような他者は主体でも対象でもなく、私と他者という関係それ自体が生み出されるための構造である。『哲学とは何か』ではあまり詳しく論じられないが、ドゥルーズはこの構造としての他者の概念を、『意味の論理学』に収載されている「ミシェル・トゥルニエと他者なき世界」で論じている。

そこでのドゥルーズによれば、構造としての他者とは、「知覚野一般の総体の作動を条件付けるシステム」(6)である。私の背後に拡がる世界は、私には見えないが、他者には見えるものと想定される。私から遠く離れた場所についても同様である。つまり、今私に見えていない世界の存在は、それが何らかの他者によって見られうると想定されることによって保証されているのである。したがって、世界の空間的な拡がりは、このように想定される他者によって担保されていることになる。

しかし私はまた、この想定された他者の位置へとみずから赴くことで、例えば後ろを振り向くことや、別の場所へと移動することによって、さっきまでは見えていなかった世界を見ることができる。このように、時間をかけて移動することで、私は可能的な他者と合流し、さっきまで見えていなかった世界を見ることができる。つまり私に見えていない世界を見ている他者という想定は、世界の時間的な拡がりも保証してくれるのである。どこかバークリーやフッサールを思い起こさせる議論であるが、ドゥルーズによれば知覚とはこのような他者を想定することによって、時空間の中で展開されることが可能となるのである。

したがってこの場合の他者は、実在するあれこれの他者ではなく、私に対して「可能的なもの」を表現する一般的な他者、他者一般である。これは、表現されるものが実在するものではない場合も同様である。例えば、他者は私に対しておびえた顔みせる。これだけで、その人をおびえさせる可能世界の実在が定立されるのである。ドゥルーズによれば、他者とはこの「可能的なもの」一般の実在であり、表現である。このようにして、構造としての他者は、私とは異なる可能的なものを展開する可能性を条件付けることで、知覚野を成立させるとともに、自他の区別をも可能にする。構造としての他者が存在しなくなれば、私に見えない世界は端的に

（5）*Ibid.*
（6）LS 369/下-252.

無であり、「他者の不在においては、意識と意識の対象はもはやひとつでしかない(7)」のである。

このように同じ「他者」という名前を持つ概念ですら全く異なる内実を持ちうる。ドゥルーズ自身は後者の立場をとり、『意味の論理学』においては、サルトルの名を挙げながら前者のような立場を批判していた。しかし『哲学とは何か』においては、このふたつの他者概念はそれぞれ異なる問題に対応するものとされている。ここにはドゥルーズ流の相対主義がある。というのも、このふたつの概念はどちらも「他者」という名前を持っているが、対象とする問題が異なっている限りにおいて、単純に優劣をつけることはできないからである。両者の概念の有用性は、あくまでもそれが対象としている問題との関係においてでしかはかることはできない。この問題から切りはなされてしまえば、概念は意味を失ってしまうのである。

内在平面と概念的人物

さて、『哲学とは何か』において、ドゥルーズとガタリは、哲学を概念の創造と定義しながらも、それを補完するふたつの要素を挙げていた。すなわち、内在平面（plan d'immanence）と概念的人物（personnage conceptuel）である。そしてこの内在平面こそが哲学における問題の条件を構成するものとされているのである。

概念が解であるとすれば、哲学的問題の諸条件は、概念が前提とする内在平面の上にある。(8)

『哲学とは何か』によれば、内在平面とは、「思考のイメージ image de la pensée」である。思考のイメージは、ドゥルーズが一貫して論じ続けた数少ない概念のひとつである。『ニーチェと哲学』で初めて提示されたのち、『プルーストとシーニュ』を経て、『差異と反復』において一章が当てられ、詳細に論じられた。また『千のプラトー』においても、思考のイメージが国家装置と結びつくことで、普遍的な真理の帝国や精神の共和国が確立され、それによって思考は、真理や法、正義といった内部性のモデルに従属させられるのだと論じられていた。とはいえ、『差異と反復』においても『千のプラトー』においても、思考のイメージはつねに否定的に扱われ、「イメージなき思考」や思考のイメージの破壊が目指されるのに対し、『哲学とは何か』においては、上述のように、概念、概念的人物とならんで哲学に不可欠の要素とされることになる。

しかしながら、論点が変わったにしても、思考のイメージに関するドゥルーズの見解が変わったわけではない。とりわけ『差異と反復』における「思考のイメージ」の章は、個々の哲学者の独自性を明らかにするというよりも、従来の西洋哲学において暗黙の内に前提とされてき

（7）LS 261/下241.
（8）QP 78/142.

た事柄を一般化し、それとの対比によってみずからの哲学が打ち出されるという構成になっていた。[9] それに対し、『哲学とは何か』では各哲学者の創造性を認め、そこに哲学そのものの創造性を見ているのである。それゆえに『哲学とは何か』においては、偉大な哲学者とは新しい思考のイメージを生み出し、それによって思考のあり方を変化させた人物だと言われている。

結局のところ、新しい内在平面を描く、すなわち新しい存在の質料をもたらし、新しい思考のイメージを打ちたてるのは、それぞれの大哲学者ではないだろうか。[10]

それならば、ここでドゥルーズ自身の思考のイメージを問うことも許されよう。ドゥルーズ自身、『千のプラトー』でみずからが提示したリゾームもまた思考のイメージだったと述べている。[11]

さて、ドゥルーズによれば、思考のイメージとは、「思考するとはなにを意味するのか、思考を用いること、思考の内で方向を定めることとはなにを意味するのかについて、思考が手にするイメージ」[12]である。これだけでは非常に分かりにくいが、『差異と反復』アメリカ版の序文では以下のように言われている。

私が言いたいのは、私たちは単に方法にしたがって思考するのではないということ、多かれ少なかれ前提とされ、言葉にならない、暗黙の思考のイメージがあるということです。私たちが思考しようとするとき、このイメージが私たちの目的と手段を規定しているのです[13]。

つまり思考のイメージとは、思考するときすでに前提とされており、思考をある方向へと導くものである。それは意識的な方法論や目的に先立ち、それらを規定するような、一種の超越論的なものである。それゆえに思考のイメージは、哲学的命題として表されることはない。むしろそれは常に命題において、暗黙のうちに了解されている事柄なのである[14]。

（9）「私たちが語るのは、それぞれの哲学によって異なっているあれこれの思考のイメージについてではなく、哲学の主観的前提をその総体において構成しているただひとつの〈イメージ〉一般についてである」DR 172/上352.

（10）QP 52/91.

（11）「リゾームは、樹木のイメージの下に拡がる思考のイメージです」PP 204/302.

（12）「内在平面は、思考された概念でも、思考可能な概念でもなく、思考のイメージ、すなわち思考するとはなにを意味するのか、思考を用いること、思考の内で方向を定めることとはなにを意味するのかについて、思考が手にするイメージである」QP 39/68. なお、「思考の内で方向を定める s'orienter dans la pensée」という表現は、一七八六年のカントの論文 Was heißt : sich im Denken orientieren を元にしていると思われる。

（13）«Préface à l'édition américaine de *Différence et répétition*»[1986], in DRF 282/下161.

（14）「前提というものは、その前提が息吹を与える明示的な命題によってよりも、その前提をまさしく影の中に追いやる哲学者たちの内で存続し続けることによって効力を持つ。哲学における公準とは、哲学者が同意を求める命題ではなく、反対に、暗黙のうちにとどまりながら、前哲学的な様態で了解される命題の主題なのである」DR 172/下351.

ドゥルーズは、デカルトの思考のイメージ、すなわち内在平面として、すべての人が〈思考する〉とはなにを意味するのか知っている、すべての人が思考する可能性を持っている、すべての人が真理を欲するといった事柄を挙げている。ドゥルーズにとって、デカルトのコギトとは、こうした暗黙の主観的な前提の上に構築された概念なのであり、これらを前提とすることで初めて、デカルトはコギトをみずからの哲学の出発点とすることができたのである。

ただし、ここで前提という言葉を、それを元にして哲学が構築されるための教義や個人的な主張のように考えてはならない。思考のイメージあるいは内在平面は、それが概念の前提となる限りにおいて「前哲学的 pré-philosophique」とも呼ばれるが、「前哲学的とは、何か前もって存在するようなものではなく、たとえ哲学がそれを前提とするのだとしても、哲学の外部には存在しない何かを意味している[15]」のであり、「「前哲学的」平面がそう呼ばれるのは、その平面が前提として描かれるからでしかなく、それが描かれることなしに前もって存在するからではは決してない[16]」からである。したがって、内在平面としての思考のイメージは、あくまでも概念と同時に生成するものであり、概念を支えるための台座として、概念とともに創造されるものなのである。

概念的人物は、以上の概念と思考のイメージをその身をもって体現するような人物である。ドゥルーズによれば、デカルトの場合、それは「白痴 idiot」である。それは、人から教えられるような概念を受け入れるのではなく、みずからが生得的に所有している力、すなわち良識

（bon sens）を行使することによってのみ思考しようとする人物であり、まさしく懐疑の果てに「われ思う故にわれあり」という言葉を発する人物である。

彼〔白痴〕こそが〈私〉と言うのであり、彼こそがコギトを開始するのだが、彼こそがまた、主観的前提を保持し、〔内在〕平面を描くのである。[17]

たしかにこうした概念的人物がはっきりと哲学の中に現れるのは、ニーチェのツァラトゥストラやプラトンの対話篇におけるソクラテスなどの例外を除けば稀である。しかしそれゆえにこそ、こうした人物は読者が自ら再構成しなければならない存在なのである。

概念的人物は、たとえ名を持たず、地下に潜行していたとしても、つねに読者によって再構成されなくてはならない。[18]

（15）QP 43/75.
（16）QP 75/136.
（17）QP 60/109.
（18）QP 62/111. また、哲学史上には多くの対話篇が存在するが、ドゥルーズによれば対話篇の登場人物の多くは概念的人物ではない。なぜなら対話篇の登場人物は、著者のそれであれ、批判される側のそれであれ、単に概念を提示する存在にすぎないからである。

したがって、哲学書を読むということは、その哲学がいかなる概念的人物を生み出したのかを探求することであり、その概念的人物によって表現される生の様態を再構成することである。ドゥルーズによれば、哲学の真の主体とはまさしくこの概念的人物であり、概念的人物こそがわれわれの中で思考するのである。哲学者ですら、概念的人物のための外被にすぎない。

これこれの概念的人物が、われわれの中で思考する。[19]

哲学者とは自らの主要な概念的人物の、そして他のすべての概念的人物の外被にすぎず、概念的人物こそが、その哲学の仲介者であり、真の主体である。[20]

哲学者の人生における逸話が、その哲学者自身の哲学を物語っているかのように思えることがあるのは、哲学者がみずからの哲学とともにひとつの生の様態を生み出しているからであって、その逆ではない。「哲学者の名前は、その概念的人物の偽名[21]」なのである。

ドゥルーズの内在平面

以上を銘記しながら、ドゥルーズの思考のイメージ、あるいは内在平面を検討してみよう。

本書では、以下の言葉に着目したい。

われわれは、個体化（individuation）が非人称的（impersonnel）であり、特異性（singularité）が前個体的（pré-individuel）である世界を信じる。[22]

われわれは、主体の観念がまったく利点を失って、前個体的な特異性と非人称的（non-personnel）な個体化を優先するということを信じている。[23]

一読してほぼ同じ文言が繰り返されていることが分かる。ひとつめは一九六八年の『差異と反復』から、ふたつめは一九八八年の文章から引いた言葉である。二〇年という隔たりがありながらも、ドゥルーズが一貫して非人称的個体化と前個体的特異性というふたつの考え方を維持していることがわかる。だがそれ以上にここで着目したいのは、どちらの文章でも同じく「信じる croire」という動詞が使われていることである。

(19) QP 67/122.
(20) QP 62/113.
(21) QP 62/113.
(22) DR 4/上17.
(23) «Réponse à une question sur le sujet»[1988], in DRF 328/下238.

言語学者エミール・バンヴェニストによれば、croireという動詞は、非人称的に断定された事実を主観的な言表行為に変換する機能を持つ(24)。したがって、ドゥルーズはここでcroireという動詞を使うことによって「特異性が前個体的である世界」を主体的に引き受け、それを主張していると考えることができる。しかもこの姿勢は、彼の生涯を通じて一貫していた。非人称的個体化と前個体的特異性からなる世界、ドゥルーズの哲学はこの世界を描写し規定することを目指している。その一方で、この世界自体は信じられるものとして現れてくるのである。

ただしここでも、信じるという言葉をあたかも個人的な信念のように解してはならない。デカルトを例に確認したように、前哲学的前提としての内在平面は、あくまでも概念との関係においてしかとらえられないものだからである。

ところでドゥルーズによれば、内在平面は、実はふたつの顔を持つ。これまでみてきた思考のイメージというヌース〔思考〕の面と、それと相関する存在の質料〔matière d'être〕というピュシス〔自然〕の面である。思考が真理へと向かうときに真理が思考へと戻ってくるように、

タレスの思考が跳ね上がるとき、その思考は水として戻ってくる。ヘラクレイトスの思考が闘い〔polémos〕となるとき、その思考に戻ってくるのは火である。〔……〕内在平面は、〈思考〉と〈自然〉、〈ヌース〉と〈ピュシス〉というふたつの面をもっている(25)。

ならば、ドゥルーズの思考のイメージに対しては、どのような〈自然〉が帰ってくるのか。それは非人称的な「だれか on」の世界である。

非人称的な個体化と前個体的な特異性の世界、それは《だれか ON》の世界、あるいは「彼ら ils」の世界である。[26]

「だれか on」は今や非人称的個体性と前個体的特異性の世界を指し示す。[27]

フランス語の不定代名詞「on」は、その名の通り不特定の人を表す代名詞である。非人称的個体化と前個体的特異性という概念は、この不定の「だれか」の世界をみずからの前提としつつ、それと同時に生成するのである。ドゥルーズの哲学は、この平面の上に構築されている。

（24）「「私は……と信じる je crois（que...）」と言うことによって、私は、非人称的に断定された事実、例えば〈天気が変わろうとしている le temps va changer〉——これが真の命題である——を主観的言表行為（énonciation subjective）に変換しているのである」Émile Benveniste, *Problèmes de linguistique générale*, Paris, Gallimard, 1966, p.264（エミール・バンヴェニスト、『一般言語学の諸問題』、川村正夫ほか訳、みすず書房、一九八三年、二四九頁）

（25）QP 41/70.

（26）DR 355/下283.

（27）DR 382/下338.

ここにドゥルーズ哲学のリミットが存在している。本書はこの立場から、ドゥルーズの哲学におけるいくつかの論点とその帰結を検討するものである。

第一章　非本質的なものの思想

超越論的領野

序章において、ドゥルーズ哲学の内在平面を画定した。すなわち、ドゥルーズの哲学とは、非人称的かつ前個体的なだれか（on）の世界を探求するものなのである。これによって、ドゥルーズの哲学は、「超越論的領野 champ transcendantal」の探求へと導かれることになる。なぜなら、彼自身が言うように、「無名で、遊牧的で、非人称的かつ前個体的な特異性がうごめく世界が開かれるとき、ついにわれわれは超越論的なものの領野に足を踏み入れる[1]」からである。

「超越論的」とは、われわれの世界に対する認識がなぜこのようになっているのか、そのア

（1）LS 125/上187.

プリオリな条件、つまり経験に先立つ、経験に拠らない条件を探求するためにカントによって用いられ始めた言葉であるが、ドゥルーズはこの言葉によって人称的な秩序、すなわち人格や個体性が発生する以前の領野や、第三章においてみるように、世界が新しいものを生み出していくための客観的な原理を表そうとする。ドゥルーズの哲学は、この意味において、一貫して超越論哲学である。

ところでまず、この非人称的な世界が一切の人称を廃絶したカオスのようなものではないということを確認しておこう。截然とした秩序か、一切の区別の存在しないカオスか、という二者択一はドゥルーズが一貫して拒否したものである。『哲学とは何か』において、ドゥルーズは哲学、科学、芸術のそれぞれをカオスと闘う三つの思考形態であると規定し、哲学については以下のように語っている。

哲学は哲学で、未分化の深淵あるいは非類似の大洋としてのカオスとたたかう(2)。

したがって、ドゥルーズが論じる非人称の世界は、非人称的だからといって純然たるカオスではありえない。ドゥルーズの哲学とはむしろ、非人称的な世界がカオスではなく、それ独自の秩序を持っていることを主張し、それを画定せんとするものである。

われわれが規定しようとしている非人称的で前個体的な領野は、対応する経験的な領野に似てはいないが、しかしまた未分化な深淵とも混同されない[3]。

つまり、ドゥルーズが論じようとする非人称的で前個体的な領野とは、確かに人称的・個体的な秩序を持つことはないが、だからといって未分化なカオスというわけでもないのである。そこには人称的なものとは異なる規定性が存在する。ドゥルーズが好んで用いた「特異性 singularité」の概念は、まさしくこの非人称的で前個体的な超越論的領野を規定するものである。

「前個体的」なものとは、特異性そのものである[4]。

個体的でも人称的でもないものとは特異性の放出であり、〔……〕特異性は真の超越論的な出来事である[5]。

(2) QP 195/348.
(3) LS 124/上187.
(4) DR 228/下32.
(5) LS 124/上187. また以下の言葉も参照。「われわれは長い間二者択一の中に抑えつけられてきました。つまり個体で人称(personne)であるのか、それとも未分化で無名の底に合流するのかです。それにもかかわらず、われわれは

ドゥルーズは、一貫して非人称の世界を、ある種の秩序、すなわち特異性によって規定される秩序を持つものとして記述しようとしているのである。それは決してすべての人称が失われた混沌ではない。この独自の秩序を内在する非人称の世界、ドゥルーズはこの世界を、ジェイムズ・ジョイスの言葉を借りて「カオスモス chaosmos」と呼んでいるが、カオスモスは、人称が存在しないという意味においてはカオスと言いうるが、この非人称の世界はまた別様の秩序を持つコスモスなのである。『差異と反復』における「潜在性 virtualité」や「理念 Idée」、「強度 intensité」、『意味の論理学』の「表面 surface」と「出来事 événement」、『アンチ・オイディプス』の「欲望 désir」、『千のプラトー』における「アレンジメント agencement」や「多様体 multiplicité」、「此性 hecceité」。これらの概念はすべて、この非人称の前個体的世界を論じるためのものである。この意味でドゥルーズの哲学はつねに一貫した企図の上に構築されており、この点に関しては変更がないと考えることができる。

さて、本書ではまず出来事の概念の考察から出発したい。出来事の概念は、『意味の論理学』において、存在の表面に属する理念的なものとして導入され、ドゥルーズ自身が「どの著作でも出来事の本性を探求してきた[6]」と述べるように、ドゥルーズ哲学の常数とも言うべき概念である。また『意味の論理学』におけるドゥルーズは、特異性を出来事として論じており、出来事概念の検討を通じて、以上の論点を確認するとともに、ドゥルーズ哲学の特徴を引き出すことが可能となるはずである。

出来事の概念

ドゥルーズによれば、西洋哲学史において出来事の理論は三つの契機を持つ。初めにストア派、二番目がライプニッツ、そして最後がホワイトヘッドである。そして出来事の理論は、この三段階で発展しているとみなされている。

まずストア派において。

かつて初めて、出来事が概念の状態にまで高められるに値すると判断されたことがある。それはストア派によってであり、彼らは出来事を属辞にも性質にもすることなく、命題の主語の非物体的な述語とした。(7)

ドゥルーズがストア派に言及する際に参照していたのは、フランスの哲学史家エミール・ブ

前個体的で非人称的な特異性の世界を発見します。この特異性は、個体にも人称にも無差異の底にも還元されません。それは動的で、盗み、俯瞰する特異性であり、互いに移行し合い、不法侵入を繰り返し、戴冠せるアナーキーを形成し、遊牧的な空間に住み着きます」«Gilles Deleuze parle de la philosophie»[1969], in ID 198/上302.

(6) PP 194/285.

(7) P 71/92.

レイエによる研究書だったことはよく知られている。ここでもやはりブレイエの言葉を引かないわけにはいかない。

例えばメスが肉を切るとき、前者の物体〔メス〕は、後者の物体〔肉〕のうえに、新たな特質（propriété）ではなく、新たな属性（attribut）、〈切られること être coupé〉という属性を産出する。この属性は、厳密に言えばいかなる物的性質（qualité réelle）も指示しない。例えば〈白い〉や〈黒い〉は属性ではなく、一般にいかなる付加形容詞も属性ではない。反対に、属性は常に動詞によって表現されるのであり、このことが意味するのは、属性とは存在（être）ではなく、存在様態（manière d'être）だということであり、ストア派の人たちはこれを、そのカテゴリーの分類において「様態 πῶς ἔχον」と呼んだ。この存在様態は、いわば極限において、存在の表面において見出されるのであり、存在の本性を変化させることはない。この存在様態は、実のところ能動的でも受動的でもないのであり、というのも、受動性は作用をこうむる物体的な本性を想定するとされるからである。存在様態はひたすら結果（résultat）であり、存在には分類されることのない効果（effet）である。(8)

ブレイエはこの後ですぐに、この属性=存在様態を事実（fait）や出来事と呼び変えており、ドゥルーズの出来事概念の出自のひとつが、ここにあることは間違いない。ブレイエが記述する出来事の特徴、すなわち物的性質を持たず、動詞によって表現され、存在ではなく、能動的でも受動的でもなく、純粋に「効果」[9]であること、これらの特徴はすべてドゥルーズの出来事の概念にも該当するものである。そしてドゥルーズにとって出来事の概念が重要なのは、それが物体によって生産される効果でありながら、物体とは本性を異にするという点である。それによってストア派は、「だれも見たことがないところで[10]」、物事に境界線を引くのである。

出来事の系譜（一）――ストア派

以上のような出来事の特徴は、ドゥルーズにとって動詞の不定詞によって表現される。動詞の不定詞はストア派における「不完全なレクトン λεκτὸν ἐλλιπές」と呼ばれるものの一種であるが[11]、ドゥルーズにとって不定詞は、時空間におけるあらゆる位置づけと無関係の動詞のあり方である。

（8）Émile Bréhier, *La théorie des incorporels dans l'ancien stoïcisme*, Paris, Vrin, 2e édition, 1928（1907）, p.11-12（エミール・ブレイエ、『初期ストア哲学における非物体的なものの理論』、江川隆男訳、月曜社、二〇〇六年、二五―二六頁）

（9）フランス語の effet という言葉は、「効果」と「結果」の両方を意味する。

（10）LS 15/上24.

（11）「不完全なレクトン」については、神崎繁、「ゼノンと初期ストア学派」、『哲学の歴史』第二巻、中央公論新社、二〇〇七年、二二四―二二八頁参照。

ドゥルーズはしばしば、出来事は「現在を逃れる esquiver le présent」、という言い方をするが、それは不定詞によって表現される出来事が、時空間上に存在する物体のあり方と本性を異にしていることを意味している。先のメスと肉の例で考えれば、われわれが知覚するのは、切られる前の肉か切られてしまった後の肉のどちらかでしかなく、「切ること couper」や「切られること être coupé」という出来事そのものではない。切るという能動的な出来事も、切られるという受動的な出来事も、それが実現される物体を抜きにしては知覚できないのである。あるいは、水が零度で氷へと変化するという出来事についても同様である。われわれに知覚できるのは、まだ氷になる前の水か、すでに氷になってしまった水であり、決して「氷になる」という出来事そのものではない。この意味で、出来事とは非物体的なものであり、つねに〈来たるべきもの à venir〉であるとともに〈すでに過ぎ去ったもの déjà passé〉であり、決して物体のなかには存在（exister/εἶναι）せず、ただ存立する（subsister/ὑφεστάναι）だけである。

ブレイエは、ストア派が存在のふたつの平面を分離したと述べていた。すなわち、一方には、深く物的な存在、力があり、他方には、存在の表面で戯れ、紐帯も終わりもなく非物体的な存在の多様体を構成する事実〔出来事〕の平面がある。(12)

『意味の論理学』は、その全体がさまざまな二元性、すなわち事物の状態（état de choses）と出来事の二元性、食べることと話すことの二元性、クロノスとアイオーンの二元性といった二元性によって貫かれているが、これらの二元性はこのふたつの平面の二元性と一致する。すなわち一方の物体と、他方の非物体的なものの二元性である。そしてドゥルーズは後者を、それが存在ではないという意味において「存在の外なるもの＝外存在 extra-être」と呼ぶ。主語をもたない動詞の不定詞によって表現される出来事は、主語をともない活用変化することで物体に帰属するのである。[13]

さて、ドゥルーズによれば、このように出来事の概念を初めて生み出したストア派の最大の貢献とは「因果関係の切断[14]」である。いささか分かりにくい表現だが、これもストア派による物体と非物体的なものの区別から生じる事態である。

ストア派の人々は、ものの性質や理性、思考、魂も含めて、存在するものはすべて物体であると考えていた。そして物体は他の物体と関係し、非物体的な属性＝出来事を産出する（例え

（12）Bréhier, *op. cit.*, p.13（ブレイエ、前掲書、二七頁）

（13）「事物の属性とは動詞であり、例えば〔木にとっての〕〈緑になること verdoyer〉であり、より正確にはこの動詞によって表現される出来事である。そしてそれは、主語によって指示される事物や、命題全体によって指示される事物の状態に帰属するのである」LS 33/上50.

（14）「ストア派の思想でもっとも偉大で大胆なもののひとつは、因果関係の切断である」LS 198/上297.

ば、メスによって〈切られること〉という属性が肉に対して生み出される）。しかしこの産出された属性は、ブレイエも書いていたように、物体と本性を異にする非物体的な効果である。つまり原因となる物体から、物体とは本性の異なる出来事が生じるのである。だがストア派においては、物体同士は互いに原因であるとされ、原因―結果という因果関係に入ることはない。

ふたつの存在〔物体〕のあいだの原因と結果の関係は、彼ら〔ストア派〕の学説には完全に欠けている[15]。

しかし一方、非物体的な効果も、非物体的である限りにおいて、物体に対して原因として作用することができない。

出来事とは、効果であり非物体的なものであって、それは、そのようなものとして、単に効果であって決して原因ではなく、つねに作用しないもの（inactif）である[16]。

したがって、物体は他の物体と相互に原因であり、非物体的な属性を産出する。一方の産出された属性は、純然たる効果＝結果である限りにおいて、物体に対して原因として働きかけることはない。そのため、この属性＝出来事は、決して他の物体に対して原因となることのない純粋な効果＝結果だということになる。ここからドゥルーズは、ストア派が、事物を原因同士のグループ（物体／存在）と結果だけのグループ（出来事／外存在）に分けたとみなす。

ストア派は、因果関係を分割し、各々の側で統一を作り直す。彼らは、原因を原因へと差し向け、原因相互のつながり（運命）を肯定する。彼らは、結果を結果へ差し向け、結果相互のあいだに一定の結び付きを定立する。ただしそれはまったく同じやり方によってではない。非物体的な効果＝結果は、別の非物体的な効果＝結果に対しては、決して原因ではなく、ただ「原因に準ずるもの＝準原因 quasi-cause」である。(17)

物体は他の物体に対して原因としてのみ関係し、運命とはこの原因間の関係の総体を表す言葉である。それに対し、ドゥルーズによれば、非物体的な効果としての出来事は、他の効果＝

(15) Bréhier, *op. cit.*, p.11（ブレイエ、前掲書、二四頁）
(16) *Ibid.*, p.35（同前、六一頁）
(17) LS 15/上24. なおドゥルーズは、アレクサンドリアのクレメンスによる以下の言葉を引いている。「一方の人々〔ストア派〕は、物体が第一義的に原因であり、非物体的なものは、言葉の転用によって原因であり、単に原因のようである（οἷον αἰτιωδῶς）と主張する」*Stoicorum veterum fragmenta*, Bd. II, hrsg. von H. von Arnim, Stuttgart, 1903, 345, S.119（『初期ストア派断片集2』、水落健治・山口義久訳、京都大学学術出版局、二〇〇二年、四五三頁）, cité in LS 115/上182 note1.

出来事に対して原因に準ずるもの、準原因として関係するのである。

出来事は、非物体的効果であり、それが帰結するところの物体的原因とは本性において異なっている。また出来事は、物体的原因とは別の法則を持ち、非物体的な準原因との関係によってのみ規定される[18]。

ドゥルーズにとってこのことが重要なのは、物体と非物体的なものとのあいだを切断することによって、非物体的なもの同士の関係を、すなわち出来事同士の関係を、それを生み出す物体に依存させることなしに考えることが可能となるからである。ドゥルーズはこの非物体的な出来事同士の関係性を思考しようとしているのであり、ドゥルーズの独自性は、ストア派による因果関係の切断を引き受けつつも、非物体的な出来事をこの経験的世界を発生させるものとしてとらえ直そうとする点にある。この論点は、非物体的なものから物体的なものが生じるという意味において「処女懐胎 immaculée conception」とも呼ばれるが[19]、しかしドゥルーズによれば、ストア派はこの課題を達成することができなかった。

出来事相互の関係は、理念的ないしノエマ的な準原因の視点からすると、まずは非因果的な対応性、非論理的な両立可能性や両立不可能性を表現する。〔……〕しかしながら、われわれに残されている断片的なテクストは期待外れであり、ストア派は単なる物理的因果性や論理学的な矛盾に引き返してしまうという二重の誘惑を払いのけることができなかったようである。非論理的な両立不可能性の最初の理論家、したがって出来事の最初の偉大な理論家はライプニッツである[20]。

こうしてストア派による出来事の理論を引き継ぐものとしてライプニッツが登場してくるのである。

次いで、ライプニッツが出来事に関する第二の偉大な論理を作りだす。世界そのものが出来事であり、それは非物体的（＝潜在的）述語である限りにおいて、ひとつの背景（fond）としてそれぞれの主体のなかに包摂されているにちがいない。そして各々の主体は、みずから

（18）LS 169/上251.
（19）「意味の論理の中心にはつねにこの問題が、つまり不妊状態（stérilité）から発生（genèse）へという処女懐胎（immaculée conception）が見出される」LS 118/上177. ここでも不妊性から発生への移行が「immaculée conception」と呼ばれており、「はじめに」でみた箇所と同様、ここでもドゥルーズは「処女懐胎」と「無原罪の宿り」を混同しているように思われるため、「immaculée conception」を「処女懐胎」と訳した。なお、以下の注39も参照のこと。
（20）LS 200/上297.

の視点に対応する様態をそこから引き出すのである。[21]

ライプニッツとともに出来事の理論は第二段階を迎える。すなわち、非物体的出来事から世界の発生を論じることである。このとき、出来事はまさしく世界を発生させる前個体的な特異性となるのである。

出来事の論理

ここでライプニッツに話を移す前に、ドゥルーズの論点を確認しておく。ドゥルーズによれば、

まず出来事の一次的な両立不可能性（incompatibilité）の関係がある。物理的因果性は、この関係を二次的に物体の深層に登録するにすぎず、論理学的矛盾は、この関係がさらにその後で概念の内容へと翻訳されたものにすぎない。[22]

つまりドゥルーズは、まず出来事同士の両立可能性・不可能性の関係があり、両立可能な出来事のみがこの世界の物体へと受肉（s'incarner）してくると考えているのである。最後の論理学的矛盾とは、以下の例における「灰色で強健な蝶」のような、現実の個体の次元における

矛盾を表す。

ドゥルーズは、ジョルジュ・カンギレムの著作からイギリスの工業地帯に見られる蝶の例を引いている[23]。それによると、この蝶には、黒色の個体と灰色の個体が存在し、黒色の個体の方が強健で、灰色の個体の方が虚弱である。しかしながら、黒色の個体が灰色の個体を駆逐してしまうという事態は起こっていない。灰色の個体は、自然界においては樹の色と同化することで外敵から逃れているのに対し、黒色では目立ってしまい、捕食される可能性が高いからである。こうして、強健であるが安全性が低い黒い個体と、虚弱だが安全性が高い灰色の個体というふたつの組み合わせが見出されるのである。

ドゥルーズは、この現象を出来事間の両立可能・不可能性の関係から考察している。つまりドゥルーズによれば、この現象は、〈灰色になること grisonner〉という出来事が〈身を隠すこと se cacher〉や〈木の幹と一体化すること se confondre avec le tronc d'arbre〉という出来事と両立可能な関係にあり、〈黒色になること noircir〉という出来事が〈強健になること in-vigorer〉という出来事と両立可能な関係にあることに由来するのである。反対に灰色で強健な個体や、黒色で身を隠すことのできる個体が存在しないのは、〈灰色になること〉と〈強健

(21) P 72/92.
(22) LS 200/上297.
(23) LS 199/上296.

になること〉のあいだ、〈黒色になること〉と〈身を隠すこと〉のあいだに、なんらかの両立不可能な関係があるからである。

したがって、あくまでもまず動詞の不定詞によって表現される出来事があり（存立し）、それらが両立可能ならば、それが存在する個体へと受肉してくる。ただし、出来事が両立不可能だからといって、それらの出来事は互いに矛盾しているわけではない。たしかに、現実に存在する蝶の個体としては、灰色で強健、あるいは黒色で虚弱、という組み合わせは矛盾する（先の引用における論理学的矛盾）。また、ホルモンの作用など、ふたつの性質が両立しないことの物理的な原因を割り出すことも可能である。しかし、出来事の次元においては、矛盾とは異なる関係性があるのであり、あくまでも出来事における両立可能性・不可能性の関係が、矛盾に先行しているのである。

ドゥルーズがライプニッツを評価するのは、ライプニッツが、まさにこの矛盾とは異なる、前個体的な出来事同士の関係を考察したからである。すなわちドゥルーズは、ライプニッツにおける共可能的・非共可能的（compossible/incompossible）の概念を、出来事同士の両立可能性・不可能性の概念としてとらえようとするのである。

出来事の系譜（二）——ライプニッツ

ライプニッツによれば、ある個体が世界の内に存在しうるためには、その個体の概念が矛盾を含まなければよい。つまり概念的に無矛盾な個体は、それだけで存在する可能性を持つのである。しかしながら、概念において無矛盾な個体はあくまでも存在する可能性を持つだけであり、そのすべてが存在するわけではない。各個体はあくまでも世界の一員として存在するのであり、それ自体としては無矛盾であっても、他の個体の概念と両立不可能であることが考えられるからである。したがって、ある個体の概念が他の個体の概念と両立不可能ならば、このふたつの個体が同一世界内に存在することは不可能となる。しかしこのことは逆に言えば、世界は、互いに矛盾することのない個体群によって作られているということでもある。互いに矛盾することのない個体同士はひとつの世界を作り上げる。「共可能的」とは、このように互いに矛盾することなくひとつの世界を作ることのできる個体同士の関係を表す言葉であり、共可能的な個体の組み合わせによっていくつもの可能な世界が作られることになるのである[24]。

ドゥルーズは、ライプニッツが、神は個体的実体としてのモナドではなく、あくまでもモナドが存在する世界を創造したと述べている点を何度も強調する。またそれと同時に、個体概念がその個体に起こる出来事あるいは述語のすべてを含むというライプニッツの考えを強調することは恣意的であるとも主張する。

(24)『哲学・思想辞典』(岩波書店、一九九八年)における佐々木能章による「可能世界」の項を参照した。

ライプニッツの哲学において述語の内属を特権化するのは恣意的である。というのは、表現的モナドへの述語の内属は、まず表現される世界の共可能性を前提とし、世界の共可能性の方は、収束と発散の規則による純然たる特異性の配分を前提とするからである[25]。

非共可能性は、述語が個体的な主語、すなわちモナドに内属することを前提とすらしていない。その逆であり、初めから共可能的な出来事に対応する述語だけが内属する述語として規定されるのである[26]。

神は個体としてのモナドではなく、モナドが存在する世界を創造した。このことはすなわち、個々のモナドに対して世界の方が先行していることを意味する。つまり、ひとつの世界において互いに共可能的な出来事だけがモナドへ内属する述語となるのであり、個体的なモナドに対し、あくまでも特異性=出来事が先行するのである。この意味で、特異性としての出来事はあくまでも前個体的である[27]。この個体に先行する出来事間の関係を考察した点こそ、出来事概念の系譜におけるライプニッツの貢献なのであり、「ライプニッツには、述語に対する出来事の先行性と始原性についての生き生きとした意識がある[28]」のである。

かくしてドゥルーズは、共可能性・非共可能性というライプニッツの概念を出来事同士の両立可能性・不可能性を表すものとみなすことになる。ドゥルーズによれば、例えば「罪を犯さないアダム」はそれ自体では矛盾するものではない。矛盾が生じるのは、「罪を犯さないアダム」と「罪を犯したアダム」とのあいだにおいてである。[29] しかしだからといって、罪を犯さないアダムのような可能的なアダムがすべて存在するわけではない。実際にこの世界に存在したのは、罪を犯したアダムだからである。したがって、罪を犯さないアダムがこの世界に存在しなかったなんらかの理由があることになる。ドゥルーズはこの理由を、アダムが罪を犯さない世界とアダムが罪を犯す世界の関係に見ようとするのである。

罪人ではないアダムと、アダムが罪を犯した世界とのあいだには独特な排除の関係があるに違いない。罪人でないアダムは別の世界を包摂しているのだろう。このふたつの世界のあいだには、矛盾とは別の関係がある。[30]

(25) LS 135/上202.
(26) LS 200/上298.
(27)「特異性とは一般性ではなく出来事であり、出来事の滴である。それでも世界が世界を表現する個体に対して潜在的に先にくる限りにおいて、やはり特異性は前個体的である」P 86/113.
(28) LS 200/上298.
(29) ドゥルーズは一貫してこの説明を用いていたが、管見の限りライプニッツのテクストに同様の主張はみられない。おそらく「アルノー宛書簡」における「可能的アダム」に関する言説と、他の箇所でいわれる、「可能的であるには無矛盾であればよい」という主張をあわせて考えているのだと思われる。
(30) P 79/103.

ドゥルーズはこの独特の排除の関係を、それが矛盾（contradiction）とは異なるものであり、矛盾に取って代わるものであるという意味で副盾（vice-diction）と呼び、ライプニッツのいう非共可能性と並置している。

このようにあらゆる個体的実体に関して、いくつもの可能的なありかたが考えられる。またそれだけでなく、ライプニッツによれば、「すべての可能的なものは、存在しようとしている」[31]。しかし、実際に存在するのは、神が創造する世界と共可能的な出来事を含む個体だけである。その理由こそが、神がアダムではなく、アダムが存在する世界を創造することなのである。

神はアダムが罪を犯す世界を創造する。したがって、この世界と共可能的ではない出来事を含む個体は存在できない。罪を犯さないアダムはこの世界と非共可能的である。それゆえに罪を犯さないアダムはこの世界には存在しない。だからこそドゥルーズは、世界の存在は出来事の収束によって定義されると述べるのである。

表現される世界は、各々の特異性に従属する諸系列が、他の特異性に従属する諸系列とともに収束する限りにおいて、まさしくひとつの世界を形成する。この収束こそが、「共可能性」を世界の総合の規則として定義するのである。系列が発散するところでは、当初の世界とは

非共可能的な別の世界が開始する。(32)

この一節は非常に重要である。ドゥルーズは、世界が共可能的な出来事＝特異性の収束によって定義されると述べている一方で、系列が収束しない場合、別の世界が開始すると考えているからである。これはドゥルーズのライプニッツへの批判にかかわる論点であり、見逃すことはできない。

ドゥルーズによるライプニッツへの批判は、神の仮定と最善律により、この世界以外の可能性を排除したことにある。

共可能性の規則を、ライプニッツは出来事の相互排除のために用いる。発散や離接を、ライプニッツは否定的に、排除のために使用するのである。ところでこんなことが正当化されるのは、出来事がすでに、ある神の仮定の下でとらえられている場合だけである。すなわち、互いに区別される世界と個体の内に出来事を実現するという観点から、計算し、選択する神

（31）*Die Philosophischen Schriften von Gottfried Wilhelm Leibniz*, hrsg. von C. I. Gerhardt, Bd. IIV, Berlin, 1890, S.289（「二四の命題」、酒井潔訳、『ライプニッツ著作集』第八巻、工作社、一九九〇年、四八頁）
（32）LS 134/上200.

である。[33]

つまり、いくつもの可能世界が存在するが、ライプニッツにおいて、それらの可能世界のうち存在しうるのは神によって選ばれた最善の世界だけであり、その他の世界は存在することはない。ライプニッツの『弁神論』の末尾には、セクストス・タルキニウスに関する無限の可能な世界が記述されている。しかしこれらの可能世界はピラミッド状に重なっており、それは一番上の世界が最善だからである。神はこの最善の世界だけを存在させ、その他の可能世界は存在させない。そこにドゥルーズは排除の論理を見るのである。つまりドゥルーズは、この世界の内部における、いくつもの非共可能的な世界の現前を思考しようとしているのである。非共可能的な個体の周りには、この世界とは別の世界が展開しているはずである。そしてここに、出来事の第三の契機としてホワイトヘッドがやってくることになるのである。

出来事の系譜（三）――ホワイトヘッド、役者と反実現

ホワイトヘッドとともに、出来事に関する第三の偉大な論理が到来するだろう。[34]

ホワイトヘッドとともに、三度目の、出来事とは何かという問いが鳴り響く。[35]

すでにライプニッツへの批判の裏側として、ドゥルーズ自身のもくろみを提示しておいた。すなわち、この世界の内部において非共可能的な世界を思考すること。それによってこの世界の内に無数の分岐を見出すこと。これが、『襞』においては、ホワイトヘッドの他、ジョイスやボルヘスといった小説家に仮託したかたちで述べられている。

ホワイトヘッドにとっては〔そして現代の多くの哲学者にとっては〕、〔ライプニッツとは〕反対に、分岐、発散、非共可能性、不調和は同じ雑多な世界に属し、この世界は表現的な統一性に包摂されることはありえず、ただ把握的な統一性にしたがって、また可変的な配置や、変化する捕獲作用につれて形成されては解体されるだけである。発散する諸系列は、ひとつの同じカオス状の世界のなかに、絶えず分岐する小道を張り巡らせるのであって、ジョイスやモーリス・ルブラン、ボルヘス、あるいはゴンブローヴィチにみられるように、それは「カオスモス」なのである。[36]

(33) LS 201/上299.
(34) P 72/93.
(35) P 103/133.
(36) P 111/142.

ここで言われる「現代の多くの哲学者」と同様、ドゥルーズもまた、非共可能的な出来事を同じ世界の内で思考しようする。すなわち、「表現の外には存在しない表現されるものすべてを住まわせることによって、私たちの世界を多数化 multiplier すること[37]」。

そして文学ではなく、むしろそれ以上にふさわしい芸術についてドゥルーズは二冊の書物を書いていた。すなわち映画についてである。そのため、ここでドゥルーズのホワイトヘッド観を検討することはしない。ドゥルーズがホワイトヘッドに見出した論点は、ドゥルーズ自身の思想にかなり近いからであり、それはとりわけ映画論において展開されているからである。

とはいえ映画論については次章で取り上げることとし、ここでは別の側面から、もう少しドゥルーズの出来事の理論を追求してみたい。それは『意味の論理学』における役者についての言説である。それによれば、役者とは、出来事を把握し、出来事を演じる人物であり、みずからに固有の出来事に、別の出来事を接ぎ木する人間である。すなわちこの世界に、自分とは非共可能的な出来事を受肉すること。こうして役者は、自らを出来事の所産としてとらえるための視点を与えてくれるのである。これが、ドゥルーズが反実現（contre-effectuation）という言葉で語ったことである。

俳優が演じるのは、決して登場人物ではない。俳優が演じるのは、出来事の要素によって構成された主題であり、つまり個体と人称の制限から実際に解放され、交流し合う特異性によって構成された主題である。役者は、非人称的で前個体的な役柄にみずからを開くために、常にまだ分割可能な瞬間へその人格のすべてを差し出す。だから役者は、常に別の役を演じる役を演じている状態にあるのである。〔……〕自分自身の出来事の俳優になること、反実現。[38]

役者は、自分とは異なる役柄を演じることによって、他の出来事を受肉し、この世界に非共可能的な出来事を実現する。そのために、みずからの人格＝人称を差し出し、非人称的で前個体的な次元へと開かれていくのである。それによって役者は、自己を出来事の集合としてとらえる視点を与えてくれるのである。

自己を出来事の所産としてとらえること、そして自己に到来する出来事を意志すること。ドゥルーズによれば、ストア派の道徳とはこのようなものであった。ストア派の賢者は、それによって準原因と同一化し、みずからを出来事の効果としてとらえることができるようになるのである。[39] ドゥルーズにとってこの視点が重要なのは、それによって、存在する個体を、出来事

（37）DR 335/上244.
（38）LS 176/上262.
（39）「ストア派の道徳とは、出来事をそのまま意志すること、言いかえるなら、到来するものを到来するままに欲す

からなる偶発的事例（cas fortuit）としてとらえ、あらゆる存在者を差異からとらえることが可能となるからである。先に言及した蝶の例について以下のように言われている。

灰色の蝶は、〈身を隠すこと〉という出来事を非常によく理解しており、木の幹に張り付き、同じ場所にとどまりながらも、黒色の〈強健になること〉との全隔たりを駆け巡り、もう一方の出来事を個体として反響させるのだが、それは、出来事としての、偶発的事例としての、自分という個体においてである。(40)

灰色の蝶が〈身を隠すこと〉という出来事を受肉し実現するのは、黒色の蝶の〈強健になること〉という出来事との距離、隔たりを肯定することによってである。ドゥルーズによれば、それは「ふたつの事物やふたつの規定を両者の差異によって肯定する操作」であり、「もはやふたつの反対のものを同じものに同一化することではなく、両者の隔たりを、両者が「異なるもの」である限りで相互に関係させるものとして肯定すること」である。(41) すなわち、個体をその個体として個体化する出来事は、それ以外の出来事との距離を肯定することによって個体化を行うのである。個体を、個体化する差異からとらえ直すこと。それによってあらゆる存在者が、一義的に差異から思考されうるのである。

個体は出来事として把握されなくてはならない。また個体は、自己において実現される出来事を、同様に自己に接ぎ木される別の個体として把握しなくてはならない。〔……〕各個体は、特異性を凝縮する鏡のようなものになり、各世界は、この鏡の中の距離のようになる。

ることである」LS 168/上249.「ストア派の賢者は準原因に「同一化 s'identifier」する。〔……〕しかし、また同時に、彼は受肉を、すなわち純粋に非物体的な出来事が事物の状態、みずからの身体とみずからの肉に実現することを望む。準原因に同一化することで、賢者は非物体的な効果を「身体化＝物体化 corporaliser」することを望むのである」LS 171-172/上254-255.

ピエール・モンテベロは、このストア派の道徳に着目し、「immaculée conception とは静的発生の名前であり、「有機的な意志（volonté organique）を精神的な意志（volonté spirituelle）に取り替える、全身体のその場での跳躍」〔LS 175/上260〕の名前である」と述べる（Pierre Montebello, *Deleuze: la passion de la pensée*, Paris, Vrin, 2008, p.121）。モンテベロが引用している頁で、ドゥルーズ自身も「恩寵の状態に戻る renaître」、「出生をやり直す se refaire une naissance」、「肉の出生と決別する rompre avec sa naissance de chair」といった表現を用いており、この解釈は「immaculée conception」を「無原罪の宿り」に近づけているように思われる。しかしモンテベロは、先に引用した「意味の論理の中心にはつねにこの問題が、つまり不妊状態から発生へという処女懐胎が見出される（Au cœur de la logique du sens, on retrouve toujours ce problème, cette immaculée conception comme passage de la stérilité à la genèse）」という文章から immaculée conception という言葉を消し、「意味の論理の中心にはつねにこの問題が、つまり不妊状態から発生への移行という問題が見出される（Au cœur de la logique du sens, on retrouve toujours ce problème : passage de la stérilité à la genèse）」と引用している。これは「immaculée conception」を「無原罪の宿り」として解釈するためと思われるが、やや恣意的である。いずれにしてもドゥルーズのこの言葉の使い方にはやや混乱があるようにみえる。

（40）LS 210/下12.

（41）LS 202/上300.

これこそが反実現の究極の意味である[42]。

存在の一義性

以上の考察は、そのままドゥルーズの存在論の考察へと結びつく。というのもドゥルーズが主張した存在の一義性とは、すべての存在者が等しく存在しているということを意味するのではなく、「〈存在〉が、ただひとつの同じ意味において、その個体化する差異のすべてについて言われる」ということを本質としているからである[43]。

ドゥルーズ自身は、「個体化する差異のすべてについて」の「ついて de」をイタリックで強調しているが、ここでは「個体化する差異 différence individuante」に着目したい。ドゥルーズによれば、個体化する差異とは、個体をその個体たらしめる要因であり、決して構成された個体を意味しない。あくまでも前個体的な次元で個体を構成する原理として働くものが、個体化する差異なのである[44]。

本書のこれまでの文脈からするならば、これは、個体的実体に述語として内属する出来事である。したがって、出来事の理論からとらえるならば、存在の一義性とは、個体を構成するすべての出来事が存在論的に等しいことを主張するものなのである。

存在は、きわめて多様な事物に到来するすべてのもののための共通の出来事（événement

unique）として、すべての出来事のための端的な出来事（eventum tantum）として到来する。(45)

ただしこのような一義的な存在それ自体は存在ではない。すでに見たように、出来事とは、物体的な事物の状態とは本性において異なる非物体的なものであり、外存在だった。したがって、出来事にかかわる一義的存在も存在するということはできない。一義的存在もまた外存在である。

一義的存在は、それ自体外存在であり、つまり実在的なもの、可能なもの、不可能なものに共通の最小の存在である。(46)

（42）LS 208/下10.
（43）DR 53/上108.
（44）一義的存在が、個体ではなく、個体化の場面において語られるという点は、早くから山内志朗によって指摘されていた。山内志朗、「ドゥルーズの中のドゥンス・スコトゥス」、『現代思想』一九九六年一月号、青土社参照。ドゥルーズのスコトゥス理解についても同論文および、その加筆版である『誤読の哲学』（前掲書）の第一章を参照。
（45）LS 210/下13.
（46）LS 211/下15. なお、ここで言われている「不可能なもの」とは、例えば「丸い四角」のように、それ自体で矛盾を含むものである。不可能なものはたしかに事物として存在することはできないが、ある種の意味を持ち、したがって外存在に属するとドゥルーズは考えている。

ここから帰結するのは、この一義的存在に対しては、あらゆる出来事が同じ価値を持つということである。というのも、「〈存在〉は、それが言われるものすべてについて、ただひとつの同じ意味において言われる[47]」のであり、存在が言われるものとは個体化する差異であり、個体化する差異とは、ここでは特異性としての出来事だからである[48]。したがって、特異性としての出来事が述語として個体に内属するとき、これらの述語は互いに相等しい価値を持つ。

ある述語がある個体的主語に帰属するとき、この述語はいかなる度合いの一般性も持たない。色を持つことは緑であることよりも一般的なことではなく、動物であることは理性的であることよりも一般的なことではない。〔……〕色を持つことが緑であることよりも一般的なことではないのは、個体的主語に関係づけられるのがこの緑のこの色、この色調のこの緑だけだからである。この薔薇は、この薔薇のこの赤さを持つのでなければ赤くあることはない。この赤は、この赤のこの色を持つのではなければ色を持つことはない[49]。

つまり、この薔薇が色を持つのは、まさにこの薔薇が持つこの赤色を持つ限りにおいてである。この薔薇が持つ色は、この赤色でしかありえない。それは他の述語に対しても同様である。したがって、個体を構成するどの述語も、すべて等しい直接性を持つことになる。まさにこのとき、「「すべてが等しい」という言葉が、まさに喜ばしい言葉として鳴り響く」[50]のである。

一義的存在において各個体は、自身が実現することのない他の出来事との距離を肯定することによって個体化し、それによって、あらゆる個体は偶発的事例となる。その一方で、個体は、新しい出来事を受肉することができれば、その姿を変えることもできる。草稿ではあるが、ライプニッツ自身ですら次のように書いていた。

もしアダムが〔本来遭遇するはずのない〕別の出来事を持ったとしたら、それはこの世界のアダムでなく、ある別のアダムだということになってしまう。というのも、それが別のアダムだと言うことを、何ものも妨げないのだから。したがってこれは、ある別のアダムである。[51]

（47）DR 53/上109.
（48）「一定数の前個体的な収束する特異性の凝縮、蓄積、一致、これが個体の実在的定義である」P 84/110.
（49）LS 136/上203.
（50）DR 55/上113.
（51）«Remarque sur la lettre de M. Arnaud», in *Die Philosophischen Schriften von Gottfried Wilhelm Leibniz*, hrsg. von C. I. Gerhardt, Bd. II, Berlin, 1879, S.42（『形而上学叙説　ライプニッツ - アルノー往復書簡』、橋本由美子監訳、平凡社ライブラリー、二〇一三年、一六八頁）

このように一義的な存在が語られるところの個体化する差異とは、ある個体を構成することもあれば、別の個体へと変えてしまうこともある可塑的な原理である。

私たちが、一義的な存在は本質的かつ直接的に個体化の要因と関係すると言うとき、私たちが個体化の要因という言葉で指し示しているのは、経験における構成された個体のことではなく、構成された個体の内で超越論的な原理として、個体化のプロセスと同時的な、アナーキーで遊牧的な可塑的原理として作用しているものであり、それは、個体を一時的に構成しもすれば、個体を解体し破壊することもできるものなのである。[52]

したがって、このように考えるとき、一切の本質が失われることになる。個体とはあくまでも特異性としての出来事から構成され、それらの出来事はすべて、存在論的に全く等しい価値を持つからである。各出来事間に優劣は存在せず、すべての出来事が直接的に個体の構成に関与するのである。[53] この意味で、ドゥルーズがライプニッツに関して述べていたように、すべては特異であると同時に凡庸である。[54] あらゆる特異性は本質を構成せず、むしろ個体とは非本質的な出来事の産物である。あるいは、本質とは非本質的なものであり、非本質的なものだけが本質を構成すると言ってもよい。[55] しかしそれはまた、非人称的な「だれか on」の世界の光輝であり、出来事の光輝である。

だれかの光輝とは、出来事そのものの、あるいは第四人称の光輝である。それゆえに、私的な出来事もなければ、集団的な出来事もない。また個体的なものも普遍的なものもなければ、特殊なものも一般的なものもない。すべてが特異である。(56)

まさにこの非人称的なだれかの世界において、「すべてが等しい」という喜ばしい声がこだますのである。

---

(52) DR 56/上115.

(53) ただしライプニッツにおいては、その個体だけにあてはまる「始原的述語 prédicat primitif」が存在する。例えばアダムの始原的述語は、「最初の人間であること」「楽園で生きること」「自分の肋骨から生まれた女がいること」「罪を犯すこと」の四つである。Cf. P 81/105, 84/111 note7.

(54) 「ひとつの特異点を打ち立てる屈折をどこにでも生じさせることができる限り、すべてはめざましい、あるいは特異であると言うことができる。しかしまたすべては凡庸であるとも言える。なぜなら、特異点とは異なるベクトルのもとでふたつの凡庸な点が一致したものにすぎないからである」P 81/106.

(55) 「もしそれにこだわるなら、本質という言葉を残すこともおそらくできるだろう。ただし、それは、本質が正確には偶有性であり、出来事であり、意味であると言う条件においてである」DR 248/下69.

(56) LS 178/上265.

アリストテレスと存在の多義性

ここでドゥルーズの存在の一義性を、アリストテレスの存在の多義性と対比しておきたい。ドゥルーズの存在の一義性は、明らかにアリストテレス流の存在論に対立しており、それを検討することでドゥルーズの哲学的モチーフがいっそう明確なものになるはずである。

アリストテレスによれば、「存在は多義的に語られる τὸ ὂν λέγεται πολλαχῶς」[57]。アリストテレスがこのように言うとき、彼はおおよそ四つの存在のあり方を考えている。すなわち「偶有的な（κατὰ συμβεβηκός）存在」、「真としての（ὡς ἀληθές）存在と偽としての非存在（τὸ μὴ ὂν ὡς τὸ ψεῦδος）」、「カテゴリーの形式（τὰ σχήματα τῆς κατηγορίας）としての存在」、「可能態における（δυνάμει）存在と現実態における（ἐνεργείᾳ）存在」である。「偶有的存在」とは、例えば「このひとは教養がある」とか「あのひとは色が白い」といった例における教養や色の白さを指す。というのも、すべての人が色白であり、教養があるわけではないからである。したがって、あるひとの色が白かったり、教養があったりすることには必然性がなく、これらはあくまでも偶然的な出来事である。アリストテレスによれば、このような偶有的な存在には、知識や学（ἐπιστήμη）はありえない。知識や学とはあくまでも常にあるものか、多くの場合にそうであるものに関するものだからである。

真としての存在と偽としての非存在とは、事物の内にではなく、思考の内にある事柄である。「誰それは色が白い」と考えるのは、その人が実際に色白ならば正しく、色の白い人が存在しているが、そうでなければ誤りであり、そのような人は存在しない。したがって、このような存在は本来の意味における存在ではなく、あくまでも思考の様態（παθός）である。

可能態における存在と現実態における存在は互いに相対的であり、存在そのものではなくいわば存在の様態である。例えば、視覚を持ちながらも目を閉じている者は可能的に見る者であり、実際に見ている者は現実的に見る者である。また木材や石や煉瓦は可能的な家であり、家の質料でもあるのに対し、家とは何であるか、つまり家の本質や形相、定義は現実態における家である。このように、可能態／現実態という対は、実体や形相を論じる上で重要な役割を果たすが、存在をそれ自体として論じるものではない。

したがって、これらの中で、「それ自体における καθ᾽ αὑτό[58]」存在に関係するのは、カテゴリーの形式としての存在である。アリストテレスは常に同じものをカテゴリーとして挙げているわけではないが、『カテゴリー論』では以下の十個が挙げられている。すなわち、実体（οὐσία）、量（ποσόν）、質（ποιόν）、関係（πρός τι）、場所（ποῦ）、時（ποτέ）、態勢（κεῖσθαι）、所持（ἔχειν）、能動（ποιεῖν）、受動（πάσχειν）である。そこで挙げられている例

（57）アリストテレス、『形而上学』、第七巻第一章、1028a10　テクストと翻訳は以下。*Aristotle's metaphysics*, 2 vols, W. D. Ross (ed.), London, Oxford, 1924（アリストテレス、『形而上学』、岩崎勉訳、講談社学術文庫、一九九四年）

（58）同前、第五巻第七章、1017a22

によれば、実体は人間や馬、量は二ペーキュスや三ペーキュス、質は白い、読み書きができる、関係は二倍や半分、より大きい、場所はリュケイオンにおいて、市場において、時は昨日や去年、態勢は横たわっている、座っている、所持は靴を履いている、武装している、能動は切る、焼く、受動は切られる、焼かれるといった事柄をそれぞれ表すとされる。(59)

しかしながら、『形而上学』において論じられるのはとりわけ実体のカテゴリーである。というのも実体のカテゴリーは、それが「何であるか τὸ τί ἐστιν」を表す第一の存在であるだけでなく、それ以外のカテゴリーは、この実体について言われるものだからである。

> 存在はこのようにさまざまに語られるが、それらの内で第一の存在が〈何であるか〉であることは明らかであり、それは実体を意味する。〔……〕その他のものが存在と呼ばれるのは、そのあるものはこのような存在〔実体〕の量であり、またあるものは質であり、あるものは様態であり、あるものは同様の他のものであることによってである。(60)

こうしてアリストテレスの存在論は、実体の考察へと収斂していき、それはさらに形相（εἶδος）や、本質（τὸ τί ἦν εἶναι）の考察に向かうのである。すでに予想されるとおり、ドゥルーズが批判するのもまた、この形相や本質という考え方に対してである。

同一性と差異、分析と総合

アリストテレスにとって、本質は定義によって規定され、定義とは類の種である。

> 本質は、その概念（λόγος）が定義（ὁρισμός）であるもののみにある。〔……〕それゆえ本質は類の種（εἴδη γένους）以外のいかなるものにもなく、ただ類の種のみにあることになる。(61)

例えば、人間を「二本足の動物」と定義する場合、ここにあるのは動物という類と「二本足の」という差異（διαφορά）である。アリストテレスにとって定義あるいは類の種とは、このように類と差異からなるのであり、本質とは類の種としての種的形相である。

ただし、あらゆる差異が類を種に分割するわけではない。例えば肌の色の違いや、性別の違いは、どちらも人間をさらに別の種に分けたりはしない。なぜなら肌の色の違いは質料における差異であり、また性別の違いは、動物という概念から切り離すことができない差異であるために、これらの差異はどちらも、人間の本質や定義にかかわることはないからである。アリス

（59）アリストテレス、『カテゴリー論』（中畑正志訳、『アリストテレス全集』第一巻、岩波書店、二〇一三年）、第四章、1b25-2a4

（60）『形而上学』、第七巻第一章、1028a13-20

（61）同前、第七巻第四章、1030a6-13

トテレスにとって、類を異なる種へと分割するのは、概念における差異であり、質料における差異や、概念として切り離すことのできない差異は、異なる種を作ることはない。あくまでも類と種の差異、すなわち形相的差異が結合することによって、新たな種は生み出されるのである[62]。

ところでドゥルーズは、アリストテレスがこのような差異を「最大の」差異、あるいは「完全な」差異と呼んでいることに着目し、批判している。アリストテレスによれば、類において異なるものは、互いに通路を持たず、比較不能であるため、種において異なるものにおいて互いの距離が最大となるのである[63]。

しかしながらこれまでみてきたように、アリストテレスにとって種的差異とは、類と差異によって作られるものである。動物という類と「足のある」という差異が結合すれば「足のある動物」という種が作られ、「翼のある」という差異が結合すれば「翼のある動物」という種が作られる。したがって、「足のある」や「翼のある」という差異に対し、「動物」という同じ類が前提とされているのである。アリストテレス自身、「種における差異はすべて、あるものにおいてあるものから異なること」であり、このあるものとは類であると述べている[64]。したがってアリストテレスにおける最大の差異とは、あくまでも類という上位の同一性が前提とされた上での差異でしかなく、ドゥルーズにとって、それはいまだ相対的に最大かつ完全であるにすぎない。

種の差異は最大かつ完全なものであるが、それは単に未規定な概念（類）が同一であるという条件下においてでしかない[65]。

それゆえにドゥルーズにとって、アリストテレス的な類と種の考え方では、差異はすでに同一性に従属させられてしまっているのである。それに対しドゥルーズは、同一性を前提とすることなく差異を思考しようとする。そのための概念が存在の一義性なのであり、また第三章で論じる強度である。

すでにみたように、存在の一義性において、個体を構成する個々の出来事はすべて直接的であり、アリストテレスにおけるように類や種という媒介を経ることはない。すべての出来事が

（62）「種（εἴδη）は類と差異とからなる」同前、第十巻第七章、1057b7　ここで「種」と「形相」がアリストテレスの原文ではともに「εἶδος」であることに注意が必要だろう。アリストテレスにとって、種とは結局のところ形相なのであり、類を種に分けるのはまさしく種的形相であり本質なのである。ドゥルーズは、以下のようにまとめている。「類は、その差異に対応した種をその類のうちに生みだす差異によって分割される。それゆえに種差はつねに原因、形相因である」DR 47/上96.

（63）『形而上学』、第一〇巻第四章参照。

（64）同前、第一〇巻第八章、1058a12-14

（65）DR 48/上99.

等しく個体の構成に参与するのであり、本質的な出来事や偶有的な出来事という区別は存在しない。ある個体が人間であることも、その肌が白いことも、すべて等しく、直接的にその個体を構成する要素なのであり、それらの要素がひとつでも欠けてしまえば、それはすでに別の個体である。出来事は本質を持たないが故に直接的なのである。

したがって、アリストテレスの存在の多義性が、同一性と本質に帰着するのだとすれば、ドゥルーズの存在の一義性は、差異と非本質的な出来事から事物を思考しようとするものである。アリストテレスが普遍的なものを上位に置き、分析的に個体をとらえるのだとすれば、ドゥルーズは反対にもっとも特異なもの、すなわち個体化する差異としての出来事から総合的に個体を思考しようとする。それは差異を肯定的にとらえることであり、個体を、その個体たらしめている個体化する差異としての出来事からとらえることである。あらゆる存在は差異からなっており、この個体化する差異が無数の多様体を形成し、解体する。これがドゥルーズの存在論的ヴィジョンである。

第二章　映画論からひとつの政治史へ

映画へと向かう哲学

前章において、ドゥルーズの非本質主義をみた。特異性としての出来事とは、個体を構成する個体化する差異であり、各出来事は一義的存在において互いに等しい価値を持つ。したがって各出来事は本質を持つことはなく、個体はあくまでも非本質的な出来事によって構成されるのである。それゆえに特異なものはすべて凡庸でもあり、凡庸なものはまた特異でもある。

ところで、映画とはまさに、凡庸なものによって特異なものを産出する芸術ではないだろうか。ドゥルーズの思想における映画の位置づけについては先に簡単に触れておいたが、ここにもドゥルーズの思想と映画が交差する点があるように思われるのである。

一秒間に二四コマのショット（サイレントでは一六コマ）を並べることによって映画は映像を作りだす。均質に送り出されるコマのひとつひとつには、特権的なものはありえない。あくまでも一コマ一コマが同じ速さで並べられることによって、映画は成り立っているのである。個体が非本質的な出来事によって構成されるように、映画は非本質的なコマによって作られている。

ドゥルーズはその映画論の冒頭で、映画を以下のように定義している。

映画とは、任意の瞬間に即して、つまり連続しているという印象を与えるように選ばれた等距離の瞬間に即して、運動を再現するシステムである。(1)

もちろん映画には物語の流れやストーリーの展開があり、またクライマックスと言われるような決定的な場面や瞬間もある。しかしそれらもまた、均質で非本質的なコマの配列によって生み出されているのであり、ひとつひとつのコマに優劣はありえず、すべてありふれたものなのである。

特別な瞬間や特異な瞬間もやはり、他の瞬間と同じ、ひとつの任意の瞬間である。(2)

ここには前章で確認したドゥルーズの非本質主義が見出される。すなわち特異なものとはそれ自体凡庸なもの、ありふれたものから作られるという原則である。

任意の瞬間は、正則か特異かの、凡庸か特別かのいずれかでありうる。〔……〕特別な瞬間や特異な瞬間はやはり、他の瞬間と同じひとつの任意の瞬間である。〔……〕ところで、特異性の生産は、凡庸なものの集積によってなされる。したがって、特異なものは任意のものから取り出されるものであり、特異なものはそれ自体、凡庸ではない、あるいは正則的ではない任意のものである。(3)

ドゥルーズの映画論は、その量からしても彼の著作の中でもっとも大きなものであるが、ドゥルーズが映画論にかくも情熱を傾けた理由のひとつをここに見出すことが可能だろう。映画は、その構造自体において、ドゥルーズの思想と非常に近しいものを持つのである。

アンドレ・バザンとネオ・レアリズモ

ところで、ドゥルーズがその映画論において繰り返し言及する映画批評家がいる。アンドレ・バザン（一九一八―一九五八）である。バザンは、フランソワ・トリュフォーが『大人は判

（1）IM 14/10.
（2）IM 15/12.
（3）IM 15/12.

ってくれない』（一九五九）をその思い出に捧げたことでも知られるが、その批評的貢献のひとつは、やはりイタリアのネオ・レアリズモ運動を擁護したことにあるだろう。バザンのネオ・レアリズモ論はドゥルーズにも大きな影響を与えており、バザンのネオ・レアリズモ論を検討することで、ドゥルーズが映画へと向かった第二の理由を見出すことができる。まずは、それを明らかにしなくてはなるまい。

バザンは、「映画におけるリアリズムと解放時のイタリア派」（一九四八）において、当時の映画がリアリズムへの傾向を強めていると述べ、新しいリアリズムのあり方をオーソン・ウェルズの『市民ケーン』（一九四一）とロベルト・ロッセリーニの『戦火のかなた』（一九四六）に見出している。

バザンによれば、（D・W・グリフィスやセルゲイ・エイゼンシュテインに代表されるような）古典的映画は、現実を複数のショットに分解することによって現実を抽象化している。例えば、独房に収監された男が、死刑執行人がやって来るのを待っているシーンを考えてみる。まず、男が不安げに執行人が来るのを待つ様子が映し出される。しかし、執行人が独房に入ってくるまさにその時、古典的映画のカット割り（découpage）では、ゆっくりとまわるドアノブがクロースアップで示されるだろうとバザンは述べるのである。

独房に収監された男が、死刑執行人がやってくるのを待ち構えているとしよう。男は不安げにドアを見つめている。いよいよ執行人が独房に入ってくる瞬間、監督はゆっくりとまわるドアノブをすかさずクロースアップで示すだろう。このクロースアップは、刑の執行の前触れとなるものに極端に過敏になっている死刑囚の心理によって正当化される。切れ目のない現実を型どおりに分解した一連のショットが、今日の映画言語の基本をなしているのである。(4)

このように、バザンによれば、古典的映画においては、複数のショットが論理的ないしは主観的な要請にしたがって再構成されたうえで提示されている。これによって現実はいったんバラバラにされ、再構成された上で提示されることになり、観客は、あらかじめ選択され、決められた意味を与えられることになるのである。

それに対しオーソン・ウェルズは、そのパン・フォーカスの手法によって、モンタージュを介することなく現実をそのまま写し出す。つまりさまざまな物や人、場所に対してつぎつぎにピントを合わせていくのではなく、舞台の全体を一挙にとらえるのである。それによって観客

(4) André Bazin, «Le réalisme cinématographique et l'école italienne de la libération»[1948], in *Qu'est-ce que le cinéma?*, Paris, Les Éditions du Cerf, 1985, p.271(アンドレ・バザン、「映画におけるリアリズムと解放時のイタリア派」、『映画とは何か』下巻、野崎歓ほか訳、岩波文庫、二〇一五年、九七頁)

は、分解される前の連続的な現実の中へと身を置かれ、そこで見るべき要素をみずから選択しなくてはならなくなる。したがって、カット割りによってあらかじめ見るべき意味が決められていた古典的映画とは異なり、『市民ケーン』においては、イメージの意味はあくまでも事後的に、観客によって作られなくてはならないものとなるのである。

一方、バザンによれば、ロッセリーニはウェルズとはまったく違った方法を採用する。『戦火のかなた』は、イタリア解放に関する六つのエピソードから構成されているが、これらのエピソードは時系列上の前後関係以外には互いに何の関係も持たない。しかし『戦火のかなた』は、それによって「小説と同じくらい複雑で独創的な物語の美学に達している(5)」のである。

バザンは特に第六のエピソードに注釈をくわえている。そこには、ドイツ軍がイタリアのパルチザンに食事を与えた漁師を殺すシーンがある。しかし映画の映像では、殺害の場面が直接写されることはなく、パルチザンが聞く銃声によってのみ表現されている。漁師がパルチザンに協力したことを、どのようにしてドイツ軍が知ったのかは、映画の中では描かれておらず、観客には分からない。また同じエピソードの最後には、小屋の前に数名の死体が転がり、そのかたわらで子どもが泣いているシーンがある。しかし、映画の映像にはその子どもを見る者の姿はない。また、どうして子どもだけが生き残り、そこで泣いているのかも説明されることはない。ここには古典的映画におけるようなカット割りはなく、ただひとつの「事実」が提示されているだけである。省略も多く、原因から結果へと辿りつくことはできない。むしろ、とびとびに提示されるイメージによって、「観客の精神は、事実から事実へと飛んでいかなければならない」[6]のである。こうしてロッセリーニの場合も、ウェルズの場合と同じく、観客は自分で、事後的に意味を構成しなくてはならなくなる。

バザンはロッセリーニに見出される以上のような映画イメージを「事実イメージ image-fait」と名付け、以下のように言う。

この「事実イメージ」の本質は、他の「事実イメージ」とのあいだに、私たちの精神によって作りだされる関係性を持っているということだけにあるのではない。その本質は、各イメージの脱中心的な特性の内にあり、この特性こそが物語を構成しているのである。それ自体としてみれば、各々のイメージは意味を持つ以前の現実の断片でしかないため、スクリーンのどこをとっても具体的な事物が等しい密度を保っているさまがみられるはずだ。それもまたあの「ドアノブ」式の演出、つまりエナメル塗料の色、手の届く高さの木にこびりついた手垢の汚れ、金属の輝き、ボルトの摩耗といったものを、全く必要のない事実、抽象化の邪魔になる具体性として削除するべきだとする演出とは反対のものである。[7]

（5）*Ibid.*, p.277（同前、一〇九頁）
（6）*Ibid.*, p.280（同前、一一一頁）
（7）*Ibid.*, p.282（同前、一一五頁）

ひとつひとつのショットが有機的につながり、ひとつの意味を形成していた古典的映画とは異なり、ネオ・レアリズモの映画においては、意味を持つ以前の現実の断片が提示される。意図的な省略や欠落によって物語の有機的連関は損なわれ、ひとつひとつのショット、あるいは「事実イメージ」はすべて脱中心的なものとなる。ネオ・レアリズモ映画における物語は、この脱中心化した「事実イメージ」によって作られているのである。各出来事はもはや有機的なつながりや、論理的な脈絡をもたない。

ロッセリーニと同じく、戦後イタリアのネオ・レアリズモを代表する映画監督ヴィットーリオ・デ・シーカの『ウンベルト・D』（一九五二）について、バザンは次のように言う。

ウンベルト・Dが軽い咽喉炎を患って病院へ治療に行くことと、大家の女性に放り出されて路頭に迷うこと、自殺を考えることとのあいだに、いったいどのような因果関係をつけることができるだろうか。(8)

このように、デ・シーカの映画においても、ひとつの結末へと向かうようなドラマチックな必然性は存在しないのである。

ただし重要なのは、これらの連関の欠如が、あくまでも「現実」に由来するものだという点である。事実イメージが曖昧で多義的なものだとすれば、それは事実イメージがとらえる現実そのものが曖昧で多義的だからである。ロッセリーニが、映画の中ですべてを説明しないのは、私たちが持つ現実についての知識が完全ではありえないからである。

こうして複雑で多義的な現実が提示され、観客はそのすべてを知ることはできない。しかもそれらの現実は、どれも存在論的に等しい価値を持つ。

映画の物語の単位は、エピソードでも、出来事でも、どんでん返しでも、主人公の性格でもなく、具体的な生の瞬間の連続であり、その内のどの一瞬たりとも他の瞬間よりも重要だとは言えないのだ。それらの瞬間の存在論的な等しさが、ドラマの概念をその原理自体においで壊していく。[9]

存在論的に等しい生の各瞬間からなる映画、これはそれ以前の映画とは全く異なる原理であり、この意味においてバザンは、「ネオ・レアリズモによってもっとも根本から覆されたの

（8）Bazin, «Une grande œuvre : Umberto D»[1952], *Ibid.*, p.332（バザン、「偉大な作品『ウンベルト・D』」、同前、二〇六頁）
（9）*Ibid.*, p.333（同前、二〇八頁）

は、何より物語の構造だろう」[10]と述べるのである。

このようなバザンのネオ・レアリズモ論にドゥルーズが影響されなかったとは考えにくい。存在論的に等しい生の瞬間、脱中心的な事実イメージによって構成される物語、というバザンの考えは、非本質的な要素と差異から一義的に思考しようとするドゥルーズ自身の思想と大きく響き合う。事実、ドゥルーズはまず、イメージが有機的に連関し、行動と状況が互いに反映し合いつつ進んでいく映画イメージを行動イメージと呼び、『シネマ1』において詳細に分析を行った後、『シネマ2』において、行動と状況の連関を構成する「感覚運動図式 schéma sensori-moteur」の崩壊とそれを前提とする新しい映画イメージの分析へと進んでいくのだが、この『シネマ2』は、まさしくバザンとネオ・レアリズモに関する言及から始まっているのである。すでに前章で指摘した非共可能的な出来事への考察が行われるのも、この『シネマ2』においてである[11]。

ドゥルーズの映画論

さて、ドゥルーズはバザンのネオ・レアリズモ論から出発しつつも、独自の定義をそれに与えている。

ネオ・レアリズモを定義するもの、それは純粋に光学的（かつ音声的）な状況が浮かび上がることである。[12]

すでに述べたように、古典的映画においては、行動と状況はたがいに緊密に結ばれ、行動から状況へ、あるいは状況から行動へという連鎖が成立していた。イタリアのネオ・レアリズモ映画が打ち壊したのは、まさにこの行動と状況の関係、あるいはそれを構成する感覚運動図式である。ただし、バザンが、古典的映画からウェルズやロッセリーニの映画への移行によって、ある種のリアリズムが台頭してきていると述べていたのに対し、ドゥルーズはまた別の方向へと向かう。それが、ここで純粋に光学的かつ音声的状況と言われるものである。

先に言及したデ・シーカの『ウンベルト・D』にドゥルーズも言及している。ドゥルーズが着目するのは、若い女中が家事をする場面である。女は洗い物をし、壁に群がる蟻を追いはらい、コーヒーを挽き、足を伸ばして扉を閉める。そして自分のお腹を見つめる。「それは、あたかも世界のすべての悲惨さが生まれるかのようである[13]」。彼女は妊娠しているのである。こ

(10) Bazin, «De Sica metteur en scène»[1952], *Ibid.*, p.315（バザン、「監督としてのデ・シーカ」、同前、一七七頁）
(11) ドゥルーズの映画論に関する以下の考察は、その全体を論じるものではない。膨大な量の映画作品を分類整理しつつ、独自の哲学的考察を加えていくドゥルーズの映画論は、それ自体で考察されるべき多くの論点を含んでいるが、本書ではその多くは捨象されざるをえなかった。
(12) IT 9/3.
(13) IT 8/2.

の事実に対して彼女はどう対応していいのか分からない。状況はそれに応じた行動をもたらすことができない。バザンはこのシークエンスを、存在論的に等しい生の瞬間からなる物語というコンセプトの完璧な例証だと述べていた。古典的映画ならば二、三のショットをつなぐだけで処理するような場面を、より細かい出来事の連なりによって置きかえているからである。しかしバザンは女中の妊娠については一言も触れていない。それに対し、ドゥルーズはむしろバザンが触れなかった女中の妊娠という事実、女中が自分のお腹を見つめ途方に暮れている場面にこそ着目している。ドゥルーズによれば、純粋に光学的かつ音声的状況とはこのようなものであり、そこでは「登場人物が一種の観客になる[14]」のである。

同様の傾向を、ドゥルーズはさまざまな戦後の映画に見出していく。ロッセリーニやデ・シーカだけでなく、ヴィスコンティやフェリーニ、アントニオーニも含めた戦後イタリアの映画作家たち。少し後のフランスのヌーヴェル・ヴァーグ。そして日本の小津安二郎である。小津の映画においては、もはや劇的な出来事というものはなく、すべてが日常的で凡庸である[15]。ここでもやはり、状況を行動へと連鎖させる感覚運動図式は弱まり、純粋な光学的で音声的なイメージへと席を譲るのである。こうして行動することができなくなった登場人物たちは、見る者、見者へと生成する。「これは見者の映画であり、行動の映画ではない[16]」。

潜在的イメージ

ところで、ドゥルーズによれば古典的映画においては、状況が行動へと連鎖することによって物語が進行していた（感覚運動図式）。その代表例は、戦前のアメリカ映画であるが、日本の黒澤明と溝口健二も行動イメージの巨匠として独自の地位を与えられている。黒澤の『生きる』（一九五二）では、主人公は胃がんと診断され、余命数ヶ月と告げられるが、それによって残りの時間でなにをすべきかという問いを発し、その答えを行動へと移していく。あるいは溝口の『近松物語』（一九五四）では、駆け落ちする男女は、駆け落ちという行動を起こして初めてお互いの愛に気付く。前者では、状況→行動→新たな状況という大形式が、後者では行動→状況→新たな行動という小形式が見出されるのである。

したがって、これらの作品は、大まかに言えば状況と行動の連関の内にあり、感覚運動図式を前提としている。黒沢や溝口のものも含め、『シネマ1』で論じられる映画作品がどれも傑作であることはドゥルーズ自身も認めているが、感覚運動図式の弛緩や崩壊を前提とするネオ・レアリズモ以降の映画が、これらとは全く異なるタイプの映画イメージであることも確かである。

（14）IT 9/4.
（15）「小津においては、すべてが凡庸で平凡あり、死や死者たちでさえもそうであって、自然な忘却の対象となる」IT 24/19.
（16）IT 9/3.

それではこの連鎖が断ち切られ、状況と行動が互いに結びつかなくなったのだとしたら、純粋に光学的かつ音声的状況はどのように展開するのか。ドゥルーズによれば、それはある潜在的な（virtuel）イメージと関係することによってである。

純粋に光学的で音声的な状況（描写）は顕在的な（actuel）イメージだが、それは運動へと延長されるのではなく、潜在的なイメージと連鎖し、それとともにひとつの回路を形成する。[17]

光学的かつ音声的なイメージは、登場人物をそれに対応する行動（運動）へと向かわせはしない。状況に見合った行動をとることができないということこそが、光学的かつ音声的イメージの特徴だからである。そのため、光学的かつ音声的イメージは別の顕在的イメージへと連鎖することはできず、潜在的なイメージへとつながることになる。したがって、ここで言われる「潜在的イメージ」とはなにかが問われなくてはならない。

ドゥルーズはそれをまず、フラッシュバックによる過去の「回想イメージ image-souvenir」、さまざまなイメージがつぎつぎに連鎖していく「夢イメージ image-rêve」、そして、特にミュージカル映画に見られる「世界の運動 mouvement de monde」に求めようとする。これらのイメージはどれも、登場人物の直接的な行動には結びついていないように見えるからである。

しかしこの三つのイメージはどれも純粋な潜在的イメージではない。フラッシュバックによる過去の回想は、それが成功することによってストーリーを進行させ、感覚運動的な流れを回復させるのであり、回想されたイメージはあくまで顕在的である。連鎖する夢イメージは、それぞれ次のイメージに対しては潜在的イメージの役割を果たすが、各々はまた顕在的なイメージでもある。登場人物の行動に取って代わる世界の運動は、それ自体が光学的かつ音声的状況に対応する行動とみなされる。したがって、この三種類のイメージは、まだ純粋な潜在性ではない。(18)

ドゥルーズによれば、純粋な潜在的イメージは、顕在的イメージと「同時的な contemporain」過去である。

純粋状態における潜在的イメージは、〔……〕顕在的現在との関係において定義されるのであり、潜在的イメージは絶対的かつ同時的に、この顕在的現在の過去である。(19)

(17) IT 66/65.
(18) 以上の点に関しては、『シネマ2』の第三章を参照。
(19) IT 106/109.

ドゥルーズの映画論は、その全体がベルクソン哲学への注釈というかたちをとりながら展開されているが、ここにはベルクソン哲学におけるもっとも重要な論点のひとつである、知覚と思い出の同時生成、すなわち、現在と過去の同時生成という論点がかかわっている。

ベルクソンによれば、記憶が形成されるのは知覚の後ではなく、知覚と同時に、である。仮に記憶が、知覚がなくなったあとで作られる知覚のイメージだとすると、記憶がいつ作られるのかがわからなくなってしまう。知覚はつねに連続的に進行するものであり、そこに截然とした区別を導入することはできないからである。また知覚が弱まることによって記憶になるという説にも、ベルクソンは反対する。強い感覚をすこしずつ弱めていっても、それが記憶に変わったりはしないからである。

ここからベルクソンは、記憶や思い出は知覚と本性を異にし、知覚と同時に作られるという結論を導き出す。「思い出はあらゆる瞬間に知覚と同時に生まれ、知覚に重なり、知覚と同時に発展し、知覚の後に生き残るものとしてあらわれる[20]」のである。ただし、知覚を行っているあいだには、その知覚と同時に生じる記憶の必要はない。現在の行動にとって、現在の記憶ほど役に立たないものはないからである。それゆえに通常、知覚と同時に生成する記憶に注意が向けられることはなく、したがって、知覚が顕在的であるのに対し、それと同時的な記憶は、潜在的なものにとどまるのである。

したがって、われわれの生は常にふたつの側面を持つ。すなわち、一方の知覚＝現在という面と、他方の記憶＝過去という面である。

われわれの生のあらゆる瞬間は、したがって、ふたつの相を示す。つまりそれは顕在的であると同時に潜在的であり、一方では知覚であり、他方では思い出である[21]。

あらゆる瞬間に知覚と思い出に二重化するもの、それは私たちが見るもの、聞くもの、感じるもののすべてであり、私たちの存在のすべて、私たちを取り巻くもののすべてである[22]。

ベルクソンの言う「誤った再認 fausse reconnaissance」（いわゆる「デジャヴュ」）とは、同時に生成する知覚と記憶の混同によって生じるのであり、むしろ知覚と記憶が同時に生成していることを証し立てるものである。ただしこの記憶は、日付を持つ特定の過去ではなく、「過去一般 passé en général」であり、それゆえにいかなる顕在性も持たない純粋な潜在性である。

（20）Henri Bergson, «Le souvenir du présent et la fausse reconnaissance» in *L'énergie spirituelle*, «Quadrige», Paris, PUF, 2009（1919）, p.135（アンリ・ベルクソン、「現在の記憶と誤った再認」、『精神のエネルギー』、原章二訳、平凡社ライブラリー、二〇一二年、一九四頁）

（21）*Ibid.*, p.136（同前、一九五頁）

（22）*Ibid.*, p.137（同前、一九六頁）

ベルクソン自身が潜在的と述べるこの純粋な思い出（souvenir pur）に、ドゥルーズは行動へと延長されることのないイメージの相関物を見出すのである。

結晶イメージ

さて、ドゥルーズは、この知覚と思い出の同時生成を映し出すイメージによって、新しいタイプの映画イメージが、すなわち「顕在的かつ潜在的という両面を持つイメージ[23]」が形成されると述べる。これが結晶イメージ（image-cristal）である。ドゥルーズによれば、結晶イメージにおいては、潜在的なものと顕在的なものは互いに区別されるが識別されず、両者はその役割を互いに交替し合う。

顕在的なものとの関係で顕在的にならないような潜在的なものはなく、顕在的なものは同じ関係において潜在的になる。それは完全に反転可能な表と裏なのだ[24]。

例えば鏡のイメージである。ベルクソン自身、知覚と同時に生成する思い出を「鏡」の比喩で語っていた。

純粋な思い出と知覚の関係は、鏡の中に見えるイメージと鏡の前に置かれた物との関係のようなものである。[25]

ドゥルーズはこの鏡のイメージを、文字通り映画の中に見出す。映画には鏡が映るシーンが登場することがよくある。また鏡の中の像だけが映し出され、実際の登場人物や物が映らないということもよく使われる手法である。このように、鏡を通してみられる世界だけが画面に映し出されるとき、潜在的なものが顕在的なものへと反転する。

鏡に映るイメージは、鏡がとらえる顕在的な登場人物に対しては潜在的であるが、それは、登場人物を画面の外へ押しやり、もはや単に潜在性しか残さないような鏡においては顕在的となる。[26]

極限的には、ウェルズの『上海から来た女』（一九四七）におけるミラールームのシーンのように、鏡のイメージだけが増殖し、その顕在的なイメージが失われてしまうこともありうる。

(23) IT 93/95.
(24) IT 94/96.
(25) Bergson, *op. cit.*, p.136（ベルクソン、前掲書、一九五頁）
(26) IT 94/96.

ドゥルーズは、特にオフュルス、ルノワール、フェリーニ、ヴィスコンティという四人の映画作家を取り上げ、四種類の結晶イメージを分析しているが（オフュルスにおける完璧な結晶、ルノワールにおけるひびのはいった結晶、フェリーニにおける形成中の結晶、ヴィスコンティにおける崩壊する結晶）、ベルクソンが、知覚と思い出の反転を、デジャヴュのようなやや特殊な状況において見られる一種の異常事態のようにみなしていたのに対し、ドゥルーズは映画の中に、潜在的なものと顕在的なものの反転、あるいは両者の識別不可能性を見出すのである。ただし、顕在的イメージと潜在的イメージからなる回路は映画による虚構ではない。それは時間それ自体の本性から生じる事態だからである。

結晶イメージを構成するのは時間のもっとも根本的な作用である。というのも過去は、その過去がかつてそうだった現在の後で構成されるのではなく、現在と同時に構成されるからであり、時間はつねに、本性において異なる現在と過去へと二重化するものだからである。[27]

したがって、映画は、結晶イメージを映し出すことによって、この時間そのものの二重性を表現しているのである。

このことは大きな帰結をともなう。というのも、結晶イメージを提示する映画において、潜在性と顕在性、現在と過去、知覚と思い出が互いに反転可能であるとすれば、もはや主観的なものと客観的なもの、現実的なものと想像的なものが、その識別可能性を失ってしまうからである。

顕在的なものは運動的な連鎖から切断され、現実的なものは法則にしたがう接続から切断される。一方、潜在的なものは、顕在化から解放され、それ自体で価値を持ち始める。これらふたつの存在様式は、今やひとつの回路の中で結合し、そこでは現実的なものと想像的なもの、顕在的なものと潜在的なものが互いの後を追い、役割を交換し、識別不能になる。(28)

しかしドゥルーズによれば、これこそが現代的な、すなわちネオ・レアリズモ以降の映画の状況なのである。

われわれはまさに非決定性、識別不可能性の原理にとらえられる。もはや状況の中で、なにが想像的でなにが現実的か、なにが物理的でなにが心的か分からなくなる。われわれがそれらを混同するからではなく、それを知る必要がなく、もはやそれを問う理由すらないからで

(27) IT 108/111.
(28) IT 166/177.

ある。[29]

ただし、この識別不可能性もまた、主観的な混同とみなすことはできない。識別不可能性は、時間のふたつの面、すなわち現在と過去、顕在性と潜在性がその役割を交換することを意味しているのであり、だれかが主観的にそのふたつを取り違えることではないからである。現実的なものと想像的なもの、現在と過去、顕在的なものと潜在的なものの識別不可能性は、頭や精神の中に生じるものでは決してなく、ある種の実在するイメージ、本性において二重性を持つイメージの客観的な性格である。[30]

それゆえに、結晶イメージにおいて、顕在的イメージと潜在的イメージは、「区別されるが、識別不能 distinct mais indiscernable」[31]なのである。こうして結晶イメージを映し出すことによって映画は、主観／客観、現実／想像、現在／過去という二重性を反転させながら進行してゆく世界を描き出すのである。

例を挙げるならば、オフュルスの『歴史は女で作られる』（一九五五）において、主人公のローラ・モンテスは、現在、サーカスで見世物となっている。彼女はそこで自身のさまざまな過去を語る。この過去の映像が、現在のサーカスのイメージと混ざり合って提示され、それによって映画のシーンが作られる。ここに見えるのは、未来に向かって伸びていく現在と、それ自体で存在する純粋な過去であり、したがって時間の二重化である。あるいはフェリーニの諸作品、例えば『8 1/2』(一九六三)の最後における現実と虚構が一体化するようなシーン。ドゥルーズによればこれもまた結晶イメージであり、成長の途上にある結晶である。

とはいえ、以上はまだドゥルーズが結晶的体制と呼ぶものの最初の帰結にすぎない。ドゥルーズによれば、映画が結晶イメージを越え、直接的な時間イメージ(image-temps)を提示するとき、「真と偽というはるかに恐ろしい領域」[32]へと到達し、そこでは真と偽ですら識別不可能になる。そしてこのとき、真実を突きとめることとそれ自体が不可能になり、〈偽なるものの力 puissance de faux〉が真理に取って代わり、非共可能ないくつもの世界が同時に存在し始めるのである。

時間イメージ

ドゥルーズが結晶イメージと呼ぶのは、時間のもっとも根本的な作用、すなわち現在と過去

(29) IT 15/10.
(30) IT 94/96.
(31) IT 95/97.
(32) IT 137/145.

の同時生成、現在と過去の二重化を示すイメージであった。しかし、この現在と過去の同時性を映すイメージが結晶イメージと呼ばれ、いまだ時間イメージと呼ばれていないことに注意しなくてはならない。時間が現在と過去の二重化を推し進め、現在が現在だけで、過去が過去だけでとらえられるとき、この時、時間は時系列的であることをやめ、初めてドゥルーズが時間イメージと呼ぶものが現れるのである。

結晶は直接的時間イメージを啓示する（révéler）。〔……〕結晶が啓示する、あるいは提示するのは、時間の隠された根拠（fondement）であり、つまり、過ぎ去る現在と保存される過去というふたつの噴出への時間の分化である。〔……〕したがって、これだけですでにふたつの可能な時間イメージ、一方は過去にもとづき、他方は現在にもとづく時間イメージがあることになる。[33]

結晶イメージが現在と過去の同時生成を提示するものだったとすれば、時間イメージは、現在と過去それぞれを、互いに独立した状態で提示するものである。それゆえに、時間イメージには、まず現在にもとづくものと過去にもとづくもののふたつがある。[34]

ドゥルーズがアラン・ロブ＝グリエや晩年のルイス・ブニュエルの作品に見出すのは、現在にもとづく時間イメージ、すなわち「現在の諸先端の同時性 simultanéité des pointes de présent」である。ドゥルーズによれば、それは地球上の出来事が別の惑星に伝わるようなものであり、ある惑星にはすでに伝わっていることが、別の惑星ではまさに伝わっているところであり、さらに別の惑星にはまだ伝わっていない。つまり、ひとつの同じ出来事が、異なる世界の異なる現在において、同時にとらえられるのである。

ある事件が起きるだろう、ある事件が起きている、ある事件が起きてしまった。しかしまた、それがいつか起きるのも、すでに起きたのも、起きつつあるのも同時である。(35)

映画は、このさまざまな世界における異なる現在をひとつの作品の内で描き出す。ドゥルーズが扱っている作品の中でもっとも分かりやすいのは、ブニュエルの遺作『欲望のあいまいな対象』(一九七七)だろう。この作品では、ひとりの登場人物がふたりの役者によって演じられており、まさに異なる世界の同時性が描かれている。同じくブニュエルの『ブルジョワジーの秘かな愉しみ』(一九七二)では、登場人物達が食事

(33) IT 129/135.
(34) このふたつの時間イメージは「時間の秩序 ordre du temps」にかかわるものであり、時間イメージにはもうひとつ、「時間の系列 série du temps」にかかわるものがあるが、本書の範囲内ではこれに触れることはできなかった。
(35) IT 132/139.

に行くと約束が間違っていたり、レストランのオーナーが死んでいたりと、なかなか食事にありつくことができない。ようやく食事が出来たかと思うと、今度は食事の席が急に舞台に変わり、やがてそれが夢だったことがわかる。その後も食事につくたびに、銃で人を殺してしまったり、テロリストに殺されたりするが、どれも夢だったことがわかる。しかし、これらの夢を見る人物はすべて異なっており、次第に、どこまでが現実でどこからが夢なのかもわからなくなり、そのまま映画は終わる。ドゥルーズによれば、これは、「互いに還元不可能な複数の世界における、さまざまな様態での、同じ食事のさまざまなヴァージョン[36]」であり、ひとつの同じ食事という出来事が、さまざまな世界の異なる現在において変奏されているのである。こうしてブニュエルは、「同時的な世界の複数性、さまざまな世界における諸現在の同時性」を映画化するのである。

このとき時間は時系列的に流れるものであることをやめ、複数の現在が同時に存在する非時系列的なものとなる。ただしドゥルーズによれば、これらの世界はあくまでも客観的なものであり、ブニュエルの作品が映し出すのは、「同じ世界における主観的（想像的）な視点ではなく、互いに異なる客観的な世界におけるひとつの同じ出来事」なのである。こうしてブニュエルは互いに非共可能的な世界をひとつの作品のうちで描き出す。

多元的な宇宙論においては、単にさまざまな世界がある（ミネリのように）だけでなく、ただひとつの同じ出来事が、このさまざまな世界の中で、両立不可能なヴァージョンで演じられるのである。

一方、オーソン・ウェルズやアラン・レネの作品には、過去にもとづく時間イメージ、すなわち「過去の諸層の共存 coexistence des nappes de passé」が見られる。ウェルズの『市民ケーン』では、新聞王ケーンの死後、彼が言い残した「薔薇のつぼみ」とは何だったのかが探求される。そのためにケーン生前の出来事がいくつも語られ、フラッシュバックとして描き出されるのだが、結局、映画の登場人物たちには、「薔薇のつぼみ」が何かはわからないまま映画は終わる。したがって、ケーン生前のさまざまエピソードは語られるが、それらは現在と関係を持つことができない。それゆえにこれらのエピソードは、回想イメージのように感覚運動的なつながりを作ることはなく、ケーンの死という現在に対して互いに共存しあう複数の過去の層を形成するだけである。

同様に、『偉大なるアンバーソン家の人々』(一九四二)においてもさまざまな過去の出来事が提示されるが、今度はそれを覚えている人も思い出す人も存在しない。アンバーソン家の没落は現実に起こったが、映画の冒頭で語られるように「それを待ち望んでいた人々はすでに死

(36) IT 134-5/142. 以下のブニュエルに関する引用も同頁の前後を参照。

に絶え、生きている人々は彼のことも、自分たちが待ち望んでいたことも忘れていた」からである。したがって、これらの過去も現在とのつながりを持っておらず、行動へと結びつくことはない。『市民ケーン』と同様に、ここでも過去は現在へと延長することはなく、互いに層をなし、共存するだけである。こうして現在の同時性と同様に、ここでも時間は時系列的なものであることをやめるのである。

ドゥルーズがウェルズの「もっとも創造的な弟子[37]」と呼ぶアラン・レネにおいては、過去の共存はいっそう複雑なものとなる。というのも、ウェルズにおいては、ケーンの死やアンバーソン家の没落のような、物語全体を固定する何らかの出来事が存在しているのに対し、レネにおいてはこの中心点が失われているからである。『ヒロシマ・モナムール（二十四時間の情事）』（一九五九）における日本人男性とフランス人女性というふたりの登場人物は、それぞれ広島とヌヴェールという場所にもとづく悲劇的な記憶を持っているが、そこには共通するものがなにもない。「過去のさまざまな水準は、もはや同じ人物や同じ家族、同じグループではなく、全く異なる複数の人物や、互いに交通することのない複数の場所を指し示す。これらの場所が世界の記憶を構成する[38]」のである。

同じくレネの『ミュリエル』（一九六三）では、今度はひとりひとりが異なる記憶を持つというのではなく、ひとつの出来事に対し複数の記憶が存在する。『ミュリエル』に登場するのは、若い頃に別れたふたりの男女である。男はかつて手紙を書いて送ったと言うが、女の方はそれを知らないし、受け取っていないと言う。手紙を送るというひとつの出来事に対し、ふたりはそれぞれ異なる記憶を持っており、その記憶とともに生きている。しかし実際に手紙が書かれたのか、送られたのかは、映画の中で描かれることはなく、ふたりの過去は互いを否定し合うばかりである。

ウェルズの作品において、ケーンの死やアンバーソン家の没落が確実な現在として存在していたのに対し、レネの作品では、さまざまな記憶が交錯する出来事それ自体は描かれない。ブニュエルの作品において、どの世界が現実で、どの世界が夢なのかがわからなくなったように、ここでは、どの記憶が正しく、どの過去が本当の過去なのかがわからないのである。こうして、登場人物各々がそれぞれ別の過去にかかわり、それらの過去の関係は「決定不可能な二者択一」を構成する。したがってこのとき、過去は〈必然的に真〉なるものではなくなり、レネは、いくつもの過去の層をひとつの中心点の周りに配置するのではなく、互いに衝突させることで映画を作り上げるのである。

ドゥルーズはすでに『差異と反復』において、ロブ゠グリエ脚本、レネ監督の『去年マリエンバートで』（一九六一）に言及していたが、『シネマ2』では、同作品は、以上のような現在の同時性と過去の共存がともに現れている作品として取り上げられている。ある男Xが、女A

（37） IT 151/161.
（38） IT 153/162.

に去年マリエンバートで会った、と話しかけるのだが、女はそのことを覚えていない。現在という観点からすれば、男Xは、マリエンバートでの出会いという過去の出来事をいまでも現在として生きているのに対し、女Aはそれとは異なる現在、未来の現在の中を生きている。また過去の観点からするならば、ふたりは別々の記憶を持っており、したがって異なる過去の層に属している。ただし、『去年マリエンバートで』においては、第三の人物として女Aの夫であるMが存在し、実際に去年マリエンバートで起きたことを知っている。ドゥルーズによれば、MはXともAとも異なる「現在の現在」を生きていると同時に、XとAの過去のあいだを交通させる存在である。

Mは小説家であるとともに劇作家であり、XとAはその登場人物にすぎない、あるいはむしろ、彼が引く横断線のふたつの層だろう。[39]

このように『去年マリエンバートで』においては、ロブ゠グリエに由来する諸現在の同時性と、レネに由来する過去の共存が複雑に絡み合いながら共存しているのであり、それがこの作品をきわめて独自なものにしているのである。

ドゥルーズは、このように、現在にもとづく時間イメージをロブ゠グリエや晩年のブニュエルの作品に、過去にもとづく時間イメージをウェルズやレネの作品に見出している。しかし重要なのは、ドゥルーズが時間イメージと呼ぶイメージにおいては、時間は過去から現在、未来へと進行する時系列的な時間であることをやめ、いくつもの現在が同時に存在する、あるいは、いくつもの過去が共存する、という事態が成立するということである。このとき複数の現在のあいだ、複数の過去のあいだには非共可能的な関係性が成立することになる。したがって、非時系列的な時間性によって、いくつもの非共可能的な世界が、ひとつの同じ世界の内部において表現されることが可能となるのである。ここに非共可能的なものが同じ世界に存在するという事態が成立する。

非共可能的なものが同じ世界に属し、非共可能的な世界が同じ宇宙に属することを肯定するのを妨げるものは何もない[40]。

このように非共可能的な複数の世界をひとつの世界の中で提示すること、ここにドゥルーズにとっての映画の可能性が存在するのである。ライプニッツのように非共可能的なものを排除するのではなく、この世界の中で受肉させ、顕在化すること。ドゥルーズにとって、映画とはまさにそれにふさわしい芸術形式なのである。

---

(39) IT 162/171.
(40) IT 171/182.

偽なるものの力とプラトニスムの転倒

以上のように、非共可能的な出来事がひとつの同じ世界において受肉するとき、それは大きな帰結をともなう。それが、〈偽なるものの力〉の台頭と真理の失墜である。

偽なるものの力が真なるものの形式に取って代わり、その座を奪う。なぜなら、偽なるものの力は、非共可能的な現在の同時性や〈必然的に真〉ではない過去の共存を定立するからである。結晶的な描写は、すでに現実的なものと想像的なものの識別不可能性に到達していたが、偽る物語（narration falsifiante）はそれに呼応しつつ、さらに一歩を踏み出して、現在に対しては説明不可能な差異を、過去に対しては真か偽か決定することのできない二者択一を定立する。[41]

すでにみたように、同時的現在は非共可能的な複数の世界を定立し、そのうちのどれが真の世界であるのかはもはやわからない。同様に、共存する過去の諸層は、過去の出来事の真偽を決定不可能にする。こうして映画のイメージは、「真と偽というはるかに恐ろしい領域」に到達するのである。

問題なのは、もはや現実的なものと想像的なものではなく、真なるものと偽なるものである。そして現実的なものと想像的なものがイメージの非常に限定された条件において識別不可能となったのと同様に、真なるものと偽なるものは、今や決定不可能、あるいは錯綜したものとなる[42]。

さまざまな現在が同時に存在し、いくつもの過去が共存するとき、それらのあいだで、真と偽を区別することはできない。それらを区別する基準自体がもはや存在しないからである。とはいえこれは、各々が各々の真理を持つといったような真理の相対論ではない。さまざまな真理があるのではなく、真理という形式自体が、偽なるものの力によって取って代わられるのである。すなわち真理ではなく、「偽なるものとその芸術的で創造的な力[43]」を定立すること、あるいはひとつの絶対的な価値の名の下で判断を下すのではなく、超越的な善悪（bien-mal）を、内在的な良い─悪い（bon-mouvais）で置きかえること。

問題は、善や真といった上位の審級の名の下に生を裁くことではなく、反対にあらゆる存

(41) IT 171/183.
(42) IT 359/377.
(43) IT 172/183.

在、あらゆる行動や情念、あらゆる価値さえも、それらが含む生に照らして評価することだ。内在的な評価としての情動（affect）を、超越的な価値としての裁き（jugement）に置きかえること[44]。

映画が見せてくれる非時系列的な時間は、善悪や真理のような超越的な基準によって、物事を判断することそれ自体を不可能にするのである。

ところで、超越的な審級の名の下に判断を下すことをドゥルーズは「道徳」と呼び、その源泉をプラトンに探り当てていた。ドゥルーズが六〇年代末に語った「プラトニスムの転倒」とは、まさしく超越的な価値判断から内在的な価値評価への移行を理論化したものである。したがって、八〇年代の映画論は、「現代哲学の任務[45]」とまで語られた「プラトニスムの転倒」という課題を引き継ぐものとみなすことができる。

ドゥルーズが『差異と反復』や論文「プラトニスムを転倒する」（一九六六年、後に『意味の論理学』に「プラトンとシミュラクル」と改題され収録）において語ったのは、イデアとその影像（image）というプラトン的な上下関係からはみ出すシミュラクル（simulacre）と呼ばれる存在を復権させるという意図だった。ドゥルーズはそれによって、イデアの軛を逃れたさまざまな事物が遊牧的に散乱する事態を思考しようとしていた。たしかにドゥルーズは、七〇年代以降シミュラクルの概念を肯定的に使用することはなく、また後には「シミュラクルという考え方を完全に放棄したように思う」[46]とも述べているが、ドゥルーズのプラトン哲学に対する見方は晩年の『哲学とは何か』にいたるまで一貫しており、この意味でドゥルーズはあくまでも反プラトン主義者である。

プラトンと道徳（一）

前章でアリストテレスによる定義の方法をみたが、この元になったものが、プラトンにおける分割（διαίρεσις）の方法である。分割法とは、『パイドロス』において定式化され、とりわけ『ポリティコス』『ソピステス』において、それぞれ政治家とソフィストの定義を見出すために大々的に用いられたものである。

プラトン自身が分割法の例としてあげている「魚釣師」の例を見るならば、まず魚釣師は技術を持つものされる。そして技術が「作る技術」と「獲得する技術」へと分割され、魚釣師は後者の技術を持つものとされる。次に「獲得する技術」が「交換にかかわるもの」と「捕獲にかかわるもの」へと分割され、魚釣師は「捕獲に関する技術」を持つものとされる。以下同様に、捕獲に関する技術が「戦い取るもの」と「狩猟するもの」に、狩猟のための技術が「無生

（44）IT 184/197.
（45）DR 82/上169.
（46）«Lettre-préface à Jean-Clet Martin»[1990], in DRF 339/下259.

物を対象とするもの」と「生物を対象とするもの」に、と次々に分割されてゆき、最終的に「〈獲得の技術〉のうちの〈捕獲の技術〉のうちの〈動物の狩猟の技術〉のうちの〈生物を対象にするもの〉のうちの〈水生動物を対象にするもの〉のうちの〈魚を対象にするもの〉のうちの〈打って傷つけるもの〉のうちの〈鉤漁〉のうちの〈下から上へと引き上げる〉やり方の技術を持つもの」という魚釣師の定義に到ることになる[47]。

分割法は、プラトン自身も「もろもろの類を種にしたがって分割すること τῶν γενῶν κατ᾽ εἴδη διαίρεσις」[48]と述べているように、なんらかの類を下位の種へと分割してゆくことであり、したがって、アリストテレスにおける類と種による定義の探求と同じものであるように見える。しかしドゥルーズは、分割法とは類を種へと分割していくための方法ではないと述べる。ドゥルーズによれば、分割法を類の種への分割と考えたのは、プラトンではなくアリストテレスであり、プラトンにとって分割法の目的は、種の定義とは異なるところにある。

> プラトンの分割法をアリストテレスの要求にしたがって理解しようとすることは間違いである〔……〕分割法とは種への分割（spécification）ではないのだ[49]。

アリストテレスがプラトンの分割法を批判するとき、その問題点は、分割法が分割のための必然的な理由なしに分割を行っているということにある。プラトンの分割では、「これこれのことがあるならば、その事物はしかじかのものであるという必然性がどこにも生じない[50]」のである。

アリストテレスによれば、プラトンの分割法においては、例えば「人間は動物なのか、無生物なのか」という問いに対し、「動物である」という答えを選んだとき、それは「人間」の本質を問題とし考察したからではなく、単に「動物である」という答えを選び容認したにすぎない。つまりプラトンの分割には「それはなぜか」という問いに対する答えが欠けているのである。それゆえに、プラトンの分割には必然性がかけており、推論としては妥当するものではないとされる。

アリストテレスにしたがえば、重要なのは、ひとつの類を対立しあう種に分割することである。ところでこの方法には、「理由」が欠けているだけでなく、なんらかのものがある種よ

（47）プラトン、『ソピステス』、219A-221C　以下プラトンのテクストに関しては、*Platonis opera*, 5 Vols, J. Burnet (ed.), London, Oxford, 1899-1906を、邦訳に関しては、田中美知太郎・藤澤令夫編、『プラトン全集』、岩波書店、一九七四―一九七八年を参照した。
（48）同前、267D
（49）DR 82-83/上171-172.
（50）アリストテレス、『分析論後書』（高橋久一郎訳、『アリストテレス全集』第二巻、岩波書店、二〇一四年）、第二巻第五章、91b14-5　また分割法への批判は、同書第二巻第一三章および『分析論前書』、第一巻第三一章にもある。

りもむしろこの種の側にあると決定するための理由も欠けているのだ[51]。

しかしドゥルーズは、プラトンの分割法の目的は、アリストテレスが考えたように差異によって類を種へと分割することではないと述べる。ドゥルーズによれば、プラトンの分割にとって問題なのは選別すること、混じり合った混淆状態から純粋なものを取り出すことであり、『ポリティコス』で語られた金の精錬のようなものである[52]。土や石などの夾雑物や他の貴金属などの不純物と混じり合った状態から黄金を精錬するように、さまざまな要求者から、真の要求者を選び出すこと、これこそがドゥルーズの考えるプラトンの目的なのである。

分割法の意味と目的は、競争者たちの選別であり、要求者たちの試験である[53]。

例えば、『ポリティコス』においては、政治家が「人間を扱う集団飼育の知識」を持つものであると定義されると、貿易商人、農耕者、穀物を加工する業者、体育の教師や医者までもが「自分たちこそ人間の飼育に心を配っているものなのだ」と語る。したがって、これらの部外者を遠ざけ、真の政治家を見出さなくてはならない[54]。このように「自分こそ……である」と語るさまざまな要求者に差を作り、良き要求者を選別すること、これこそがドゥルーズの考える分割法の意味に他ならない。

ドゥルーズにとって、このような選別的な意志はイデア論において明瞭に現れる。ドゥルーズは『パルメニデス』の議論にならって、イデア論を分有図式においてとらえ、その全体を三つの契機からなるものとみなす。(55)すなわち「分有されえないもの」としての〈イデア〉、「分有されるもの」としての〈イデアが一番に所有する質〉、「分有するもの」としての〈イデアが一番に所有する質を要求するもの〉である。

「分有されえないもの」としてのイデアは、「分有されうる質」を一番に所有するものであり（例えば「正しさ」という質を一番に所有する「正義」のイデア）、これが他の「分有するもの」に「分有されうる質」（正しさ）を与え、これによって「分有するもの」は「分有されうる質を持つもの」（正しいもの）となる。イデアとはそれ自体が分有されるものではなく、「分有されう

(51) DR 83/上171.

(52) プラトン、『ポリティコス』、303 D-E

(53) DR 84/上173.

(54) 『ポリティコス』には例えば次のようにある。「われわれはまず、政治家のまわりに蝟集していて、自分らは政治家と共同牧場をする資格を持っているなどと自称している連中をその周囲から排除し、そうした部外者のもとから政治家を遠ざけたうえで、単独なかたちにされたこの者の姿を純粋なありさまにして明示すべきではないだろうか（268 C）」。

(55) ただし、例えば藤澤令夫は、イデアの分有という図式はプラトン自身によって放棄されたとみなしている。『プラトンの哲学』（岩波新書、一九九八年）の第五章や『イデアと世界』（『藤澤令夫著作Ⅱ』、岩波書店、二〇〇〇年所収）の第四章を参照。

る質」を第一に所有し、それをこの世界の影像へと分け与えるものである。したがって「分有するもの」、すなわちこの世界の影像は、最高でも二番目にしか質（正しさ）を所有することができない。ここでこの世界に差異が持ち込まれることになる。というのも複数の要求者が、それぞれの度合いで、自らが要求する質を分有することになるからである。[56]

こうしてプラトンにおいて見いだされるのは、同一の類における異なる種という横の差異ではなく、分有の度合いという、系列における深さの差異ということになる。そしてドゥルーズによれば、イデア論とは、イデアによって分有される質を持つ影像とそれを持たない影像とを区別し、後者を排除するための哲学的根拠なのである。

モデルという考え〔イデア〕が介入するのは、影像の世界と全面的に対立するためではなく、良き影像、内部において〔イデアと〕類似している影像、すなわちイコン（似像）を選別し、悪しき影像、すなわちシミュラクル（見せかけ）を排除するためである。[57]

したがってプラトンにおいて、イデアとそれを分有する影像の関係は、イデアを分有していない影像、すなわちシミュラクルをあぶり出し、それを排除するために打ち立てられていることになる。こうして確立されるイデアとその影像、あるいはモデルとそのコピーという関係は、コピーとシミュラクルというこの世界の影像のあいだにあるもうひとつの関係を確立するためにしか存在しない。ここに現れるのは、イデアという超越的な基準を設定することによって、良き影像を選別し、悪しき影像を排除せんとする一種の道徳的意志であり、世界観である。

プラトンにおいて表明されているのは、まったくの純粋さにおける道徳的動機である。シミュラクルあるいは幻想を排除せんとする意志は、道徳的動機以外のいかなる動機も持っていない。(58)

ドゥルーズにとって、プラトン哲学の目的は、差異を生み出すことによって、この道徳的な体制を整備することにある。ドゥルーズの考えるプラトンの哲学とは、イデアという超越的な基準を設定することによって、この世界に善悪を生み出し、その基準にそぐわないもの、すなわち悪しきものを排除しようとする道徳的思想なのである。しかも、アリストテレスが言うように、プラトンの分割には正当な理由がないとすれば、差異は理由なしに作られ、排除する対

(56)「正しいと言われるひとは、正しいという質を二番目、三番目、四番目……、あるいはシミュラクルとして手にするのである」DR 87/上178.
(57) DR 166/上340.
(58) DR 341/下254.

象を決定することになる。それゆえここには道徳的な暴力がいわば剝き出しの状態で現出しているのである。したがってプラトニスムの転倒が、表面上はモデルとコピーという上下関係そのものを拒否するシミュラクルの復権を目指すとしても、その意義はまずこの道徳的動機そのものの転倒にこそ求めなくてはならないのである。

プラトンと道徳（二）

以上のようなドゥルーズのプラトン観は、晩年においても基本的には変わっていない。ドゥルーズは、『哲学とは何か』において、ギリシア学者であるジャン＝ピエール・ヴェルナンを引きながら、古代ギリシアの社会を三つのあり方で特徴づけている。すなわち友愛(amitié)、内在（immanence)、意見（opinion）である。

まず第一点目の友愛に関して。古代ギリシアの社会、すなわちポリスは自由人たちの社会であり、そこでは自由人たちがまさしく自由に意見を交わし、何事においても競争していた。ヴェルナンは以下のように書いている。

争いの力と結合の力、エリスとピリア、相対立しかつ相補足し合うこれらふたつの神格は、いわば古い王制に代わる貴族的世界の社会生活のふたつの極を象徴する。闘争、競争、対抗の価値の称揚は、同一の共同体への帰属の感情、社会的統一と結合の必要と結びついて見られる。貴族的ゲノス〔氏族〕を鼓舞するアゴーンの精神は、あらゆる領域に発現する。〔…〕政治もまた一種のアゴーンの形をとる。それはすなわち公共の広場であり市場である前に、まず集会の場所であったアゴラを舞台として行われる弁論競争、議論による戦いである。言論を武器として戦い、演説に対して演説をもって立ち向かう者たちは、この階層化された社会の中にひとつの平等者の集団を形成する。ヘシオドスのいうごとく、すべて競争、エリスは平等の関係を前提とする。競争は平等な人々の間にしか成立しない。[59]

ヴェルナンによれば、ポリスは互いに競争する自由人たちの社会であるが、自由人たちが互いに競争することができるのは彼らが互いに平等な者だからである。[60] このような互いに競争しあう平等な者をドゥルーズは「友（ami）」と呼ぶ。それゆえにドゥルーズにとって、古代ギリシアの社会とは、平等な友人たちからなる友愛の社会なのである。重要なのはこの平等な者の社会、友たちの社会において、競争（アゴーン）というものが発明されたということである。なぜなら、このアゴーンこそが、友をたんなる友人ではなく互いに競争しあう存在へと仕立て上げるからである。

（59）Jean-Pierre Vernant, *Les origines de la pensée grecque*, Paris, PUF, 1962, p.41（ジャン＝ピエール・ヴェルナン、『ギリシャ思想の起原』、吉田敦彦訳、みすず書房、一九七〇年、四三—四四頁）

（60）ただし、古代ギリシアに奴隷が存在していたことは周知の通りである。

ポリスは友からなる社会、対等な者からなる社会を形成し、それればかりでなく、それらの社会同士の、あるいは各々の社会の内でのライバル関係を促進し、恋愛、競技、裁判、執政官の職務、政治、そして思考にいたるまで、あらゆる領域で要求者たちを対立させた[61]。

したがって、このような互いにライバル関係にある友とは、すでに『ポリティコス』の例に見たような要求者であると言える。すなわち、ポリスにおいては自由人たちがあらゆる領域で「自分こそ……だ」と互いに競争しあうのである。

第二の特徴である内在は、まずはこのような社会状況を指す。平等な友人たちによって形成される社会には超越的な支配者というものが存在しないからである[62]。しかしまた内在は、当時の自然学者たちが、自然の中に秩序が存在している、すなわち自然にロゴスが内在していると考えていたことも意味する。古代ギリシアにおいてロゴスが自然に内在していたことを示したのは、ヴェルナンの功績であるとドゥルーズは言うが、それはおそらくヴェルナンの次のような言葉を指している。

イオニアの「自然学者」において、実証性は一気に存在の全てに浸透した。自然、ピュシスにあらざるものは何もない。人・神・世界は、統一された同質的宇宙を形成し、すべては同一平面上におかれる。それらは同じただひとつのピュシスの部分ないしは様相であり、このピュシスは至るところで同じ力を働かせ、同じ生命力を発現する[63]。

このように、古代ギリシアの自然学者とは、ヴェルナンによれば、自然に内在する法則を探求する人々だったのである。

最後の意見に関しては、先のヴェルナンからの引用にもあるとおり、古代ギリシアにおいては、言論が非常に重要性を持っていたことが挙げられる。ポリスの特徴は、誰もがみずからの意見を自由に述べることができるという点にあるが、ポリスにおいては「一般の利害にかかわる問題は〔……〕弁論術の取り扱うところとなり、討論を経て採決される[64]」のである。したがってポリスにおいては、みずからの意見を通すためには討論において勝たなくてはならない。

(61) QP 9/11-12.
(62) ドゥルーズは僭主ですらこのような社会にもとづいていると語っている。Cf. QP 46/79.
(63) Vernant, *op.cit.*, p.101（ヴェルナン、前掲書、一〇九頁）ただしドゥルーズが参照を指示している箇所ではない。ドゥルーズが示している箇所には例えば次のような言葉が見られる。「宇宙を規制する大法則は、ピュシスに内在するものである以上、それは世界がそれから徐々に出離したところの元素の中に、すでに何らかの形で存在していたと見られねばならない」p.113（一二三―一二四頁）また秩序が自然に内在すると考えた点で哲学は宗教と異なっている。宗教は常に神々の系譜や唯一神の顕現といったものを援用し、他の神々に優越するひとりの神によって外から課せられる超越的な秩序をもたらすものである。Cf. QP 45-46/78-79, 190/339.
(64) Vernant, *ibid.*, p.45（ヴェルナン、同前、四七頁）

こうした意見の重視、これが古代ギリシア社会の第三の特徴である。

友愛・内在・意見という以上の三つの性格によって特徴付けられる社会では、互いに平等な者同士がみずからの意見を戦わせる。しかしこのことは同時に、古代ギリシア社会においては、いかなる意見であれ、支配的な位置につく可能性を持つということでもある。したがってこのようなギリシア社会において、哲学の仕事はこれらの意見の真理値を計ること、すなわちある意見と別の意見のどちらがより良いのかを判別するための審級を打ち立てることとなるだろう(65)。これこそ、プラトンがイデア論によってなそうとしたことである。

すでに見たようにプラトニスムとは、異なる要求者のあいだに差をつけ、よき要求者を選別する思想であった。ポリスにおいてこの思想は、対立しあうさまざまな意見（ドクサ）を判定するものとなる。問答法（dialectique）の役割はまずはこのようなところにある。しかし、これによってプラトンは、内在性を特徴としていた古代ギリシアの社会と思想に、一種の超越を持ち込むことになった。なぜならすでに見たように、ドゥルーズにとって、プラトンのイデア論とはあらゆる要求を基礎づけるための絶対的基準として超越的に作用するものだからである。それ故にプラトンとは、哲学史上初めて、超越的な概念を創造した人物であるということになる。

プラトンは、まさしく内在の領野の内部で発揮され、かつ見出されるような超越性を発明しなくてはならなかった[66]。

プラトンは、イデアを観照しなくてはならないと言っていたが、彼はまず、イデアの概念を創造しなくてはならなかった[67]。

哲学とは概念を創造するものであると語るドゥルーズにとって、プラトンがなしたことはまさしく哲学的な創造である。だがしかし、プラトンがしたことはまた、内在の領野に超越的なものを持ち込んだことをも意味する。したがって、プラトニスムの転倒とは、このような超越的な基準によって善悪を定めるような道徳的体制から、それとは異なる内在的な体制への移行でなければならない。ドゥルーズ自身が言うように、「プラトニスムへの反動はすべて、内在性の回復[68]」なのである。

(65)「哲学の問題は、対立しうる意見の真理値を計ることのできるような審級をその都度見出すこととなるだろう」QP 77/139.
(66) «Platon, les grecs», in CC 171/283.
(67) QP 11/14.
(68) «Platon, les grecs», in CC 171/283.

スピノザ主義と拒食症の身体、ひとつの政治史へ

以上のようなプラトン的道徳に対し、ドゥルーズは倫理を対置する。

倫理と道徳の違いはこうです。つまり、道徳は特別なタイプの厳しい規則を集大成したものであり、(善や悪のような)超越的価値に照らして行動や意図を裁くところにその特性がある。これに対して倫理は、その都度の規則を集めたものであり、私たちのなすこと、私たちが語ることを、その前提となる生存の様態をもとにして評価するところにその特性があるのです。[69]

ドゥルーズは特にスピノザを論じながら、超越的な価値にもとづいて生のありようをとらえる道徳(モラル)の体制とは異なる、生を生それ自体から判断する倫理(エチカ)の体制について論じていた。[70] 善悪というカテゴリーが支配する道徳の体制とは異なり、倫理の体制においては、超越的な基準としての善悪はなく、あるのは良い―悪いという質の違いだけである。

例えば、神はアダムに「この木の実を食べてはいけない」と言う。それはその木の実を食べることが「悪」であるからではなく、その木の実を食べればアダムの身体を構成している部分が破壊されてしまうからである。あるいは「殴る」という行為はそれ自体では良くも悪くもない。それどころか「殴る」という行為は、行為者の能力、つまり腕を上げ、こぶしを握り、振

り下ろすという能力を表現している限りにおいては良いものですらある。しかし、殴ることによって他人の身体を構成している関係を壊してしまうならば、例えば誰かを殺してしまったならば、それは悪い。「善」や「悪」を実体化してしまえば、「善悪」が理由となる目的論的な錯覚が生まれてしまう。それに対しスピノザ的な倫理の体制では、どこまでも生そのものの次元において、良いものを求めること、すなわち活動力の増大が目指される。ドゥルーズはそれを、食物を例にしながら語っている。

良いものとは、ある身体や物体がわれわれの身体と直接的に関係を構成し、その力の一部もしくは全部がわれわれの力を増大させてくれる場合であり、例えば食物である。われわれにとって悪いものとは、ある身体や物体がわれわれの身体の構成関係を分解し、われわれの身体の部分と結合はしても我々自身の本質に対応するものとは別の構成関係のもとに入っていってしまうような場合であり、例えば血液の組織を破壊する毒である。[71]

（69）PP 137/203.
（70）「スピノザのエチカはモラルとはなんの関係もない」SPP 168/241.
（71）SPP 34/42-43.

この意味で、アダムが食べたリンゴも毒のようなものである[72]。そしてこの活動力の増大・減少を計るのが『エチカ』において語られた喜びの感情・悲しみの感情である[73]。

それに対し、善悪という超越的価値が出現するのは、われわれの無知によってでしかない。なぜなら、どんな良き出会いであれ悪しき出会いであれ、その良し悪しの理由がわからなければ、たちまち命令となるからである。木の実を食べてはならないというのは、アダムにとってはひとつの命令であるが、それが命令なのは、アダムがそれを食べれば、自らの身体の構成が破壊されてしまうということを知らないからにすぎない。

したがって、倫理の体制においては超越的な善も悪も存在しない。このように、それを超越するようなものは何もなく、ただ互いの関係性だけが存在するような体制、ドゥルーズは、これもまた「内在平面 plan d'immanence」と呼んでいた[74]。内在平面は、自らを超越する次元を持たない。したがって、内在平面において、

ひとは決して始めるのではない。白紙に還元するのではない。ひとはいつのまにかあいだ(entre)に、中間(milieu)にはいっているのであり、さまざまなリズムをともにし、また与えあっているのである[75]。

このような倫理的なあり方がプラトンにおける道徳的なあり方と対立する限りにおいて、道

徳と倫理、超越と内在という対立はプラトンにこそその源泉があるのである。

ところで千葉雅也は、以上のようなスピノザ的なあり方に、彼が「存在論的ファシズム」と呼ぶものを見て取っていた。すなわち「喜ばしい共生が、強制的に予定されているかのようであること」[76]。

たしかにドゥルーズ自身、喜びの感情で自己変容し、活動力を高めることをスピノザ哲学全体が依存するアレンジメント（agencement）であると述べている[77]。千葉が非難するのは、このように喜びの感情による変容を称揚し、スピノザ的な生き方が肯定されるときに、あたかもそれ以外のあり方が排除されてしまう「かのようである」ことであろう。ここに彼が「ファシズム」という言葉を使う理由があるように思われる。

---

(72)「アダムがリンゴを食べる。禁断の実なのか。それは消化不良、食中毒、毒殺といったタイプの現象である。この腐ったリンゴが、アダムの構成関係を分解する。アダムは悪しき出会いをしたのである」D 74/104.

(73)「私たちは、良い―悪いをひとえに自分が意識する喜びや悲しみの感情を通して認識する」SPP 74/81.

(74) この点については、SPP の第六章を参照。

(75) SPP 166/238-239.

(76) 千葉雅也、『動きすぎてはいけない』、前掲書、一四七頁。

(77)「ペストを避けること、出会いを組織すること、活動力を増大させること、喜びで変容すること、最大限の肯定を表現するあるいは包含する情動を多様化すること。身体を有機体に還元されないひとつの力にすること、思考を意識に還元されないひとつの力にすること、スピノザの有名な第一原理（すべての属性にとっての唯一の実体）が、このアレンジメントに依存しているのであり、その逆ではない」D 76/107.

とはいえここで問題となるのは、ドゥルーズがスピノザについて語っていることを、そのままドゥルーズ自身の思想として語ることが可能なのか否かである。ドゥルーズの書いたモノグラフ類を、そのままドゥルーズの思想として受け取ることができるのかどうか。スピノザ的な生き方がそのままドゥルーズ的な生き方なのかどうか。このふたつを即座にイコールで結ぶことができるのかどうか。

ここでは、ドゥルーズが身体と食物の例によって倫理的なあり方を語っていたことに着目したい。そうすれば、ドゥルーズが単純な良い─悪いの関係には還元されないような身体と食物の関係について語っていたことが思い起こされる。それは「拒食症」というあり方である。ドゥルーズは拒食症者のあり方を三重の「裏切り」によって規定している。つまり拒食症者は、空腹、家族、食物を裏切るのである。

拒食症者は空腹を裏切る。なぜなら空腹は、器官に隷従させることで、私を裏切るからだ。拒食症者は家族を裏切る。なぜなら家族は、家族の食事に、家族と消費の全政治に隷従させることで、私を裏切るからだ（中断されないが、中和され、滅菌された消費で置きかえること）。最後に、拒食症者は、食物を裏切る。なぜなら食物は生来裏切り者だからだ（拒食症者の考えでは、食物には幼虫、毒、寄生虫、バクテリアが蔓延しており、本質的に不純である）[78]。

このように拒食症者においては、活動力を増大させてくれるような、食物との喜ばしい関係性は存在しない。ドゥルーズによれば、拒食症とは、自己を空腹に隷属させる有機的身体を拒絶することであり、自分自身を消費の対象にしないために消費の規範から逃れることである。低脂肪ヨーグルトを食べること、それによって拒食症者は空腹と、家族と、食物を欺くのであり、拒食症とはすぐれて政治的なものなのである。

ここにみられるのは、単純な良い―悪いの関係には還元できないような食物との関係であり、生のあり方である。したがって、拒食症とはそれ自体で、スピノザ主義と対置されるべきひとつのアレンジメントなのである。超越的な善悪が失われた世界では、あらゆる生は実験になる。したがって問うべきは、「実際に実験している最中に突発的に生じる危険」がどのようなものかである。[79] 各アレンジメントにはそれぞれ特有の政治があり、危険がある。この意味で拒食症でさえ、「ひとつの政治史 une histoire de politique」である。超越性の忌避は、スピノザ的生き方の称揚ではなく、むしろさまざまなアレンジメントとその分析へと開かれていくのである。

(78) D 132-133/185.

(79) 「なぜ拒食症のアレンジメントはあれほどレールから外れ、致命的となる危険があるのか。どんな危険に絶えずさらされ、陥ってしまうのか。これは精神分析とは別の仕方で取り上げなければならない問いである。既成の解釈を支配している欠如ではなく、実際に実験している最中に突発的に生じる危険が何かを探求しなくてはならない」D 133/186.

であり、これこそがドゥルーズがガタリとともに分裂性分析と呼んだものなのである。

第三章　強度と非有機的生命

進化論と熱力学

第一章において、ドゥルーズにおける「超越論的」という言葉の持つふたつの意味を確認しておいた。すなわち、人格や個体性が発生する以前の領野と、客観的世界の創造性の原理である。このうち前者についていては、出来事の論理を確認することで論じておいた。ドゥルーズにとって個体は、非本質的な出来事が一義的存在において反響することによって発生するものなのである。本章では第二のものを考察する。

そもそも客観的世界の創造性とは何だろうか。それを理解するための例はやはり生命ということになるだろう。地球上にはこれまできわめて多種多様な生物が存在してきた。その中にはすでに絶滅したものもあれば、今日でも繁栄し、進化し続けているものもいる。人間もまた進化の過程で生まれた生命の一種であり、生命進化の一端にすぎない。したがって、世界には人間の存在とは関係のない、人間をも生み出したような創造性の原理が働いていると考えることができる。ドゥルーズはこのような世界そのものに内属する創造性を超越論的という言葉を用いて哲学的に定式化しようとしたのである。ドゥルーズの哲学は生気論的な傾向を持つが、それはこのような事情と無関係ではない。それゆえ本章で考察されるのは、ドゥルーズの生気論的な側面でもある。

ところで進化論が誕生したのは一九世紀のことであった。ラマルクの『動物哲学』が出版されたのは一八〇九年、ダーウィンの『種の起源』は一八五九年である。したがって、生物種は不変ではなく、時間の中で進化していくという考え方は、人類の歴史において比較的新しい発想であり、ラマルクから数えてもいまだ二〇〇年程度しか経っていないのである。それ以前は、神が個々の生物種を創造したというキリスト教的世界観と相俟って、「人間は人間を生む」というアリストテレス的な生命観が支配的だった。フランスの生物学者フランソワ・ジャコブは、「一八世紀まで生物は歴史を持たなかったと言っても過言ではない[1]」と言っている。進化論は生物に関する見方を劇的に転換したのである。フロイトはかつて、人間の自尊心が傷付けられた出来事として、地動説、進化論、精神分析の三つをあげていた。地動説によって地球は宇宙の中心ではなくなり、進化論によって人間は動物と連続するものとなり、精神分析によって意識ですら無意識に深く影響されていることが明らかになったと言うのである[2]。

ところで、一九世紀にはもうひとつ重要な学問が物理学の領域に生み出された。それが熱力学である。イリヤ・プリゴジンとイザベル・スタンジェールは、その著『混沌からの秩序』において、熱力学を「運動の力学的法則とまったく同様に数学的に厳密であるが、ニュートン的世界とは完全に異質な物理学理論」[3]と呼んでいる。

プリゴジンとスタンジェールによれば、ニュートン力学から相対性理論や量子力学に至るまで、物理学は時間というものを考慮してこなかった。ある系において、任意の時点における状態を観測することができれば、原理的にはその系の未来も過去も同様に知ることができるからである。

古典科学では、時間に依存しない法則に重点が置かれた。後述するように、ある系の特定の状態がいったん測定されてしまうと、古典科学の可逆法則が、その系の過去を規定していたのとちょうど同じように、未来をも規定してしまうことになっている。[4]

(1) François Jacob, *La logique du vivant*, Paris, Gallimard, 1970, p.147(フランソワ・ジャコブ、『生命の論理』、島原武・松井喜三訳、みすず書房、一九七七年、一三二頁)
(2) ジークムント・フロイト、『精神分析入門講義』、高田珠樹・新宮一成・須藤訓任・道籏泰三訳、『フロイト全集』第一五巻、岩波書店、二〇一二年、三四七頁。
(3) Ilya Prigogine and Isabelle Stengers, *Order out of Chaos*, New York, Bantam Books, 1984, p.104(イリヤ・プリゴジン/イザベル・スタンジェール、『混沌からの秩序』、伏見康治・伏見譲・松枝秀明訳、みすず書房、一九八七年、一五九頁)
(4) *Ibid.*, p.2-3(同前、三五頁)

一九〇五年に公表されたアインシュタインの特殊相対性理論のもっとも驚くべき結果のひとつは、個々の観測者に付随する局所的時間を導入したことである。しかしこの局所的時間は依然として可逆的時間であった。(5)

古典力学で正準方程式が演じた役割を、量子力学ではシュレーディンガー方程式が行う。〔……〕シュレーディンガー方程式は、古典力学の正準方程式のように、可逆的で決定論的な時間発展を表現する。〔……〕もしある瞬間の波動関数が知られたなら、シュレーディンガー方程式によって、それ以前、それ以後のどんな瞬間に対しても、波動関数を計算することができる。(6)

ニュートン力学におけるもっとも単純な事例、等速直線運動を考えてみる。秒速一〇センチの速度で移動する物体は、五秒後には五〇センチ先にあり、一〇秒後には一〇〇センチ先にある。それと同様に五秒前には五〇センチ前にあったのであり、一〇秒前には一〇〇センチ前にあった。したがって、ここでは時間は計算上のパラメーターとみなされており、未来と過去は等価なものになってしまっている。つまりある時点における系の状態が観測されるならば、その系の未来も過去も同時に決定されているとみなされるのである。したがって、ある瞬間における宇宙全体の質量の位置と速度を認識し、無限の計算能力を持つラプラスの魔のような存在にとって時間は意味を持たない。ベルクソンが述べていたように、「すべては与えられている」[7]のである。

それに対し熱力学の独自性とは、科学の世界の中に不可逆性を、すなわち時の矢を導入したことである。

熱力学のもたらしたもっとも独創的な寄与は、名高い第二法則であり、これが物理学に時の矢を導入した[8]。

名高い第二法則とは、いわゆるエントロピー増大の法則であり、経験的に記述するならば、

(5) *Ibid.*, p.17（同前、五四頁）

(6) *Ibid.*, p.226（同前、三〇〇頁）

(7) Henri Bergson, *L'évolution créatrice*, «Quadrige», Paris, PUF, 2009 (1907), p.344（アンリ・ベルクソン、『創造的進化』、合田正人・松井久訳、ちくま学芸文庫、二〇一〇年、四三五頁）ただし、量子力学においては、事象は一義的には決定されず、ただ確率的に記述される。なお、ラプラス自身の主眼は、プリゴジンとスタンジェールも指摘しているように、人間の有限な知性では宇宙の状態すべてを知ることは不可能であり、それゆえに統計的な方法が必要であるということを示すことにあった。Cf., Prigogine and Stengers, *Ibid.*, p.75（プリゴジン／スタンジェール、同前、一二三頁）

(8) Prigogine and Stengers, *Ibid.*, p.12（プリゴジン／スタンジェール、同前、四八頁）

「熱はつねに温度差をなくす傾向を示し、つねに高温物体から低温物体へと移動する」という事実である。一〇〇度の熱湯と一〇度の水を混ぜるならば、熱はお湯から水へと移動していき、やがて一定の温度で平衡状態に達する。しかしこの平衡状態にある水が自動的に一〇〇度の熱湯と一〇度の水に分かれるということはない。したがって、これは不可逆過程であり、ここには時間の方向性が存在しているのである。

増大するエントロピーは、系の自発的な進展（evolution）に対応している。したがってエントロピーは、「進展の指標」、あるいはエディントンが適切に呼んだように「時の矢」となる。すべての孤立系にとって、未来とはエントロピー増大の方向である。(9)

プリゴジンは熱力学に進化論と同じものを見出していた。すなわち不可逆に流れる時間である。熱力学的な系と同様、進化の過程も不可逆である。進化した後の生物種がそれ以前の種へと戻ることはない。進化にも、熱力学的事象にも、時間の一方向的な方向性があるのである。しかし熱力学的時間と進化論的時間に根本的な違いがあることも事実である。熱力学においては、不可逆な時間は初期状態の差異をなくし、最終的な平衡状態へと向かっていくのに対し、進化論においては、生物はより複雑な形態へと進化していくからである。

われわれを一世紀以上悩ませたもうひとつの問いがある。生物の進化は、熱力学によって記述される世界、絶えず無秩序を増大している世界においてどんな意味を持つのか。平衡に向かう熱力学的時間と、増大する複雑性へ向かう進化が起こっている時間は、どういう関係にあるのか。[10]

他の箇所でプリゴジンは、この問いこそが、みずからの研究人生を通じた問いだったと述べている。[11]もちろんプリゴジンは、進化論と熱力学第二法則が直接的に矛盾していると言っているのではない。また生物の進化もつねにより複雑なものへと向かっているわけではないこともすでに知られている。だが、いずれにせよ、生命の世界と物質の世界がいかに関係しうるのかという古典的な問題は、熱力学の発展とともに新たな展開をみせてきたのである。

『生命とはなにか』

以上のような物理学と生物学の対立をみるとき、シュレーディンガー方程式の考案者でもあ

(9) *Ibid*., p.119（同前、一七七頁）
(10) *Ibid*., p.129（同前、一八九頁）
(11) 日本総合研究所編、『生命論パラダイムの時代』、レグルス文庫、第三文明社、一九九八年、一四一頁。

ったエルヴィン・シュレーディンガーの『生命とはなにか』[12]（一九四四）は、きわめて象徴的な出来事だったとみることができる。というのも、シュレーディンガーは、冒頭において、同書の目的を「生物学と物理学の中間で宙に迷っている基礎的な観念を、物理学者と生物学者との双方に対して明らかにすること」と設定し、その主要な問題が「生きている有機体の空間的境界の内部で生じる時空間内の出来事は、物理学と化学によってどのように説明されるのか」であると述べており、この問題に対して物理学者として取り組んでいるからである。[13]シュレーディンガーにとっても、生命の特殊性は、常に秩序だった形態を維持し、熱力学的な平衡状態へと向かうことを免れているように見えることであった。

有機体が非常に謎めいて見えるのは、急速に崩壊して、不活性な「平衡」状態になることを免れているからです。[14]

しかしシュレーディンガーによれば、これは生物が物理法則に反する特殊な力のようなものを持っているからではない。生物もまた、熱力学の法則にしたがってエントロピーを増大している。しかし生物は、周囲の環境から反対方向のエントロピーを、すなわち「負のエントロピー」を取り入れることによって、エントロピーが最大になることを免れているのである。そのために生物が行う行為が、食事や呼吸、つまり代謝である。ここでシュレーディンガーは、

「生物は負のエントロピーを食べる」という有名な言葉を残している。

生きている有機体は、環境から絶えず負のエントロピーを引き抜くことによってのみ、そのような状態〔エントロピー最大あるいは死〕を避けることが、すなわち生きつづけることができるのです。〔……〕生物体は、負のエントロピーを食べることで生きているのです。(15)

つまり、生物は外界と隔絶した「孤立系」ではなく「開放系」であり、外の環境とのやりとりによってみずからの秩序を保っているのである。

そしてシュレーディンガーは、このことの原因が、遺伝子がそれまで物理学において研究されてきたものとは異なる「非周期性結晶」であることにあると予想している。非周期性結晶とは、同一の構造が三次元的に繰り返される周期性結晶とは異なり、繰り返しなしにひとつの巨大分子を形成しているものである。生物学では、「ただ一個の原子団で、しかもそれひとつだ

(12) Erwin Schrödinger, *What Is Life?: The Physical Aspect of The Living Cell*, Cambridge, Cambridge University Press, 1944（エルヴィン・シュレーディンガー、『生命とはなにか』、岡小天・鎮目恭夫訳、岩波文庫、二〇〇八年）
(13) *Ibid*, p.1（同前、一一―一二頁）
(14) *Ibid*, p.71（同前、一三九頁）
(15) *Ibid*, p.72（同前、一四一頁）

け単独に存在しているものが、きわめて精細な法則にしたがって相互に、またその周囲と驚くべき調和を保った秩序正しい現象を作りだしている」のであり、ここに、それ以前の物理学で研究されてきた現象とは異なる、生命現象の独自性があるのである。

しかしシュレーディンガーは、この独自性も物理学そのものと相容れないものではなく、非周期性結晶もまた純物理的な法則にしたがうものだとみなしていた。このようなシュレーディンガーの姿勢は、DNAの二重螺旋構造を発見したワトソンとクリックをはじめ、後の分子生物学者たちに大きな影響をあたえたものである。例えば、先にも引用したジャコブは、以下のように述べている。

この量子力学の創始者のひとりが、「生命とはなにか」と自問し、遺伝を分子の構造、原子間の結合、熱力学的な安定性の見地から記述しているのを知るだけでも、一部の若い物理学者の情熱を生物学へと引き寄せ、生物学にある種の合法性を与えるのに十分であった。[16]

このように生命現象を物理や化学の言葉によって説明しようとすること、ここに二〇世紀後半に爆発的に発展した分子生物学の発端があるのであり、シュレーディンガーはまさしくその方向性を提示することとなったのである。[17]

さて以上のような生命と物質に関する問いは、ドゥルーズの『差異と反復』のなかにも見出されると考えられる。『差異と反復』の第五章が、熱力学と生物学から事例を引きながら議論を展開しているのはおそらく偶然ではない。この問題に対するドゥルーズの着想源はフランソワ・メイエの著作だったと考えられるが、[18]ドゥルーズもまた、この問題に対しみずからの差異の哲学からアプローチしようとしていた。

ドゥルーズは、熱力学から現象の背後には差異がなければならないという発想を受け取ると同時に、初期状態の差異が最終的な平衡状態において消失してしまうという熱力学の法則からいかにして差異を救うのか、という問題を考察しようとする。後述のように、熱力学においては、差異はあたかも解消されるために存在するかのように見えるからである。

（16）Jacob, *op. cit.*, p.280（ジャコブ、前掲書、二五五頁）

（17）シュレーディンガーとその後の分子生物学との関係については、福岡伸一、『生物と無生物のあいだ』、講談社現代新書、二〇〇七年も参照。

（18）François Meyer, *Problématique de l'évolution*, Paris, PUF, 1954. ドゥルーズが参照をうながしている頁の前後で、メイエは熱力学と生物学の関係を論じているが、その主張は以下の二点であると言えよう。まず、生物のシステムも熱力学の法則に反することはないが、熱力学は現象の方向を示すにすぎず、具体的な生物のシステムを考察するのは生物学の仕事であるということ。次に、生物のシステムは個別化された（individualisé）微細な構造を持っており、統計学的でマクロなものを扱う熱力学の適応範囲外にあるということ。

ここからドゥルーズは、この世界において質と延長を持つ以前の差異として「強度 intensité」、もしくは「強度の差異 différence d'intensité」を思考しようとすることになる。その議論の過程でドゥルーズは、「世界とはひとつの卵である」と述べることになるが、ここに現れる「卵」という形象は、この根源的な強度のあり方を表現するものとして用いられるものに他ならない。

たしかに、プリゴジンとスタンジェールも指摘しているように、物質を質料と運動に還元する合理的な力学に卵の発生を対置することは、それほど珍しいことではない。例えばディドロは、以下のように書いている。

この卵が見えるかい。この卵ひとつで、神学のあらゆる学派と地上のあらゆる寺院が覆されてしまう。この卵は何だろう。胚種(germe)が導入される前は、感性のないひとつの塊だ。さて、胚種が導入されたら今度は何だろう。やっぱり感性のない塊だ。だって、この胚種そのものが生命のない粗雑な液体にすぎないんだから。どのようにしてこの塊が別の有機組織や感性や生命に移行するのだろうか。熱によってだ。それじゃあ、なにが熱を生み出すのか。運動だ。この運動に引き続く効果はどんなものだろうか。答えなくていいから、座って、眼でじっとそれを追ってみよう。まず、ひとつの点が振動する。ひとつの線維が拡がり、色を帯びてくる。肉が形成される。くちばしや、翼の端っこ、眼や、脚が現れる。黄色味を帯びた物質がたぐりこまれ、腸を作りだす。これで一匹の動物だ。この動物は動き、じたばたし、叫ぶ。〔……〕飛び出し、歩き、飛び、いらだち、逃げたり、近づいたりして、不平を言い、苦しみ、恋し、欲望し、楽しむ。この動物は君の抱くあらゆる感情を抱き、君のするすべての行動をする。君は、デカルトのように、これは純然たる物まね機械にすぎないと主張するのかい。けれども〔そんなことをしたら〕、小さな子どもまで馬鹿にするだろうし、哲学者たちは、それが機械なら君だって別の機械だと答えるだろう。もし君が、動物と君とのあいだにはただ組織の違いしかないと認めるなら、君は良識と理性を示すことになるだろうし、誠実だということになるだろう。けれども、そこから、君に反対する次のような結論が出てくることになるだろう。すなわち、ひとつの生命のない物質がある仕方で配列され、ある別の生命のない物質と熱と運動がそこに浸透すると、感性、生命、記憶、意識、感情、思考などがえられるという結論だ。〔……〕自分の言っていることをよく聞いてごらん、そうすれば、君は自分がかわいそうになるだろうし、すべてを説明する単純な仮定、すなわち物質の一般的特性としての感性、あるいは有機組織化の産物としての感性を認めないために、常識を捨て、神秘と矛盾と不条理の深淵に落ち込むことになるのに気が付くだろう。(19)

このようにディドロは、卵の中に、物質にも感性があるという仮説の例証を見出していた。

ディドロはこうして唯物論を拡張しようとしていたのであるが、ドゥルーズも、卵の内に発生的な原理を見出そうとする点で、こうした系譜に連なる側面を持っている。

強度は、物理学においては温度や圧力のように足し合わせることのできない量（示強量）を表し、哲学史においても、例えばカントは、感覚（実在的なもの）が持つある種の度合いとして用いていたが（内包量）、ドゥルーズはベルクソンを介在させることで強度を独自の概念として彫琢していく。そしてドゥルーズの強度についての考察は、やがて「非有機的な生命」という独自の生気論に至ることになるのである。

熱力学から

すでに述べたように、ドゥルーズが熱力学から引き出したのは、現象を生じさせるものとしての差異、という観念である。熱力学に関してドゥルーズが参照していたのは、ルイ・ルジエ、およびJ・H・ロニー兄らの著作である。この両者は、熱機関を働かせるためには必ず高温の熱源と低温の熱源の両方が必要であり、熱機関の最大効率は、用いられる物質に関係なく、ふたつの熱源の温度のみに依存するというサディ・カルノーの考察[20]をもとに、現象が生じるには強度の差異がなければならないのだと論じていた。

ふたりはそれぞれ以下のように書いている。

与えられた環境にある現象が生じるための十分ではないが必要な条件は、強度の差異が存在することである。(21)

厳密な範囲内において、このふたつめの原理〔一般化されたカルノーの原理〕は次のように表現される。すなわち、あらゆる仕事は、温度、圧力、ポテンシャル等々の差異に相関している、と。この法則に想像しうる限り最大の外延を与えるならば、次のようにいわれるだろう。あらゆる変化はある次元における差異に、要するにさまざまな差異に相関している、と。(22)

(19) Denis Diderot, «La suite d'un entretien entre M. d'Alembert et M. Diderot», in *Œuvres complètes*, tome XVII, Paris, Hermann, 1987, pp.103-5（ドニ・ディドロ、「ダランベールとディドロとの対話」、『ディドロ著作集』第一巻、法政大学出版局、一九七六年、二〇四―五頁）

(20) これは一般に「カルノーの定理」として知られる事実である。なお、カルノーは「熱による仕事の産出は高温物体から低温物体への熱の単なる移動と等価であり、その際、熱の量は減少しない」と考えていたが、このうち「熱の量は減少しない」という部分を退け、高温部から得られた熱の一部が仕事に変わり、残りの部分は低温部に流れる、と考えたのがクラウジウスである（ただし、遺稿によればカルノーもこの考察に到達していた）。彼がこのときに原理とみなした、「熱はつねに温度差をなくす傾向を示し、つねに高温物体から低温物体へと移動する」という事実が、いわゆる熱力学第二法則である。熱力学の歴史に関しては、山本義隆、『熱学思想の史的展開』、全三巻、ちくま学芸文庫、二〇〇九年を参照。

(21) Louis Rougier, *En marge de Curie, de Carnot, et d'Einstein*, Paris, Édition Chiron, 1922, p.153.

(22) J.-H. Rosny aîné, *Les sciences et le pluralisme*, Paris, Libraire Félix Alcan, 1922, p.65.

これらの著者の議論の当否はひとまずおくにせよ、これらの言葉の内にドゥルーズがなにを見出そうとしていたのかは明らかである。それは差異から、それも強度の差異から世界を考察しようとする態度である。ドゥルーズはまさしく差異に、現象の充足理由をみたのである。

どんな現象も、その条件となる不均衡を示している。あらゆる多様性（diversité）、あらゆる変化は、その充足理由たる差異を示している。生起するもの、現れるものはすべて、差異のレベルと相関している。準位の、温度の、圧力の、張力の、ポテンシャルの差異、すなわち強度の差異に。こうしたことをある意味ではカルノーの原理が、また別の意味ではキュリーの原理が語っている。[23]

それまでの哲学が同一性を優先し、差異を十全に思考してこなかったと考えるドゥルーズにとって、熱力学は哲学に先立って差異を先行させて思考している学問領域だったと言ってもよいだろう。ドゥルーズはまさしく熱力学に、同一性を前提とすることなく世界を思考するためのあり方を見出したのである。

同一性と差異

同一性と差異、このどちらを先行させるのかという論点に関しては、すでにアリストテレスの存在論と対照するかたちでも論じたが、『差異と反復』において、ドゥルーズは以下のふたつの命題を対立させている。すなわち「似ているものだけが異なる（seul ce qui se ressemble diffère）」と「異なるものだけが似ている（seules les différences se ressemblent）」という命題である。前者の命題が同一性を前提として差異を思考しようとする態度を表すのに対し、後者の命題は反対に、差異から同一性を思考しようとするものである(24)。

前者の表現によるならば、同一性が先行し、差異は同一性を媒介として介在させることによってしか思考されない。というのも、類似するふたつの事物があったとして、それらが類似しているといわれるためには、すでになんらかの同一的な概念が前提とされていなくてはならないからである。すなわち、比較される二項が異なると判断されるのは、両者に共通の性質を持つなんらかの第三項を経由してでしかない。このとき差異は、アリストテレスにおける種の規定のように、両者に共通するひとつの同じ類に刻みこまれるものになる。したがって、類似するふたつの事物のあいだの差異とは、同一のものとして前提される概念における差異であり、差異そのものの概念ではない。このとき差異は同一性へと従属させられ、それ自体として姿を

（23）DR 286/下145.
（24）DR 153/上314.

現すことはないのである。このように差異そのものの概念と、概念のなかに差異を刻みこむことを混同してしまうこと、ドゥルーズによれば、これこそが「あらゆる差異哲学に破滅をもたらす混同[25]」である。

それに対し、後者の命題によるならば、まさしく差異こそが第一のものとなり、このときにのみ差異の純粋な概念が姿を現すとドゥルーズは考える。したがってこの場合、ふたつの事物の差異とは異なる差異の概念が必要となる。

ある事物が別の事物から区別されるという事態ではなく、あるものが際立つ（se distinguer）という事態を想像してみよう。ただしこの場合、そのあるものがそこから際立つところのものは、そのあるものから区別されない。例えば、稲妻は曇り空から際立つが、曇り空をみずからとともに引きずっていかなくてはならない。〔……〕差異とは、一方向的な区別（distinction）としての、規定作用の以上のような状態である[26]。

このように、ドゥルーズが思考しようとする差異は、ふたつの事物のあいだの差異ではなく、それ自体で背景から際立ってくるような差異であり、それ自身における差異、即自的な差異である。「強度」の概念は、まさにこうした差異を表すものとして考察されるものである。

例えば、二〇度の水と五〇度のお湯を足しても七〇度のお湯になるわけではないように、強度量としての温度は、単純に足したり引いたりすることはできず、絶対零度からの距離によってしか測ることができない。ゼロからの距離によってでしか計れないというのが、強度の特徴である[27]。

したがって、強度量はそれ自体でひとつの差異の度合いを表している。

ある温度は複数の温度から構成されたものではないとか、ある速度は複数の速度から構成されたものではないと言われるとき、このことが意味しているのは、どの温度もそれだけですでに差異であるということである[28]。

この意味で、強度は、それ自身が差異であるとともに、差異それ自体の肯定でもあり、決して同一性を前提とはしないのである。このように、先のふたつの命題は、「まったく縁のない世界に属している[29]」のである。

(25) DR 48/上98.
(26) DR 43/上88.
(27) 「強度は、強度=ゼロを起点として、すべて正の値をとる」AO 25/上45.
(28) DR 306/下185.
(29) DR 384/下341.

熱力学と差異

ところで、ルジエやロニー兄が、変化の充足理由として強度の差異を見出そうとしていたことはすでに見た。とはいえ熱はつねに高温から低温へと流れ、その逆はありえないこと、不可逆過程はつねに平衡状態へとむかうこと、これこそが熱力学第二法則の意味するところであった。そのため古典的な熱力学においては、あたかも初期状態において存在していた差異はつねに取り消されるものとして、さらに言えば取り消されるためにのみ、存在するかのようである。熱力学においては、「差異が変化の充足理由であるのは、変化がその差異を否定する傾向にある限りにおいてでしかない(30)」のである。

そのため、熱力学は、差異から現象を考察するという方向に踏み出してはいたものの、やはり差異を十全かつ肯定的にとらえることはできていないとドゥルーズは考える。もちろんドゥルーズも熱力学の法則を否定するわけではない。しかし熱力学が対象とする強度は経験的なもの、すなわちこの世界の質と延長においてとらえられたものでしかなく、それとは次元の異なる強度が存在すると述べるのである。

〔エネルギーの〕散逸の原理〔熱力学第二法則〕は、否定されることも、破られることも決してない。〔……〕それを破るものは何もなく、変更も例外もないのだが、反対に、まさしく別の次元に属するものがある。〔……〕経験則の宿命とは、みずからの基礎となる要素を、みずからの外に置き去りにすることである。[31]

熱力学の法則は厳然たる事実である。これを否定することはできない。しかし、経験的な次元と超越論的な次元を区別することで、ドゥルーズは差異を救おうとする。

私たちが認識する強度は、すでに延長において展開され、さまざまな質で覆われてしまった強度でしかない。[32]

差異は、それ自身の外に置かれている限りにおいて、すなわち延長のなかに、そしてその延長を満たす質のなかに置かれている限りにおいて取り消される。[33]

それに対し、

(30) DR 288/下148.
(31) DR 328/下230.
(32) DR 288/下148.
(33) DR 294/下160.

差異は、その本性そのものにおいては、延長的でも質的でもない[34]。

つまり、質と延長という経験的な領野で認識される強度はたしかに平準化し、消えていく傾向を持つ。しかしそれとは異なる超越論的な領野に置いては、強度は質も延長も持たず、したがって、取り消されることはないのである。

ここから質も延長も持たない即自的な差異というドゥルーズの強度に関する思考がみえてくるだろう。そしてこのときドゥルーズは、熱力学を離れ、（超越論的な）哲学の世界へと足を踏み入れていくのである。

ベルクソンと差異

差異は多様なもの（divers）ではない。多様なものとは所与である。しかし差異は、所与がそれによって与えられるもの、所与がそれによって多様なものとして与えられるものである。差異は現象ではなく、現象にこの上なく近いヌーメノンである[35]。

ドゥルーズ研究においてしばしば言及される一節であるが、この一節はドゥルーズが何を思考しようとしているのかを明確に語っている。ドゥルーズは所与がそれによって与えられるところのもの、すなわち現象が成立するための基盤、現象の超越論的な条件を探ろうとしているのである。

これまで、ドゥルーズが差異を現象の充足理由と見なそうとしていること、ドゥルーズが思考しようとしている差異が、延長にも質にも還元されないものであることを見た。ここでドゥルーズが思考しようとしているのは、延長と質それ自体の発生の機構であり、ドゥルーズは強度の差異をその原理としてとらえようとしているのである。ドゥルーズはそのためにベルクソンを参照している。というのもドゥルーズが読むベルクソン哲学には、まさしく経験における質と延長の発生を問う契機が含まれているからである。

ドゥルーズにとってベルクソンの哲学とは、まずは質的なものと量的なものを分割する思想、すなわち両者のあいだに程度の差異（différence de degré）ではなく本性の差異（différence de nature）を見出す哲学である。

ベルクソンによれば、混合物を自然な分節にしたがって分割すること、つまり本性において異なる要素に分割することが常に重要である。[36]

（34） DR 307/下188.
（35） DR 286/下144.

本性の差異のあるところに程度の差異しか見られていなかったというのが、ベルクソン哲学のライトモチーフである。[37]

ベルクソンは、第一の主著である『意識に直接与えられたものについての試論（時間と自由）』（一八八九）においてすでに、カント的な内包量（強度量）の考えを批判していた。すなわちベルクソンにとって内包量や強度という観念は、質的なものと量的なものの混淆物であり、内包的な量（grandeur intensive/intensive Grösse）という言葉自体がすでに形容矛盾なのである。

表象的感覚は、それ自体で検討されるならば、純粋な質である。しかし延長を介してみられると、この質はある意味では量となる。これが強度と呼ばれるものだ。[38]

質が量の記号となり、質の背後に量を推察する限りで、われわれはそれを強度と呼ぶ。[39]

つまり、純粋に質的なものを量の観点からとらえるとき、強度や内包量という概念が生じるのである。純粋に質的なものとしての持続と、量的・外延的なものとしての空間というベルクソンの二分法が出てくるのはここからであり、ここに見出されるのはまさしく、質的なものと量的なもののあいだの本性の差異である。われわれの経験は質と量の混じり合ったものとして成立しているが、ベルクソンが「純粋な」持続というとき、それは持続が量的なもの、すなわち空間的なものを一切含まないということを意味している。例えばベルクソンは以下のように言っている。

純粋な持続は、並置、相互の外在性、延長という観念をすべて排除する。(40)

しかしドゥルーズは、質的なものと量的なもののあいだの本性の差異はいまだ表面的であり、ベルクソンにおいて本性の差異は、実際には持続の側にしかないのだと述べる。というの

(36) B 11/13.
(37) B 13/15.
(38) Henri Bergson, *Essai sur les données immédiates de la conscience*, «Quadrige», Paris, PUF, 2011 (1889), p.67 (アンリ・ベルクソン、『意識に直接与えられたものについての試論』、合田正人・平井靖史訳、ちくま学芸文庫、二〇〇二年、一〇五頁)
(39) *Ibid.* (同前、二四七頁)
(40) Henri Bergson, «Introduction à la métaphysique», in *La pensée et le mouvant*, «Quadrige», Paris, PUF, 2009 (1934), p.184 (アンリ・ベルクソン、「形而上学入門」、『思考と動き』、原章二訳、平凡社ライブラリー、二〇一三年、二六一頁)

もドゥルーズが読むベルクソンの持続とは、みずからに対して本性の差異を生み出すものであり、したがって、持続は本性の差異のすべてを担うことになるからである。

> 持続はすべての本性の差異を自分の側で引き受ける、あるいは保持しようとする「傾向を持ち」（というのも、持続は自己に対して質的に変化する能力を備えているから）、空間は程度の差異しか示さない（というのも、空間とは量的な等質性であるから）。分割がなされるのは、このような持続と空間とのあいだにおいてである。したがって、分割されたふたつの半分のあいだには本性の差異はない。本性の差異は、完全に一方の側にある[41]。

つまり、ドゥルーズにとって、持続と空間のあいだの分割とは、単に本性の差異による持続と空間の分割であるだけでなく、より厳密には、持続が表現する本性の差異と、空間が表現する程度の差異の分割なのである。

ところがこうなると、本性の差異は実は持続の側にしかないということになり、持続と空間とを分かつ差異は本性の差異ではありえない、ということになる。というのも、持続がすべての本性の差異を担うならば、持続と空間のあいだの差異は、本性の差異ではありえないからである。ならば、本性の差異と程度の差異を分割する差異とはいかなる差異なのか。これはおそらく、ベルクソン自身は問わなかったドゥルーズによる問いである。

ベルクソン論におけるドゥルーズは、ここに持続の収縮―弛緩というあり方を位置づけ、それを差異そのものの程度もしくは強度としてとらえようとしていたが[42]、ベルクソン論を離れた『差異と反復』においては、ふたつの差異のあいだにあるのは、質でも延長でもない強度的なものだと明確に述べられることになる。

差異は、それが展開される延長のなかでのみ程度の差異となり、この延長のなかでその差異を覆う質の下でのみ本性の差異となる。程度の差異と本性の差異のあいだには差異のすべての程度が存在し、それらふたつの差異のいずれの下にも、差異の本性のすべてが、すなわち強度的なもの（l'intensif）が存在する[43]。

こうしてベルクソンが区別しようとした本性の差異と程度の差異の共通の母胎として、強度が見出されることになる。そしてベルクソンにおいて程度の差異と本性の差異がそれぞれ延長と質の側面を担うものであったのだから、ここでドゥルーズは現象における量と質の発生を強度によって説明しようとしているのである。量でもなく質でもない、それらを発生させる境位

（41）B 23/24.
（42）B の第五章を参照。
（43）DR 309/下 190-191.

としての強度。ドゥルーズがベルクソンの内に見出そうとしたのは、まさしくこの超越論的な原理としての強度の差異である。そしてドゥルーズが卵という形象を用いるのはこうした強度の発生的な特性をあらわすためである。

卵としての世界

ドゥルーズは強度の特徴をまとめながら、強度を「胚をもつ embryonné」量とも形容していた。[44] さまざまな細胞や器官に分化していく以前の卵（受精卵）に、ドゥルーズは質でも量でもなく、軸、勾配、ベクトルといったある種のずれや運動性だけを読みとろうとする。それは分化の後に見出される器官や組織とはまったく異なるものでありながら、それらを現実に生み出すものである。

卵の軸に沿って、また卵の一方の極から他方の極に向かって、ひとつの強度がその差異を割り振り、原形質を貫いて拡がる変化の波を形成する。〔……〕卵における個体とは真の落下であり、より高いところからより低いところへと向かい、みずからが折り込まれ、落下していく強度の差異を肯定する。[45]

質と量をともに生み出すものとしての強度、という思考は、たしかにかなり抽象的であるし、いささか独断論的なものにも思われる。しかしドゥルーズが胚や卵といった言葉で強度を語るとき、それは強度が実在するものだと主張しているのだと考えられる。なぜなら実際に胚というものが存在し、さまざまな細胞や器官へと分化していく過程が存在しているからである。

ドゥルーズによるならば、胚が体験する運動は、成体ならばばらばらに引き裂かれてしまうようなものであり、胚だけが生きることのできる運動である。

発生学の真理とは、もとより、胚だけが耐えることのできる滑りやねじれといった、システマティックな生命的運動が存在するということである。成体がその運動をなし遂げるならば、ばらばらに引き裂かれてしまうだろう。[46]

胚の偉業と運命は、生きられないものそのものを生きること、あらゆる骨格を打ち砕き、靱帯を断絶する強制運動の振幅を生きることである。[47]

(44) DR 305/下184. なおここでは「量」の原語は quantité である。
(45) DR 322/下218. 同様の指摘はドゥルーズの著作のさまざまな箇所にみられる。後で引用する『感覚の論理学』の一節も参照。
(46) DR 155-156/上318.
(47) DR 277/下128.

逆に言えば、成体は、今となっては耐えることのできない運動を経ることによって発生してきたのであり、胚はこのような運動の存在を明かしているのである。

ここにおいて、「世界はひとつの卵である」というドゥルーズの言明の意味が明らかになる。それはわれわれの経験することのできない次元においてつねに強度の運動が起こっており、経験的な世界とはその運動の果てに生まれてくるものだ、ということである。たしかに生命をもった存在も、熱力学的な系が平衡状態へと至るように、最終的には「死」に至る(48)。しかしそれでも、この世界の背後で新しいものを生み出すメカニズムが働きつづけていること、これこそが『差異と反復』が論じ、明らかにしようとしたことなのである。

超越論的原理と新しさの生産

このとき、差異から思考される同一性は「反復」として規定されることになる。すなわち、即自的な差異そのものである強度から質と延長が生み出されるプロセスは決して同一ではないが、それが繰り返されるということだけが同一なのである。それゆえに、このような反復は、ニーチェの永遠回帰と結びつく。なぜなら、ドゥルーズにとって、永遠回帰とは同じものの永遠の回帰ではなく、回帰するという事実だけが永遠に同じであることを示しているのであり、回帰するものは異なるもの、差異を孕むものとされるからである。

同じもの（le même）や似ているもの（le semblable）が回帰するのではなく、永遠回帰こそが回帰するものについての唯一の同じもの、唯一の類似である[49]。

永遠回帰は「同じもの」を回帰させるのではなく、回帰することが、生成するものに関する唯一の〈同じもの〉を構成するのである。回帰すること、それは、生成それ自身の〈同一的になること devenir-identique〉である。したがって、回帰することは唯一の同一性であるが、二次的な力としての同一性、差異に関する同一性であり、異なるものについて言われる同一的なもの、異なるものの周りをまわる同一的なものである。差異によって生産されるそのような同一性は、「反復」として規定される[50]。

回帰するということが、差異に関する唯一の同一性である。そして、差異は経験的な次元で語られれば、必ず取り消されてしまうのだから、ドゥルーズにとって永遠回帰は、強度的なも

(48) 「考察されている領域が何であれ、産出的な差異の取り消しと産出される分化の消去は、依然として折り拡げの法則であり、この法則は、物理的学な平準化においても、生物学的な死においても明らかである」DR 328/下230.

(49) DR 165/上338.

(50) DR 59/上122. また以下の表現も参照。「〈異なるもの〉の帰結としての同じもの、すなわち〈反復〉」DR 259/下92.

のだということになる。

永遠回帰は、質的でも延長的でもなく、強度的であり、ひたすら強度的である。[51]

質と延長へと展開される以前の強度の世界が回帰するからこそ、世界は常に新しいものを生み出すことができる。それゆえに永遠回帰は「絶対的に新しいもの」と、すなわち未来と関係している。

永遠回帰が本質的に未来と関係しているのは、未来が、多様なものの、異なるものの、偶然的なものの、それら自身のためのかつ「一度限りの」展開であり、折り拡げだからである。[52]

こうして強度の差異における反復としてとらえ直された永遠回帰は、世界に新しいものを生み出す原理となるのである。

ところでドゥルーズによれば、差異が同一的な類における種の差異、すなわち概念の差異としてとらえられることと、反復が否定的にとらえられることは相関している。差異が概念の差異となるとき、反復は、例えばカントが語った手や耳の例のように、[53]概念的には同一だが、時空間において異なるふたつの事物として、即ち「概念なき差異」としてしかとらえられないからである。(54) 西洋哲学史は概念の差異としての差異と、概念なき差異としての反復しか思考してこなかったというのがドゥルーズの主張なのである。

事実、差異の概念は、差異が概念一般に刻みこまれる契機や仕方によって定義されてきた。こうして差異の概念と単なる概念の差異が混同されてきたのである。〔……〕一方反復は、それと相関的に、概念なき差異としてしか定義され得なかった。この定義は明らかに反復するものに対する概念の同一性を前提とし続けている。(55)

したがって、単なる概念の差異とは異なる差異の概念を彫琢し、反復をまさに差異そのものの反復として見出すことによって、すなわち永遠回帰を強度の差異の反復としてとらえ直すこ

(51) DR 313/下199.
(52) DR 152/上311.
(53) カント、『プロレゴメナ』、§13。ただしカント自身が「反復」という言葉を用いているわけではない。
(54)「表象は、差異を理解するためにも反復を説明するためにも概念の同一性を援用する。差異は同一的な概念において表象され、それによって単なる概念の差異に還元される。反対に反復は、概念の外で、概念なき差異として表象されるが、常に同一的概念を前提としているのだ。このとき、反復が存在するのは、例えば事物が数において（in numero）区別されるとき、つまり概念は同一であるが、時間と空間において区別されるときである」DR 346/下265.
(55) DR 368/下310.

とによって、ドゥルーズは世界それ自体の創造性を見出そうとしているのである。

ドゥルーズは後にライプニッツ論『襞』において、ライプニッツとともに、ベルクソンとホワイトヘッドに取り憑くことになる問いが初めて提起されたのだと語っているが、この問いはドゥルーズ自身の問いでもあると言えるだろう。すなわち、「いかなる条件で、客観的な世界は新しさの主体的な生産、つまり創造を可能にするか」という問いである。[56] ドゥルーズの答えはまさしく、差異を即自的な強度の差異としてとらえ、反復をこの差異それ自体の反復としてとらえることによって、である。

『差異と反復』においてドゥルーズは、強度を「エネルギー一般 énergie en général」とも呼び代えていたが、「一定にとどまる何かがある（il y a quelque chose qui demeure constant）」というエネルギー保存則の定式に対し、これでは同一的なものについてのトートロジーでしかないと批判している。エネルギーをこのように定義してしまうと、世界が同一性に回収されてしまい、真に新しいものが生まれてくるという事態をとらえることができなくなってしまうからである。

私たちが、エネルギー一般を定義しようとするときに、延長という質を与えられた要因、すなわち外延的要因を考慮に入れるならば、このとき、「一定にとどまる何ものかがある」と言わざるをえないし、そうした言い方で〈同一的なもの〉に関する偉大な、しかし平板なトートロジーを定式化せざるをえない[57]。

こうした表現は、プリゴジンとスタンジェールの以下のような言葉を想起させる。

もし本当に、世界の様子が、〔ラプラスの〕魔物――結局はわれわれと似たものであり、同じ科学を持っているが、より鋭敏な感覚とより大きな計算能力を備えている――が、ある瞬間の状態を観測することから始めて、その未来と過去を計算できるようなものであれば、あるいはまた、われわれが記述できるような単純な系と、魔物のおでましを必要とするもっと複雑な系との間に何ら質的な相違がないならば、世界は巨大なトートロジーでしかない[58]。

ドゥルーズにおいてもプリゴジンにおいても、重要なのは新しいものがいかにして生み出されるのかという客観的原理なのであり、同一的にとどまるものが原理だとすれば、世界に新しいものが生まれてくるということが理解できなくなる。したがって、ここで問題となるのは世界それ自体の客観的な創造性であり、ドゥルーズはそれを超越論的な次元に求めようとするの

(56) P 107/138.
(57) DR 310/下193.
(58) Prigogine and Stangers, *op. cit.*, p.77（プリゴジン／スタンジェール、前掲書、一二六頁）

である。

ドゥルーズは、エネルギー一般とは質も延長も持たない強度的なものであり、超越論的な原理であると言う。

エネルギー一般あるいは強度量は強度空間（spatium）であり、あらゆる変身の劇場であり、みずからのあらゆる度合いをその生産において包み込む即自的な差異である。この意味でエネルギー、つまり強度量は、超越論的原理であり、科学的な概念ではない[59]。

まさしくこの超越論的な次元が反復されることによって、世界は主体的に新しさを生み出すものとなる。永遠回帰は「超越論的な次元において、あるいは火山のような強度空間においてうなりを上げ続けている[60]」のであり、この差異と反復のメカニズムに眼を向けるとき、「世界全体が、〔……〕個体化する差異、すなわち強度の差異の深みにおける運動のなかで読みとられる[61]」のである。

ベルクソンと生命をこえて

以上のようにして強度の差異は、ドゥルーズにおいて世界に新しさをもたらす超越論的原理として定義されることとなる。ところで、ベルクソンもまた『創造的進化』において、熱力学第二法則にみずからの哲学からアプローチしていた。これはシュレーディンガーの『生命とはなにか』よりも三五年以上も前であり、生命と物質の関係性に関する哲学の側からのきわめて早い応答だったと言ってよい。

ベルクソンによれば、熱力学第二法則は本質的に量に関係せず、世界の進む方向を端的に示すのみであり、この意味で「物理法則のなかでもっとも形而上学的な法則[62]」である。とはいえベルクソンがこの法則から引き出す論点は、物質が熱力学の法則にしたがって必然的に壊れていく（se défaire）ものだとすれば、生命は、それとは反対にできあがっていく（se faire）ものであり、したがって非物質的なものだということである。

生命とはひとつの運動であり、物質性はそれと逆の運動である。[63]

すなわちベルクソンは、生命を熱力学の法則に反するもの、すくなくともそれとは逆の方向

(59) DR 310/下193.
(60) DR 310-11/下194.
(61) DR 318/下210.
(62) Bergson, *L'évolution créatrice*, p.244（ベルクソン、『創造的進化』、前掲書、三一〇頁）
(63) *Ibid.*, p.250（同前、三一八頁）ベルクソンと熱力学第二法則に関しては、三宅岳史、『ベルクソン――科学と哲学の対話』、京都大学学術出版会、二〇一二年、第四章も参照。

性を持つものと考えているのである。ここでベルクソンが生命と持続を重ね合わせているということ、生命が持続の一種であるということは明らかである。

生命を持つ存在は本質的に持続している。生命を持つ存在は、新しいものを絶えず作りだすがゆえに持続するのである[64]。

しかしすでにみたように、質的なものとしての持続も、ドゥルーズにとってはいまだ強度の根源的なあり方ではなく、すでに質として展開されたものでしかなかった。一方物質もまた、ドゥルーズのベルクソン解釈によれば、「自己の外にあり、かつわれわれに対する程度の差異[65]」である。したがってベルクソンにおいて生命が本性の差異を担うとすれば、物質は程度の差異を担うことになる。ここでドゥルーズが本性の差異と程度の差異に対して、両者の母胎としての強度を見出そうとしていたことを思いだすならば、このとき強度はベルクソン的な生命と物質という二分法以前の差異として、いわば生命と物質に共通する次元として取り出されてくるだろう。ドゥルーズによれば、ベルクソン的な程度の差異も本性の差異も、それ自身の充足理由を持っていない[66]。先にも述べたように、ドゥルーズは持続の収縮と弛緩という考え方によって、ベルクソン哲学における両者の発生を基礎づけようとしていた。それに対し、ドゥルーズ自身はここに強度を据える。したがって、ここにおいて、ドゥルーズの強度の差異を両者の充足理由として、さらにいえば生命と物質とに共通する母胎として取り出すことができるだろう。

本章で先にシュレーディンガーの『生命とはなにか』に言及したが、二〇世紀後半は分子生物学が爆発的に発達した時代であり、それは生命がますます物質へと還元されてゆく過程でもあった。生物も物質と同じように熱力学の法則にしたがうのだから、両者のあいだの境界線はますます失われていったのである。

例えば、先にも引用したフランソワ・ジャコブは、いみじくも次のように言っている。

熱力学によって、生物と物体を根本的に区別し、生物の化学と実験室の化学を断ち切っていた生物学のアプリオリなものはすべて失われてしまった。[67]

熱力学の誕生以来、生命という概念の操作的な価値は薄まり、その抽象的思弁としての力は

(64) Bergson, «Le possible et le réel», in *La pensée et le mouvant*, p.101（ベルクソン、「可能と現実」、『思考と動き』、前掲書、一四三頁）

(65) B 94/103.

(66) DR 308-309/下190.

(67) Jacob, *op. cit.*, p.212（ジャコブ、前掲書、一九二頁）

衰えゆく一方であった[68]。

物質に反する生命という概念は、熱力学とともに力を失っていったのである。このような考え方は二〇世紀後半において大勢を占めたものであろう。しかしこのような時代にあって、ドゥルーズは、「私の書いたものはすべて生気論（vitalisme）だった[69]」と述べる。それでは、生命と物質に共通する原理にまでさかのぼろうとし、そこに根源的な差異としての強度を据えようとしながらも、それを生気論であると言うとき、彼はいかなる生命を考えていたのだろうか。本章では最後に、ここで述べられている生気論を「非有機的な生命[70]」についての思想として提示することとしたい。

非有機的生命

非有機的な生命に関するドゥルーズの言及はきわめて断片的であるが、本書の文脈においては、卵と非有機的生命を直接結びつけている以下の一節が重要である。

卵はまさしく有機的表象「以前の」身体（corps）の状態、すなわち軸とベクトル、勾配、帯域、運動学的動き、力学的傾向等を提示しており、それに対して形態は偶然的な、あるいは付随的なものだということが知られている。「口なし。舌なし。歯なし。喉なし。食道なし。胃なし。腸なし。肛門なし。」まさしく非有機的生命だ。というのも有機体とは生命ではなく、生命を閉じ込めるからだ。[71]

ここにはふたつの論点が現れている。ひとつは、卵がまさしく非有機的な生命と関係づけられていること。いまひとつは、有機体とは生命ではなく、むしろ生命を閉じ込めるものとされていることである。

一点目の、卵が非有機的なものであるという点に関しては、すでに強度が生命と物質に共通するものとみなされていたことからも了解されるだろう。ドゥルーズにとって卵とは、生命にも物質にも共通するものとしての強度のありようを表現するものであった。この強度としての卵から世界をとらえ直すことが『差異と反復』の眼目であり、「世界とはひとつの卵である」という言明の表すところだったと言ってよい。したがってドゥルーズ的な意味における卵は、有機的でも無機的でもありえない。むしろ生命にも物質にも共通する強度的な次元を、それで

(68) *Ibid.*, p.320(同前、二九五頁)
(69) PP 196/289.
(70) ドゥルーズは「非有機的な」の意味となる形容詞を non(-)organique、inorganique、anorganique の三種類用いているが、これらは明確に区別されてはいないと思われるため、すべて「非有機的」と訳す。
(71) FB 33/65. なお、引用符に入っているのはアントナン・アルトーの言葉である。

もあえて「生命」と呼ぶことに、ドゥルーズの生気論的な傾向が現れていると言うことができるだろう。

二点目の生命を閉じ込める有機体という観念もここから同様に理解される。というのも、強度が生命にも物質にも共通する母胎である限りにおいて、有機体とは強度が展開された先にある可能性のひとつにすぎないからである。つまり、生命と物質の母胎としての卵、あるいは強度が非有機的生命であるとすれば、有機的な生命とはそこから派生するありようのひとつでしかない。したがって有機的ありようそれだけを生命とみなすことは、ドゥルーズにとっては、生命の根源的な力を十分にとらえ切れていないということを意味するのである。

有機体とはむしろ、生命が対立し、制限されてしまうものであり、非有機的であるからこそなおさらに強烈で、強力な生命というものがある。(72)

非有機的であるがゆえになおさら強力な生命、これはまさしく『差異と反復』において論じられた強度に他ならない。強度とはまさしく、反復されることで世界に新たなものをもたらす超越論的原理だった。したがって非有機的な生命とは、この世界に新しいものを生み出していく強度的な次元を指しているということができるだろう。「世界とはひとつの卵である」とドゥルーズが述べるとき、彼はまさにこの非有機的生命から世界の生成をとらえようとしていたのである。

芸術と生の実験

とはいえ、すでに述べたように、日常の経験において感じられる強度は、一定の質と延長をともなったものでしかない。しかし『差異と反復』において、ドゥルーズは、強度そのものが感じ取られる体験として、薬力学的な実験とめまいというふたつの事例をあげていた[73]。通常の経験においては感じられることはできなくとも、時に、日常的な知覚の限界を越え、強度そのものが姿を現し、それを揺さぶることがある。ドゥルーズがめまいを例に述べたかったのは、おそらくこのようなことであり、薬力学的実験とは、薬物によって人工的にそのような知覚を探求することを指しているのだろう。

ドゥルーズは後に、アンリ・ミショーやウィリアム・バロウズ、カルロス・カスタネダらの著作に言及し、麻薬が実際に知覚のあり方を変えてくれるという側面があることを論じている。

麻薬は、知覚にミクロの現象やミクロの操作をとらえる分子状の力を与え、知覚されるもの

(72) MP 628/下303.
(73) DR 305/下183.

には、もはや私たちのものではない流動的な時間にしたがって加速と減速を繰り返す微粒子を、すなわち、もはやこの世界には属さない此性を放出する力をあたえる。[74]

此性や微粒子、ミクロの現象については次章以降で論じるが、これらはいずれも通常の知覚ではとらえることができないものである。したがって、ドゥルーズが強度的なものの次元を非有機的な生命とも形容するとき、そこにはおそらく、われわれの日常的な知覚がすでに有機的に組織されているということもまた含意されている。ドゥルーズはあるテクストで、非有機的生命を、詩人であり分裂症者でもあったアントナン・アルトーに由来する「器官なき身体（corps sans organes）」という言葉に集約させているが、[75]ドゥルーズは、器官なき身体は器官と対立するのではなく、器官の有機的な組織化（organisation）に対立するのだと繰り返していた。

器官なき身体は、器官ではなく、有機体と呼ばれる器官の有機的組織化に対立する。[76]

ドゥルーズにとって有機体とは、いわゆる生命体だけでなく、さまざまな全体性や統一性をも意味する言葉であるが、[77]ドゥルーズは有機化されたものとは異なる身体や知覚のあり方を麻薬だけでなく、アルコールやマゾヒスムなどにも見出そうとしていた。もちろんドゥルーズは麻薬やアルコールをすすめているわけではなく、麻薬によって引き起こされる幻覚や妄想その他の障害を非難しもする。だが、麻薬やアルコールが現実に知覚の条件を変容させてくれるという側面を持ち、それを明らかにしてくれたことを重要視するのである。したがって、重要なのは、麻薬やアルコールが明らかにしてくれたような知覚のあり方を、他の手段によって手に入れることである。

「麻薬をやるか否か」がもはや問題ではない地点にたどり着くこと。つまり麻薬が空間と時間の知覚にかかわる一般的条件を十分に変化させたからこそ、麻薬常習者以外の人間が、麻薬以外の手段が必要となるまさにその場所で、世界に穿たれた穴を通り抜け、逃走線の上に移行しおおせるのだ(78)。

(74) MP 346/中257.
(75)「器官なき身体とは情動的で強度的、アナーキスト的な身体であり、さまざまな極、区域、閾、勾配しか含んでいない。この器官なき身体を、非有機的で力強い生命力(vitalité)が横断している」«Pour en finir avec le jugement» in CC 164/269. この言葉から器官なき身体が上で論じた卵ときわめて類似した特徴を持つことが分かるが、『アンチ・オイディプス』や『千のプラトー』では、実際に「器官なき身体とは卵である」と語られている(Cf. AO 26/上45-46, MP 202/上336)。なお先の引用文中の「有機的表象以前の身体」もまた、器官なき身体を指すものである。
(76) MP 196/上325. 同様の指摘は、ドゥルーズの著作のさまざまな箇所に散見される。例えば以下。「器官なき身体は、器官というよりも、有機体と呼ばれる器官の有機的組織化に対立する」FB 33/64-65.
(77) AO 387/下201における「失われた統一性や来たるべき全体性として幻想的に機能する有機体」という表現を参照。

すでに『意味の論理学』においてドゥルーズは、次のようなバロウズの言葉を引いていた。

化学的手段によって到達できるものはすべて、別の道によってもたどり着けると考えよ。[79]

麻薬やアルコールが与えてくれる作用に、麻薬やアルコールを用いることなく到達すること。そのための手段として代表的なものは、やはり芸術ということになるだろう。ドゥルーズは画家フランシス・ベーコンの描く、歪められ傷付けられたかのような肖像画に、固定した器官を持たない身体、文字通り器官なき身体を見出していた。「ベーコンは、つねに器官なき身体を、身体の強度的な事実を描いていた[80]」のである。そして重要なのは、ベーコンの描く肖像画が、あるいはより一般的に絵画というものそのものが、鑑賞者に対してある作用を及ぼすということである。

色彩と線によって、絵画は眼に備給する。しかし眼を、絵画は固定した器官としては扱わない。色彩と線を表象から解放することで、絵画は同時に、眼を有機体への帰属から解放し、固有の資質を持つ固定した器官という特性から解放する。眼は潜在的に未規定で多義的な器官となり、器官なき身体、すなわち純粋な現前としての〈フィギュール Figure〉を見る。

絵画は眼を私たちのいたるところにおく。耳に、腹に、肺に（絵画は呼吸する……）。絵画の二重の定義とは以下である。主観的な面において、絵画は私たちの眼に備給し、眼は有機的であることをやめ、多義的で一時的な器官となる。客観的な面において、絵画は身体の実在性を、すなわち有機的表象から解放された線と色彩を、私たちの前に立ち上がらせるのである。(81)

つまり、絵画はわれわれの眼を刺激し、有機的に組織された器官という役割から解放する。それと同時に絵画は、色彩と線という手段によって器官なき身体を立ち上げる。この主観／客観の両面において、絵画は強度的な非有機的知覚を、すなわち感覚を可能にするのである。ドゥルーズによれば、ベーコンは独自に絵画史を横断しながら、このような絵画の効果にたどりついた画家なのである。(82)

あるいはまた、前章でも論じた映画がある。前章で感覚運動図式について確認したが、感覚運動図式とは、知覚を有機的に構成するものでもある。ドゥルーズは『シネマ２』において、

(78) MP 350/中263.
(79) Cité in LS 189/上280.
(80) FB 34/66.
(81) FB 37/74.

感覚運動図式にしたがうイメージのあり方を「有機的体制」と呼んでいるが、感覚運動図式によって、われわれの知覚は有機化され、習慣化され、自動化する。これは日々の行動にとっては欠かせないものであり、有用なものである。しかしその一方で、感覚運動図式は知覚をある種の紋切り型に変え、世界それ自体の創造性をとらえることを妨げる。それに対し、すでに見たように、ネオ・レアリズモ以降の映画作品が見せてくれるのは、有機的知覚あるいは感覚運動図式の断絶と、それにともなう偽なるものの力の台頭である。これによって、時間は時系列的であることをやめ、真なるものの失われたカオス状の世界、すなわちカオスモスが出現するのであり、映画が映し出すのは、まさにこの世界である。

ドゥルーズは『シネマ2』において一度だけ、この非時系列的な時間を「世界を抱擁する力強い非有機的生命[83]」と形容していた。したがって、互いに非共可能的な現在や、〈必然的に真〉ではない過去を同時に映し出す映画のイメージは、単に真理の失墜した世界というだけでなく、非有機的で強度的な世界のイメージでもあるのである。ドゥルーズは、「芸術は見えるものを再現するのではなく、見えるようにする」というパウル・クレーの言葉[84]を好んで引いていたが、この言葉は、まさしく文字通りに受け取られなければならない。

ここにおいてドゥルーズは、単に世界の生成を差異から説明するというだけではなく、より実践的な領域へと踏み出していったと言えるだろう。『差異と反復』においては、質と延長の母胎としての強度からの世界の発生が論じられるとはいえ、発生の先にあるこの世界は、たとえそれが根源的な強度の次元から発生してくるとみなされたとしても、変わることなく存続しつづけ、結局のところ差異が同一性に従属してしまうのではないかという危険が指摘されている。(85) つまり、発生の先にある世界が「この」世界である限りにおいて、発生の哲学は、この一なる世界の後追いの肯定になりかねないのである。(86)

それに対し、この世界の内に非有機的な生命を見出すことは、すでに有機的に組織された世界の内に強度の出現を感じ取ることであり、世界を強度の状態においてとらえ直すということを意味している。それによってこの世界が、強度的なあるいは創造的な姿を現し、それを変様させることが可能となるのである。とはいえ麻薬やアルコールのような手段によって、有機的な知覚を一気に崩壊させればよいというわけではない。日常的な知覚のありようを崩壊させて

(82)「ことは、もはやベーコンにではなく、おそらく西洋絵画史全体にかかわっている」FB 80/164.
(83) IT 109/112.
(84) Paul Klee, Schöpferische Konfession, in *Das bildnerische Denken*, Basel, Benso Schwabe & Co. Verlag, 1990, S.76(パウル・クレー、「創造についての信仰告白」、『造形思考』上巻、土方定一・菊盛英夫・坂崎乙郎訳、ちくま学芸文庫、二〇一六年、一六二頁)
(85) 鈴木泉、「ドゥルーズ」、『哲学の歴史』第一二巻、中央公論新社、二〇〇八年、六四五—六四六頁。
(86) 本書では論じないが、この批判は、『意味の論理学』後半部で論じられる「動的生成」論に対してもあてはまるように思われる。動的生成は、出来事が登録される「表面」それ自体の発生を論じるものであるが、それが精神分析的な発達段階論を援用しながら展開される限りにおいて、結局のところ「正常」に成長した大人ならばだれもが表面を持っているという結論になりはしないだろうか。

しまえば、そこには文字通りのカオスしかないだろう。むしろ「毎朝編成しなおすために、有機体をほどよく保つこと」、「有機体と呼ばれる器官の組織化を辛抱強く、また一時的に解体するための点を探し求めること」、これが重要なのである。[87]

したがって、日常的な経験の次元において強度的な非有機的生命の力を看取し、それを別様に展開させること、これが求められているのである。ドゥルーズはそれを逆行（involution）と呼んでいたが、逆行は原初的な状態への回帰ではなく、「あいだ」や「中間」にかかわるものである。

逆行することとは進化することとの反対であるが、しかしまた退行すること、幼児期や原初的世界に回帰することとの反対でもある。〔……〕逆行することとは「あいだ」にあること、中間にいること、隣接していることである。[88]

逆行するとは、与えられた複数の項の「あいだ」や、特定可能な関係のしたで、みずからに固有の線にしたがって伸びていくブロックを形成することである。[89]

こうした論点は、次章で論じる多様体や生成変化の概念に直接つながるものである。しかしいずれにせよ、「人はいつも卵を自分の実験の場としてかかえている[90]」のであり、「強度とは、生の様式に、つまり実践的かつ実験的な慎重さに関する事柄であり、まさしく強度こそが、非有機的な生命を構成する(91)」のである。

(87) MP 199/上329.
(88) D 37-8/54-5.
(89) MP 292/中160.
(90) MP 202/上336.
(91) «Huit ans après : entretien 80»[1980], in DRF 166/上255.

第四章　多様体の論理とノマドロジー

一　多様体の論理

多様体概念の位置づけ

前章でドゥルーズの非有機的生命に関する言説を検討した。それによって明らかになったのは、この世界における有機的組織化を部分的に解体し、それを新たに編成し直すという、優れて実践的な視点である。この視点においては、世界を再び強度の次元においてとらえ直し、それを別様に生成させることに重点が置かれているのである。この強度的、超越論的な次元と経験的な次元の相関は、以後のドゥルーズの哲学にとって非常に重要となる。本章ではこの相関関係を「多様体 multiplicité」(1)の論理として剔抉することを試みる。

前章でも見たように、『差異と反復』においては、原初的なものとしての卵から、世界の発生を説明しようとする方向性、すなわち潜在的なものから顕在的なものへという方向性が顕著だった。それに対し、七〇年代後半以降のドゥルーズは、はっきりと異なる方向性を打ち出し始める。それが「あいだ」や「中間」といったあり方の重視であり、多様体論の顕在化である。

多様体において重要なのは、項や要素ではなく「あいだ entre」にあるもの、中間（between）であり、相互に分離不可能な諸関係の集合である。あらゆる多様体は、草やリゾームのように中間（milieu）で成長する。[2]

そして絶筆とされる「顕在的なものと潜在的なもの」においては、「哲学とは多様体の理論である[3]」と述べられるに至るのである。

多様体の概念は、たしかに、『差異と反復』においてすでに独自の概念として提示されてはいた。しかし『差異と反復』においては、多様体は潜在性の次元に明確に位置づけられていたのに対し、「顕在的なものと潜在的なもの」においては、「多様体は、どれも顕在的要素と潜在的要素を含んでいる[4]」とされる。潜在性からの顕在化という一方向的な発生ではなく、その相互作用へというドゥルーズの方向性の変化が、まさしく多様体の概念とともに浮かび上がってくることがわかる。

また、多様体の概念は、ガタリとの共著にとっても重要である。ドゥルーズが多様体の重要性を述べる箇所はいくつもあるが、ガタリもまた、ドゥルーズとの共同作業に対して期待したのが、この多様体の論理の精緻化だったことを述べている。

僕がジルとの共同作業に期待していたのは、例えば器官なき身体とか多様体、要するに器官なき身体に継ぎ合わせることのできる多様体の論理を作れるのではないかということだっ

（1）「multiplicité」は、「多様性」や「多数性」とも訳されるが、本書では「多様体」と訳す。それはドゥルーズがこの言葉を用いるとき、ドイツの数学者ベルンハルト・リーマンの多様体（Mannigfaltigkeit）論が念頭におかれているからである。ドゥルーズは、リーマンの多様体論が、哲学において、特にベルクソンとフッサールに影響を与えたとみなしている。「「多様体」という観念、そして多様体の種類という観念を、物理学と数学との関連において形成したのはリーマンである。この観念の哲学的重要性は、ついでフッサールの『形式論理学と超越論的論理学』と、ベルクソンの『意識に直接与えられたものについての試論』においてあらわれる」F 22/34. なお、以下でも述べるように、ドゥルーズの著作に多様体概念が登場するのは六六年の『ベルクソンの哲学』であるが、五〇年代に発表されたふたつのベルクソン論（«Bergson, 1859-1941»[1956]および«La conception de la différence chez Bergson»[1956]）と同書の違いのひとつが、この多様体概念への言及である。

（2）«Préface pour l'édition américaine de *Dialogues*»[1987], in DRF 285/下164.

（3）D 179/249. また『記号と事件』においても、「私が思い描く哲学は、多様体の論理です」と言われている。PP 201/297.

（4）D 179/249.

た。(5)

このガタリの言葉は決定的である。というのも、この言葉は、ドゥルーズとガタリの哲学が器官なき身体と結びつく多様体の論理であることを語っているからだ。

とはいえ、本章では、まずは『差異と反復』からドゥルーズの多様体論を考察する。多様体の概念がドゥルーズの著作に初めて現れるのは、六六年の『ベルクソンの哲学』であり、それ以降ドゥルーズは、多様体の概念に言及する際、必ずベルクソンの名前を出している。しかし、ドゥルーズ独自の概念として多様体が論じられることになるのはやはり『差異と反復』であり、また『差異と反復』における多様体概念の考察は、前章での強度の考察を補完するものにもなるからである。

構造としての理念――『差異と反復』

前章で「強度」に関するドゥルーズの言説を確認した。しかし、『差異と反復』における潜在性のシステム全体を考慮するなら、強度はいまだその片面でしかない。『差異と反復』のドゥルーズは、潜在性の領野を「理念 Idée」としても記述しているからである。『差異と反復』は第四章で理念を、第五章で強度を論じ、この二章をあわせて潜在性の存在論を提示するという構成になっている。『差異と反復』でドゥルーズが記述した潜在性の領野は、理念と強度の両者からなるのである。

強度については前章で確認した。それは、即自的差異であり、エネルギー一般であり、受精卵のような発生的な力を持つものであり、非有機的な生命である。それに対し、『差異と反復』におけるドゥルーズによれば、理念とは「構造 structure」である。つまり、それ自体は顕在的（経験的）なものとは全く異なる規定を持ちながらも、どのような形態が顕在的に発生するのかを決定しているのが、この構造としての理念なのである。強度は確かに発生的な力を持っているが、それだけではなにが発生してくるのかを決定することができない。この発生のためのプログラムとでもいうべきものが、構造としての理念なのである。したがって、理念と強度は、『差異と反復』における潜在性のシステムにおいて、互いに欠かすことのできないふたつの規定である。

ドゥルーズは、この構造的な理念を、dxやdyという微分量を表す記号で記述している。理念は規定可能性の原理、相互規定の原理、十分な規定の原理という三つの原理を持つとされるが、この三つの原理に対し、〈dxやdyという微分量〉、〈$\frac{dy}{dx}$という相互規定〉、〈$\frac{dy}{dx}$がとる値〉がそれぞれ対応するのである。

（5）PP 26/36.

dxという記号は同時に、未規定なもの（indéterminé）として、規定されうるもの（déterminable）として、規定作用（détermination）として現れる。この三つの相に三つの原理が対応し、これらが充足理由を形成するのである。すなわち、未規定なものそのもの（dx、dy）には規定可能性の原理が対応し、実在的に規定されうるもの（$\frac{dy}{dx}$）には相互規定の原理が対応し、現実に規定されるもの（$\frac{dy}{dx}$の値）には十分な規定作用の原理が対応している。要するにdxとは理念である。[6]

ドゥルーズによれば[7]、dxやdyという微分量は理念的なものであり、感性的な対象としての量（quantum）とも悟性概念としての量（quantitas）とも異なっている。そのため、理念的な量としてのdxやdyは、量に関して完全に未規定である。例えば円の微分方程式 $ydy+xdx=0$ は、円の二次方程式 $x^2+y^2=R^2$ とは異なり、特殊値も一般値も一切含まない、つまりRがとりうる個別の値も、それらを一括して表すRという記号も一切含まないため、実際に存在する円とは関係のない普遍としての円を表している。微分方程式で表される円は、実在する円とは異なる身分を持つ一種の理念なのである。

このように、微分量dxやdyは、理念であり、また未規定的なものであるが、それらは相互に関係することによって、すなわち$\frac{dy}{dx}$というかたちで表されることによって規定されうる。これが相互規定の原理である。ドゥルーズは、この$\frac{dy}{dx}$のような相互に規定された微分量同士の関係を微分的関係（rapport différentiel）と呼ぶが、(8) 重要なのは、理念的なものである各微分量は、相互に関係することによってしか存在しないということである。

dxは、xとの関係において全く未規定であり、dyもyとの関係において未規定であるが、dxとdyは、互いに対しては完全に規定可能である。〔……〕dxとdyは、特殊値においても一般値においても全く未分化（indifférencié）であるが、普遍的なものにおいて、また普遍的なものによって微分化（différentié）している。〔……〕dxとdyの各項は、他方との関係の中でしか絶対に存在しない。(9)

また、理念的なdxやdyによる関係dy/dxもまた顕在的もしくは経験的な身分を持つことはなく、dy/dxという相互規定はあくまで潜在的な規定である。しかしydy+xdx=0を$\frac{dy}{dx}=-\frac{x}{y}$と変形するなら、この微分方程式は、円の接線の傾きを表す。このように、微分的関係はまた、

（6）DR 222/下19.

（7）ドゥルーズは微分に関する議論において、ボルダス＝ドゥムーラン、ザロモン・マイモン、ヘーネ・ロンスキといった人々の著作への参照をうながしているが、ここではドゥルーズの議論をもとに再構成している。

（8）「différentiel」という形容詞には「微分的」の他、差異にかかわる「差異的」、構造主義的な「示差的」といった意味が込められているが、ここではすべて「微分的」という訳語に統一した。

（9）DR 223/下22.

ある種の質を表すものである。それゆえに、ドゥルーズはこの相互規定を「質化可能性 qualitabilité」とも呼ぶ。理念はこのような質を、みずからの内で交錯させているのである。

最後に、$\frac{dy}{dx}$の値は、特定の実数に収束することもあれば、無限大やマイナスの無限大に発散することも、$\frac{0}{0}$になってしまうこともある。こうして$\frac{dy}{dx}$に対して正則点と特異点が生じることになる。十分な規定の原理は、この正則点と特異点の割りふりを定めるものである。

> 十分な規定の原理は、〔$\frac{dy}{dx}$という〕関係の値に、つまり、ある形態の構成、あるいは、例えばこの関係がゼロや無限大、あるいは$\frac{0}{0}$になるときに、形態を特徴づける特異点の配分にかかわる。[10]

以上の相互関係と、それが取りうる特異点の位置が、構造としての理念を規定するものとされるのである。

発生論的観点

もちろんこのように微分法を引き合いに出しながら理念を論じているからといって、ドゥルーズは世界を数学化したいわけではない。ドゥルーズは、微分方程式を積分することで解曲線が得られる過程に、潜在的なものとしての理念から現実の事物が産出される過程を重ねているのである。

ドゥルーズは、発生について以下のように語っている。

発生とは、それがどれほど小さなものであれ、ある顕在的な項から別の顕在的な項へと、時間の中を進むのではなく、潜在的なものからその顕在化へと、すなわち構造からその具現化(incarnation)へ、問題の条件から解の事例へ、微分的な要素とその理念的な結合から顕在的な諸項とさまざまな実在的関係へと進むのである。(11)

このように発生を考えるドゥルーズにとって、重要なのは、さまざまな領域において、顕在的なものを発生させる潜在的な構造を探求することであり、微分法はそのためのひとつモデルを提供してくれるにすぎない。これは強度の探求において、卵のあり方がひとつのモデルとなったことと同様である。ドゥルーズ自身、数学と生物学がモデルであることを認めている。

数学と生物学は、差異のふたつの半身の探求、すなわち弁証論的半身〔理念〕と感性論的半

(10) DR 228/下30.
(11) DR 237-8/下50.

身〔強度〕の、潜在的なものの開示と顕在化のプロセスの探求のための技術的なモデルとして介入するにすぎない(12)。

したがって微分法のモデルを援用しながら語られるドゥルーズの構造論の特徴は、微分的で潜在的な関係や特異点を、数学以外の事例においても見出そうとする点にある。ドゥルーズは例えば、色の理念とは白色光のようなものであると言う。それは、「すべての色の発生的な要素と関係を自己のうちで交錯させているが、それぞれの空間の中で、さまざまな色として顕在化する(13)」。あるいはまた、「微分的関係のシステムとしての遺伝子は、種と、その種を構成する有機体の諸部分において同時に具現化する(14)」。

　このように、構造としての理念は、さまざまな領域においてさまざまなかたちをとる。したがって、重要なのは、それぞれの領域において理念として存在しているものを発見することである。「きわめて多様な事例において、理念的な諸要素に、すなわち形態も機能も持たないが、微分的関係の網の中で相互に規定されうる諸要素にまさしく直面しているのかどうかを問わなければならない(15)」のである。

　しかし、ドゥルーズによれば、理念の顕在化はつねに質の側面と延長の側面というふたつの側面を持つ。顕在的な経験世界が持つ質と量は、この理念の顕在化の帰結なのである。ドゥルーズは、理念の顕在化を「分化 différenciation」とも呼ぶが(16)、

分化は、つねに同時に、種の分化であると同時に部分の分化であり、質の分化であると同時に延長の分化である。(17)

ただし、ここでも理念的な微分関係とその特異点が、顕在的な種や部分とは全く似ていないことを強調しなくてはならない(18)。理念として実在する微分的関係とその特異点が事物の発生を司るが、理念的かつ潜在的な理念と、そこから生じる事物は類似性を持つことはない。これは前章で確認した強度における卵の形象と同様である。これによって、先行する同一性に依拠することなしに、事物の発生を考察することができるのである。

---

(12) DR 285/下142
(13) DR 267/下106. また以下も参照。「例えば色の多様体は、ある次元における発生的あるいは微分的な諸要素相互の関係の潜在的な共存によって構成されている。まさしくこの関係が、質的に判明な色として顕在化し、同時にその関係の特別な点が、質に対応して区別される延長として具現化する」DR 315/下204.
(14) DR 271/下114.
(15) DR 356/下286.
(16)「私たちは、顕在化する〈理念〉に関して、分化という言葉を使う」DR 316/下206.
(17) DR 271/下115.
(18)「理念における微分的関係はまだ全く種ではなく、同様にそれらの関係の特別な点もまだ部分ではない」DR 324/下221-222.

理念と強度

ここで、前章で論じた強度と理念の関係を確認しておく。すでに見たように、『差異と反復』のドゥルーズによれば、発生とは潜在的な理念から顕在的な事物が生じることである。とはいえ注意しなくてはならないのは、理念はそれだけでは力動を持たず、あくまでも「静的」なものであるとされている点である。

先に引用した発生についての文章のすぐ後で、そうした発生は「力動なき発生」であり、「静的発生」であると述べられている[19]。しかし一方で、顕在化を行うのは、顕在的な質と延長よりも深い「時空的力動」であるとも言われる[20]。したがって、それ自体では静的な理念は、顕在化するための力動を他から受け取らなくてはならないのである。

静的な理念に力動を与え、顕在化させること、これをドゥルーズは「ドラマ化 dramatisation」と呼ぶが、静的な理念に力動を与え、理念をドラマ化させるものこそが、強度なのである。

理念の顕在化を規定しているのは、力動的なプロセスである。〔……〕それらのプロセスはまさにドラマであり、理念をドラマ化するものである[21]。

理念は、どのようにして分化した質と分化した延長へと具現化するよう規定されるのか。なにが理念の中に共存する諸関係を、質と延長へと分化するように規定するのか。その答えはまさしく強度量によって与えられる。それは、顕在化プロセスの規定因子としての強度である。強度こそがドラマ化するのである。[22]

前章で確認したように、強度は質と延長の母胎としてそれらを発生させるものだった。この強度が、みずからが創造する質と延長の中で理念をドラマ化し、顕在化するよう規定するのである。

私たちは、卵の中に折り込まれている強度の差異は、まず顕在化すべき潜在的な質料としての微分的な関係を表現すると考える。この強度的な個体化の領野は、みずからが表現する諸関係が時空的力動の中で具現化し（ドラマ化）、それらの関係に対応する種の中で具現化し

(19) DR 237/下50.
(20)「事物そのものの中で顕在化が起こるのはいかにしてか。〔……〕顕在的な質と延長よりも、顕在的な種と部分よりも深い時空的力動がある。この時空的力動こそが顕在化を引き起こし、分化させるものである」DR 276/下126.
(21) DR 279/下131.
(22) DR 316/下205-6.

（種の分化）、それらの関係の特別な点に対応する有機体の諸部分の中で具現化する（有機体の分化）ように決定するのである[23]。

このように強度は、理念における微分的関係を表現し、ドラマ化することで静的な理念に力動を与え、発生を規定している。それゆえに、理念が、どのくらい（combien）、どのように（comment）、という問いに対応しているとすれば、強度は「だれが qui」という問いに対応している。

理念がどのくらい、どのように、という問いに応答するように、だれが、という問いに応答するのはまさしく個体化である。だれが、とは常に強度である……[24]。

すでに前章で卵という形象について見たが、まさしく「胚は、生命の原初的な関係をドラマ化する[25]」のである。

理念と多様体

さて、『差異と反復』では、以上のような理念が「多様体」だと述べられている。

〈理念〉とは多様体である。〔……〕多様体は、一と多の組み合わせを指示することはなく、反対に、〈多であるかぎりでの多〉に固有の組織を指示しているのであり、この組織は、体系を形成するために統一（unité）を少しも必要としていない。[26]

これまで見てきたように、理念は、微分的要素とその関係、およびその関係が取りうる特異点から構成される。[27] ドゥルーズはこのような多様体を、一にも多にも還元されないもの、「一も多も無用なものにする」[28]ものと述べる。というのも、例えば、人間というひとつの概念に対するひとりひとりの具体的な人間、というように、一と多という仕方で思考する限り、相変わらず差異は同一性に従属してしまうからである。したがって、

多様体は、本質でもなければ仮象でもなく、一でもなければ多でもない。[29]

（23）DR 323/下218.
（24）DR 317/下208.
（25）DR 322/下217.
（26）DR 236/下45.
（27）「理念とは、一でも多でもない。理念は多様体であり、微分的要素、それらの微分的関係、この関係に対応する特異性から構成されている」DR 356/下285.
（28）DR 236/下46.

これは、以後の多様体概念においても保持される特徴である。その一方で、『差異と反復』は多様体を潜在性の次元に据える。

このように定義された理念は、いかなる顕在性も持っていない。理念とは純粋な潜在性である。(30)

これは、ドゥルーズの発生に対する考え方からも理解される事柄である。というのも、発生を規定しているはずの理念に、発生した先の事物と共通のものがあれば、経験的世界に対し可能的な事物が先行しているということになり、新しいものの創造という事態を積極的にとらえることができなくなってしまうからである。したがって、多様体であり構造である理念は、顕在的(経験的)なものを規定しながらも、それらとは異なる存在論的身分を持たなくてはならない。多様体は、『差異と反復』において、超越論的な潜在性の次元に置かれており、むしろ潜在性の積極的なありようを示すための概念として用いられているのである。

潜在的な構造としての理念＝多様体から、世界の発生プロセスを哲学的に記述することが、『差異と反復』におけるドゥルーズの主たる関心のひとつだったことは間違いない。しかし、すでに確認したように、とくに『ディアローグ』以降、多様体概念の位置づけは変化していく。潜在性というよりも「あいだ」や「中間」といったあり方が強調されるようになり、最終的には、多様体は潜在的なものと顕在的なものの両者を含むとされるのである。それはすでに示唆したように、『差異と反復』における発生の哲学では、単なる現状の肯定になりかねない側面があるからである。発生の先にある世界が現状のこの世界である限りにおいて、発生の哲学はその後追いの肯定になりかねない。すなわち別様へ、への問い。それが多様体論であり、生成変化論の主題となるものである。

二元論と多様体

多様体概念の理論的な位置づけの変化が表面化してくるのは、特に『ディアローグ』からだったように思われる。『アンチ・オイディプス』は、ドゥルーズとガタリ独自の無意識概念である「欲望 désir」を記述するために確かに多様体という言葉を用いてはいるが、その主張は、一と多の対立を乗り越えるという『差異と反復』で提示された主題の延長線上にある。名詞として用いられ、〈一〉も多も乗り越える、つまり〈一〉と多の述語的関係を乗り越える多様体というカテゴリーだけが、欲望する生産を説明しうる。欲望する生産は純粋な多様

(29) DR 248 /下69.
(30) DR 357/下286.

体であり、つまり統一性に還元されえない肯定である。〔……〕私たちは、もはや起源にあった統一性も、目的地としての全体性も信じない。〔……〕私たちが信じるのは、かたわらにあるさまざまな全体性だけである。そして私たちが諸部分のかたわらにあるそのような全体性に出会うとしても、それは諸部分の全体ではあるが、諸部分を全体化しない全体であり、諸部分すべての統一であるが、そのわきに構成された新しい部分のように、諸部分に付け加わるのである。[31]

さて、ドゥルーズは後年、『ディアローグ』について、「この書は、きわめて多様な領域における多様体の存在と働きを示すことを目標としていた」[32]と述べる。この言葉からすれば、『ディアローグ』という著作は、それ自体が一種の多様体論だったと言ってもよい。それと同時に「あいだ」や「中間」というあり方が強調され、二元論への反対という色合いが濃くなる。ドゥルーズは二元論を乗り越えるためのあり方を、対立するものの「あいだ」にあるものを見出すこと、ふたつのもののあいだに線を引くことに見出すのであり、多様体はまさしくこの「あいだ」にこそ存在するものである。

実際に二元論から抜け出せるのは、二元論を積荷のように移動させることによってだけであり、その時、それがふたつであれそれ以上であれ、諸項のあいだに縁や境界のような狭い隘路が見出される。この隘路は、その部分の数とは無関係に、諸項の集合からひとつの多様体を作りだす。[33]

したがって、ここでの多様体とは、二元論的あるいは二項対立的に定立される諸項のどちらにも属さず、項のあいだに線を引き、二元論に回収されない存在様態を可能とするものである。

だがそもそも、七〇年代後半のドゥルーズにとって、なぜ二元論が重要な問題として上昇してきたのか。それは二元論が、二項対立的なあり方をもたらすある種の権力装置と不可分のものとして考えられているからである。「顔貌性抽象機械 machine abstraite de visagéité」や「ブラックホールとホワイトウォールのシステム système trou noir-mur blanc」とも名付けられるこの権力装置は、ドゥルーズとガタリによれば、ふたつの側面を持っている。

まず一方において、このシステムはまず、「XかYか」というさまざまな二項対立を形成する。例えば、ブルジョワかプロレタリアートかという階級、男性か女性かという性別、子どもか大人かという年齢、黒人か白人かという人種などにかかわる対立である。第二の側面は、対

(31) AO 50/上83.
(32) «Préface pour l'édition américaine de *Dialogues*»[1987], in DRF 285/下165.
(33) D 160/221.

立項の選択にかかわる。各対立項において選択が行われ、どちらにもあてはまらない場合、「XとYのどちらでもないなら、Zである」という形式で、第三、第四、第五の選択肢が与えられる。こうして、すべてが二項対立の枠組みの中に押し込まれることになる。「最初のカテゴリーでの「ノー」と、次のカテゴリーでの「イエス」とのあいだに二項関係が樹立される[34]」のであり、これが無限に続くことになるからである。これらの項の各々は切片（segment）や切片性（segmentarité）と呼ばれるが、この権力はこのようにして個々人に同一性を割り当てるのである。

われわれは、二項的に、大規模な二元的対立にしたがって、切片化される。例えば、社会階層。そして男性と女性、あるいは大人と子どもなどである[35]。

もし君がaでもbでもないなら、じゃあ君はcだ。〔……〕君が白人でも黒人でもないなら、君は混血だ。君が男性でも女性でもないのなら、君はおかまだ。二項からなる要素を備えた機械はその都度、最初の切り分けに入っていなかった諸要素における二項的な選択を生産することになる[36]。

ドゥルーズとガタリによれば、以上のような二元論はまた、人種差別の原理でもある。というのも、人種差別は、異邦人を他者として規定することから生じるのではなく、第一となるカテゴリーをマジョリティとして定立し、そこからの距離によって他者をとらえることから生じるからである。例えばヨーロッパ的な人種差別は、「〈白人〉の顔との隔たりの幅を決定することによって成立する」[37]のであり、黒人や黄色人種は第一のものとしての白人からの距離によって、計測され位置づけられるものとなるのである。したがって、人種差別は、最初に同一的な基準を打ちたてる限りにおいて、同一性による思考法にもとづいている。これは男性に対する女性、大人に対する子ども、人間に対する動物などの場合も同様である。

知覚しえないものへの生成

ドゥルーズ（とガタリ）はこのような二元論あるいは二項対立化の原理を、二元機械（machine duelle）や二項機械（machine binaire）とも呼ぶが、ここで注目したいのは、この機械が知覚や行動、感覚にかかわるものだという点である。

（34）MP 218/中33.
（35）MP 254/中97.
（36）D 156/216.
（37）MP 218/中33.

二項機械がつねに存在し、それが役割の配分を取り決め、すべての答えはあらかじめ形成された問いを経由しなければならないようになっている。〔……〕こうして解読格子が構成され、これを通過しないものはすべて、事実上理解されえないということになる。[38]

切断線（ligne de coupure）〔＝硬質な切片性〕は、私たちの身体に働きかけるあらゆる権力装置と、私たちを分断するあらゆる二項機械と、私たちを超コード化する抽象機械に関係している。それは私たちが知覚し、行動し、感覚する仕方に、要するに、私たちの記号の体制に関係しているのである。[39]

ドゥルーズとガタリによれば、この種の権力は国家をともなう近代社会に特徴的なものであり、それはすでにわれわれのうちに深く浸透している。[40] また切片性にしたがう典型的な生活様式や、行動様式は人を安心させるものでもある。[41] 前章で、麻薬やアルコールによって有機的な知覚を崩壊させるのではなく、慎重に知覚のあり方を変えていくことが必要であることを確認したが、それは二項機械による知覚のあり方が、すでに近代以降の生のあり方の奥深くまで浸透してしまっているからでもある。

私たちが、切片性を爆破することができるとしても、切片性は、私たちの有機組織（organisme）や理性そのものも含めた、生の条件の一部をなしているのだから、私たちは自分自身を破壊することなくそれに成功できるだろうか[42]。

この課題を達成するためには、「ハンマーでめった打ちにするのではなく、非常に繊細なやすりをかけるように進まなくてはならない[43]」のである。「あいだ」にあるとされる多様体は、この二項機械という権力装置との関係によって規定されるものであり、この論点を無視しては論じることができない。なぜなら、多様体において論じられる「あいだ」とは、まずは二項機械によって課される二者択一の「あいだ」だからであり、多様体とは二項対立化とは異なる存在のありようを指し示すものだからである。そしてドゥルーズが論じる生成変化（devenir）の概念は、まさしくこの多様体との関係において規定

（38）D 27/40.
（39）D 166/230.
（40）「近代社会、より正確には国家を持つ社会に特徴的なのは、二元機械が際立っているということである」MP 256/中101.
（41）「帰ってきて、「スープは準備できているかい」と言う男。「なんて顔をしているの。機嫌がわるいの」と答える女。これはふたつずつ組になって対立しあう硬質な切片の効果である。切片が硬化すればするほど、私たちは安心するのだ」MP 278/135.
（42）D 166/231.
（43）MP 198/上328.

されるものなのである。
二項機械を絶えず逸脱し、二項対立化を回避する多様体がある。〔……〕点の軌跡に帰着せず構造を逃れる線、すなわち逃走線（ligne de fuite）が、未来も過去もなく記憶もなしに二項機械に抵抗する生成変化が、男性でも女性でもない女性への生成変化が、獣でも人間でもない動物への生成変化がある。分化によって進むのではなく、ある線から別の線へと、全く異質な存在のあいだを跳躍する非並行的な進化がある。(44)

ドゥルーズとガタリは、『千のプラトー』において、女性への生成変化、子どもへの生成変化、動物への生成変化といったさまざまな生成変化を論じていた。これらはすべて、二項機械によって課される二項対立化と、それによる同一化に回収されないものである。生成変化とは、二項機械による同一性の伝播に対する抵抗なのであり、対立する二項のあいだに多様体を成立させることなのである。

諸々の分子状の線が、切片のあいだに脱領土化の流れをすり抜けさせる。この流れはふたつの切片のどちらにも属さず、それらの非対称的な生成変化を構成する。すなわち、もはや男性のものでも女性のものでもない分子状の性愛を、もはやひとつの階級という輪郭を持たない分子状の群衆を、もはやモル状の大きな対立に応答することのない小さな系統のような分子状の人種といったものを。[45]

したがって、『千のプラトー』において、生成変化の「内在的帰結[46]」とされる「知覚しえぬものへの生成 devenir-imperceptible」とは、二項機械による解読格子では知覚不可能なものになることであり、あらゆる二元論の彼方へと到達することだと考えることができる。事実、『千のプラトー』には次のような一文がある。

知覚しえないものは、二元機械の内側で知覚されるものと対立するだけに、なおさら知覚しえない状態にとどまる。[47]

したがって、多様体や生成変化とは、二項対立からなる解読格子によって認識されるものとは異なる、別種の存在様態を指し示す概念なのである。二元論によって伝播される同一性とは

(44) D 34/49.
(45) D 158/219.
(46) MP 342/中248.
(47) MP 348/中259.

異なる存在様態をとらえること、多様体や生成変化はそのために考案された概念なのであり、この意味において、「あいだにあること être-entre」、「あいだを通り抜けること passer entre」、「インテルメッツォ」こそが、二元論を抜け出すための唯一の方法なのである。[48]

多様体と生成変化

以上で見たように、多様体は事物や項の「あいだ」において成立するものである。『ディアローグ』はこの多様体の身分を以下のように規定している。

多様体を規定するのは要素でも集合でもない。多様体を規定するものは《と ET》であり、これは要素と要素のあいだ、または集合と集合のあいだで起こるなにものかである。〔……〕たとえふたつの項しかなかったとしても、そのふたつのあいだには《と》がある。この《と》は、ふたつの項のどちらかではなく、一方が他方へと生成するのでもない。《と》はまさしく多様体を構成する。[49]

多様体は、その数がいくつであれ、項の中にも、項の集合や全体性の中にも決して存在しない。多様体はただ《と》の中にのみ存在するのであり、この《と》は要素や集合、さらにはそれらの関係とすら同じ本性を持たない。[50]

フランス語のetは、英語のandにあたる等位接続詞であるが、これは存在を表すフランス語の動詞êtreの三人称単数形「est」と発音が等しい。したがって、ここに見られるのは、存在の哲学を「et」の哲学で置きかえようとするドゥルーズの意図であるが（「《である EST》を《と ET》で置きかえること」[51]）、多様体はこのように、事物と事物の「あいだ」、事項と事項の「あいだ」に成立するものである。

とはいえ重要なのは、この多様体は、単なる事物の集合とは異なるという点である。単に項の数を増やすだけでは、二元論から抜け出すことにはならない。先に見たように、二項対立化は、ふたつの選択肢のどちらにもあてはまらない場合、第三、第四の選択肢をつぎつぎに提起し、それによって同一性の波を伝播させてくるからである。[52]それゆえに、二元論から抜け出すためには、「二項機械に抵抗する生成」を構成しなくてはならないのである。ドゥルーズとガ

（48）「二元論を抜け出す唯一の方法、あいだにあること、あいだを通り抜けること、インテルメッツォ」MP 339/中 244.
（49）D 43/62-3.
（50）D 71/100.
（51）D 71/99.
（52）「つねに二には第三のものを、三には第四のものを、等々と付け加えることができるが、それでは二元論から抜け出すことにはならない。というのも任意の集合の要素は、それ自身二項的な一連の選択に引き戻されうるからであ

タリが好んで引く雀蜂と蘭の共生関係が、この生成の例を与えてくれる。ある種の蘭は、雌の蜂に擬態することによって、雄の蜂をひきつけ、それによって受粉を行うことが知られている。ドゥルーズとガタリによればこのとき、雀蜂と蘭は、両者をとらえる「生成変化のブロック bloc de devenir」[53]にとらえられているのである。ドゥルーズとガタリは数カ所でこの雀蜂と蘭の例に触れているので、いくつか引用する。

蘭は雀蜂のイメージを形成するように見える。しかし実際は、蘭の雀蜂への生成があり、雀蜂の蘭への生成があるのであって、雀蜂と蘭の各々が生成する「もの〔対象〕」は、生成する「もの〔主体〕」に劣らず変化するのだから二重の捕獲がある。雀蜂は蘭の生殖器官の一部へと生成し、それと同時に蘭が雀蜂のための性器へと生成する。これはただひとつの同じ生成であり、ただひとつの生成変化のブロックであり、あるいはレミー・ショーヴァンが言うように、「相互に全く何の関係もないふたつの存在の非並行的な進化」である。[54]

蘭は雀蜂のイメージやコピーを形成することによって脱領土化するが、雀蜂はこのイメージの上に再領土化する。とはいえ、雀蜂は蘭の生殖器官の一部へと生成することによってみずからを脱領土化してもいる。しかしまた雀蜂は、蘭を再領土化し花粉を運ぶ。雀蜂と蘭は、異質的である限りにおいてリゾームをなしているのである。[55]

雀蜂と蘭とを結び合わせる生成変化の線ないしブロックでは、雀蜂が蘭の生殖器官から自由になった部品となるのみならず、蘭の方もみずからの生殖活動から自由になった雀蜂自身のオルガスムの対象となるという点で、雀蜂と蘭に共通の脱領土化が起こる[56]。

雀蜂と蘭は脱領土化と再領土化と呼ばれる運動によって互いに生成し合い、それによってひとつのブロックを形成する。雀蜂は雀蜂という自己を脱領土化することで蘭の生殖活動に参与し、蘭もまた、蜂に擬態することで自己を脱領土化し、蜂の生殖活動の中に入りこむのである。雀蜂「と」蘭。したがって、生成変化とは、この両者の間に成立するブロックであり、接続詞の「と」であり、多様体である。生成変化とは、本質的にこのブロックにかかわるものなのである。

る」D 43/62.
(53) MP 291/中159.
(54) D 8/11.
(55) MP 17/上29.
(56) MP 360/中280.

生成変化はふたつによって行われるということ、そして生成する対象も生成する主体と同様に生成変化するということ。これこそ本質的に動的で、決して平衡に達することのないブロックをなす要因である。(57)

そして重要なのは、この多様体としての生成変化が、雀蜂でも蘭でもなく、両者の脱領土化と再領土化によって成立する共通のブロックであり、そのブロックにおいては、雀蜂と蘭という区別の可能性が失われるということである。

〔生成変化の〕線あるいはブロックは、雀蜂と蘭を関係づけるのではなく、また両者を結合するのでも混合するのでもなく、両者のあいだをすり抜け、〔雀蜂と蘭という〕点の識別可能性が消え去る共通の近傍（voisinage）に雀蜂と蘭を押しやる。(58)

近傍とはもともと数学用語だが、ドゥルーズとガタリはこの言葉を、項と項のあいだで生じる生成変化のブロックを示すために用いている。したがって、ふたつの事物のあいだに成立する多様体とは、生成変化のブロックであり、両者の近傍領域だということになる。「生成変化においては、ふたつの項が交換されることも同一化することもなく、非対称的なブロックに引き込まれ、そこで一方の項がもう一方の項と同じく変化し、両者の近傍域をなす」のである。(59)

それゆえに、「あらゆる生成変化は共存のブロックである[60]」とともに、「生成変化は、つねに中間にあり、中間でしか捕らえられない[61]」のである。

此性と個体化

さて、ここでまた別の重要な概念が登場してくる。すなわち「此性 heccéité/haecceitas」である。「これ、この」を表すラテン語 hic の中性複数形 haec に由来するこの言葉を、ドゥルーズとガタリは、ある特殊な個体性のあり方を表すために用いている。

人格や主体、事物や実体の個体化の様態とは全く異なる個体化の様態がある。われわれはこれを指して此性と呼ぶ。ある季節、ある冬、ある夏、ある時刻、ある日付などは、完全でないにひとつ欠けるところのない個体性を備えているが、この個体性は事物や主体の個体性とは混同されない[62]。

---

(57) MP 374/中 303.
(58) MP 360/中 280.
(59) MP 377/中 307.
(60) MP 358/中 277.
(61) MP 360/中 279.

人格や主体とは全く異なる個体性。ドゥルーズは他の箇所では、気候や、河や風、一日のうちのある時間といった例を挙げているが[63]、それは個体化されているとはいえ、堅固な同一性を持つわけではない。夕方のある時刻の個体性は、無数の要素を含んでいる。風のながれ、気温、石や土、地面、そこにいる人や虫や動物、樹木、車、建物、太陽や星の光など。これらの要素すべてがひとつの時刻として個体化するのである。したがってそこには無数の構成要素、『千のプラトー』の用語で言うなら微粒子（particule）が関係し、脱領土化と再領土化を行うことによってひとつのブロックを形成している。つまり人格や事物、主体といった、堅固な同一性を持つとみなされる個体性とは異なる個体性のあり方をドゥルーズとガタリは此性と呼んでいるのである。したがって、無数の要素のあいだに成立しているという点で、夕方のある時刻の個体性とは多様体であり、生成変化のブロックである。此性とは生成変化をとらえるための概念なのである[64]。

ドゥルーズとガタリによれば、人間もまたこのような個体性＝此性である。

自分も此性に属し、したがって自分が此性以外の何物でもないと気付かなければ、此性になにかを与えることはできない。〔……〕君たちは経度と緯度であり、かたちなき微粒子の速さと遅さの集合であり、また主体化されざる情動の集合である。君たちにはある一日、ある季節、ある一年、ある人生などの個体化がある。またある気候、ある風、ある霧、蜂や動物の群れなどの個体化がある。あるいは少なくとも、君たちにはそうした個体化を手に入れる可能性があるし、また実際に手に入れることができる[65]。

ドゥルーズはフーコーをさまざまな要素の集合として、すなわち歯切れのよい口調、決然とした挙措、乾いた木と炎でできた観念、究極の注意力と突然の終焉、優しさを覚えるときでさえ「危険」と感じられる笑いと微笑、といった要素の集合として記述している。それは「独自の組み合わせを持つ集合であり、その固有名がフーコーなのである[66]」。したがって、フーコーという主体がこれらの性質を持つのではなく、あくまでもこれらの性質の集合こそがフーコー

(62) MP 318/中208.
(63)「実際、私たちの関心を引くのは、もはや事物や人格、主体のものではないような個体化の様態です。例えば一日のうちのある時間、ある地域、ある気候、ある河、ある風、ある出来事の個体化です」PP 40/58.「一時間、一日、一季節、一気候、一年あるいは数年――暑さの度合い、ひとつの強度、相互に構成し合う諸々の強度――は、形成された事物や主体の個体性とは混同されることのない完璧な個体性を持っている」D 111/156.
(64)「そう、あらゆる生成変化は分子状である。ひとが生成するところの動物や花や石は分子状の集合体であり、此性であって、われわれの外部で認識され、経験や科学や習慣によって認識されるモル状の形態や対象や主体ではない」MP 337/中240.
(65) MP 320/中211.
(66) D 17/27.

なのであり、固有名はこのように、「ひとつの多様体の瞬間的な把握[67]」である。

ドゥルーズは、真の固有名の例として何度か台風の名前の例を挙げるが、「固有名はなによりもまず、出来事や生成変化や此性のレベルに属する事柄を指し示す[68]」のである。同一的な人格や主体といった概念ではなく、無数の微粒子や要素のあいだにあるものとして事物をとらえること、多様体の概念はそのためのものであり、生成変化、此性、固有名といった概念は、それを別様に言い表すものなのである。

したがって、此性とは、生成変化のブロックそのものを指し示す概念である。そのひとつの要素、ひとつの分子でさえも欠けたり、他のものと入れ替わったりすれば、此性はまた別の此性へと変わることになるだろう。すでに確認したように、これは人間についても変わらない。「私たちは、絶えず変化するさまざまな線で構成されている[69]」からである。

このような見方は、潜在性から顕在性へという方向性で思考していた『差異と反復』とは大きく異なる。顕在的なもの、つまり人格や主体、対象や事物といった概念によってとらえられる個体性とは異なる個体化の様式があるのであり、そこではちょうど台風のように多くの分子や微粒子が入れ代わり立ち代わりやってきてはまた去って行くのである。多様体や生成変化、此性とは、この特殊な個体化のあり方をとらえるために考案された概念であり、ひとつの固定した人格や性格、性別、あるいは種や類、主体といった概念とは全く異なる思考法のために創造された概念である。この考え方によるならば、人格や主体とは、此性を構成する微粒子の集合を大域的に、つまりモル的に見たものにすぎず、その下では、無限に小さな微粒子が絶えず集合しては離散し、その都度個体化し、多様体を形成しているのである。

ドゥルーズとガタリが『千のプラトー』で自然の事例に多く言及するのは、自然がこうした多様体にあふれているからである。先の雀蜂と蘭だけでなく、ウィルスを媒介にした進化や、伝染病や疫病などの例が繰り返し言及されている。重要なのは、これらの例がすべて、ひとつの個体や、類や種、性や世代といったものを越えて、それらを横断しつつ形成されるものだということである。

伝染や疫病は、例えば、ひとりの人間、一匹の動物、ひとつの細菌、ひとつのウィルス、一個の分子や一体の微生物などたがいに異質な要素を動員する。(70)

自然はこのような「反自然の婚姻 noce contre nature」や「反自然の融即 participation contre nature」に満ちているのであり、「各個体は無限の多様体であり、〈自然〉全体は複数の多様体

(67) MP 51/上88.
(68) MP 322/中215.
(69) D 122/172.
(70) MP 295/中167.

からなる完璧に個体化したひとつの多様体[71]」なのである。

とはいえ、ここで外延的な全体としての自然を考えてはならない。多様体とは要素と要素のあいだに成立する生成変化のブロックであり、したがって外延的なものではないからである。事物のあいだで、「発生的でも構造的でもない組み合わせ」を構成する微粒子は、したがって、潜在的であるとともにまた顕在的でもある。それは大域的に、あるいはモル的にみれば、同一的な個体とみなすことができたとしても、分子的なミクロのレベルでは他の要素と組み合わされることで、多様体を形成し、生成変化しているのである。この意味で自然とはまさに無数の此性の乱立であり、「あらゆる技巧をこらしつつ、みずからのアレンジメントを成立させ、また解体し続ける反自然の融即のためにこそある[72]」のである。

多様体の多様体

しかし、ここで注意しておかなければならないのは、『千のプラトー』では、実はふたつのタイプの多様体が区別されているという点である。これまで述べてきた、生成変化や此性にかかわる多様体はそのうちのひとつであり、それとは別の、主体や人称にかかわる多様体も存在している。すなわち一方の「外延的で、分割可能でモル的な、統一化可能、全体化可能、有機化可能な、意識的あるいは前意識的な多様体」と、もう一方の「リビード的、無意識的、分子的、強度的、分割されれば本性を変えてしまう粒子からなり、変化すれば別の多様体に入りこんでしまうような距離を備えた多様体」、要するにマクロの多様体とミクロの多様体、樹木状の多様体とリゾーム状の多様体である[73]。

これまで見てきたのは後者のタイプの多様体である。たしかにドゥルーズは後者のリゾーム状の多様体こそ真の多様体であるかのように語りもするが[74]、それでもふたつの多様体が区別されていることに変わりはない。とはいえ問題はふたつのタイプの多様体、モル的多様体と分子的多様体、樹木状多様体とリゾーム状多様体、人格や主体タイプの多様体と此性タイプの多様体を二元論的に、二項対立的に対立させることではない。あらゆる種類の二元論を排し、多様体の理論へと辿りつこうとするドゥルーズとガタリにとって、ふたつの多様体を対立させる二元論は、一と多の二元論よりもより良いわけではない。むしろ「ひとつの同じアレンジメントを形成し、同じアレンジメントにおいて互いに作用し合う多様体の多様体があるだけ[75]」である。

この指摘はきわめて重要である。というのも、たしかに多様体のふたつのタイプを区別する

(71) MP 311/中193.
(72) MP 315/中202.
(73) MP 46/上78.
(74)「多様体はリゾーム状であり、樹木状の疑似多様体(pseudo-multiplicité)を告発する」MP 14/中25.「「リゾーム」は、多様体を示すのに最良の言葉です」«Lettre-préface à Jean-Clet Martin»[1990], in DRF 339/下259.
(75) MP 47/上81.

ことは可能だが、実際にはそれらは複雑に絡み合っており、その相互作用の中でしか、両者のあいだでしか存在しないことを、この言葉は語っているからである。樹木状の多様体が、二元機械あるいは二項機械によって作用し、主体を形成するとするならば、リゾーム状の多様体は、そのあいだに入りこみ、生成変化を作りだす。このふたつの作用はつねに同時に作用し、すべてはこのふたつの作用のさなかで生起するのである。

樹木はさまざまなリゾーム状の線を備えているし、リゾームの方もさまざまな樹木状の点を備えている(76)。

すべてはこのリゾームと樹木あいだで、まさしく多様体の多様体において生起するのである。

以上の事態を『哲学とは何か』は、ふたたび顕在性と潜在性、あるいは事物の状態と出来事という『意味の論理学』以来の言葉で語っている。

いくつもの多様体、少なくともふたつの、ふたつのタイプの多様体が初めから必要である。二元論が統一性よりもよいからではなく、多様体とはまさにふたつのあいだに生起するものだからである。したがって、このふたつのタイプの多様体は、一方が他方よりも優れているのではなく、一方が他方のかたわらに、一方が他方のそばに、向かい合ってあるいは背中合わせにあるのである。〔……〕顕在的な事物の状態と潜在的な出来事はふたつのタイプの多様体であり、〔……〕交差するふたつのベクトルに関連している。その一方に即して、事物の状態が出来事を顕在化し、他方に即して出来事が事物の状態を吸収（あるいはむしろ吸着）する。(77)

ここでは明確に潜在性と顕在性の相互関係が説かれている。顕在的な事物の状態も、潜在的な出来事もともに多様体である。しかしこのふたつの多様体は初めから前提しあっており、そのあいだにさらなる多様体が形成される。そして事物の状態は潜在的な出来事を顕在化し、反対に出来事は顕在的な事物の状態を吸収する。この後者の方向性は、『差異と反復』にはほとんど見られなかったものであり、事物の状態が顕在的な多様体としてとらえられている点も、多様体を潜在性にのみ位置づけていた『差異と反復』と明確に異なっている。

しかし『哲学とは何か』によれば、潜在性から顕在性への下降と、顕在性から潜在性への上昇は、反対方向のふたつの運動であるが、かといって同じ線上を動いているわけではない。潜在性から顕在性への下降の線と、顕在性から潜在性への上昇（反実現）の線は、異なる線であ

(76) MP 47/上81.
(77) QP 144/257.

る。

ひとは、両者を相互に孤立させることができないままに、潜在的なものから顕在的な事物の状態へ下降し、事物の状態から潜在的なものへ上昇する。しかしこのように上昇し、また下降するのは同一の線ではない。顕在化と反実現は、同じ線のふたつの切片ではなく、異なる線である。(78)

潜在的な出来事から、顕在的な物の状態へ。これが事物や主体、人称を構成する線だとすれば、顕在性から潜在性への線はその反対に、脱主体化、非人称化のプロセスだと考えなくてはならない。これは、『千のプラトー』の用語で換言するならば、生成変化のブロックを形成し、此性タイプの個体化様態において事物をとらえることである。事実、『哲学とは何か』においてもこう語られている。

潜在性の中ではなにも起こらないが、すべてが生成する。(79)

すでに見たように、生成変化とは、二項機械によって課される二者択一のあいだに脱領土化と再領土化による生成変化のブロックを、あるいは近傍領域を作りだすことだった。それはリゾーム的多様体であり、此性である。したがって、顕在性から潜在性への線とは、脱領土化し、生成変化のブロックへと入りこむことである。これによって、主体や人格、事物といった思考法では知覚することのできない個体性を、すなわち此性を手にするのである。そしてすべてはこのふたつのあいだで、つまり潜在性と顕在性のあいだで、顕在化と反実現のあいだで揺れ動いているのである。

たしかに、ドゥルーズとガタリは、潜在性をとらえるのは科学よりも、哲学や芸術の領分であると論じている[80]。しかし潜在性はそれ自体で顕在性とは区別される独自の実在性を持っているのだから、ドゥルーズ的実在とは、まさにこの潜在性と顕在性の両面を合わせ持つのであり、その相互作用の中ですべては生起しているのである。潜在性と顕在性、此性と人格(人称)、アイオーンとクロノス、生成と存在はふたつでひとつであり、一切はそのあいだで、まさしく多様体の多様体として生じるのである。

(78) QP 151/270.
(79) QP 149/267.
(80)「芸術が、そして哲学さえもが、科学よりもいっそうよく出来事を把捉できる」QP 149/266.

二　ノマドロジー

遊牧民

ところで『千のプラトー』には、生成変化に対応するある形象、すなわち概念的人物が登場する。言うまでもなく、遊牧民（ノマド）である。すでに生成変化が「あいだ」にかかわるものであり、二元論に対抗するものであることを確認したが、同書において遊牧民は、まさにこのあいだに存在するものとして規定されているのである。

遊牧民は、領土を持ち、習慣化した行程をたどってある地点から他の地点へと移動するのであり、さまざまな地点（給水地点、居住地点、集合地点など）を知らないわけではない。しかし問題は、遊牧的な生活においては、なにが原理であり、なにが単なる帰結にすぎないのかである。第一に、たとえこれらの地点が行程を規定しているのだとしても、地点はそれが規定する行程に全く従属しているのであり、これは定住民において生じていることとは逆である。給水地点は立ち去るためにのみ存在し、すべての地点は中継点であり、中継点としてしか存在しない。行程は常にふたつの地点のあいだにあるが、ふたつのあいだ（entre-deux）はまったき存立性を獲得し、自立性と固有の方向性を享受している。遊牧民の生活はインテルメッツォである[81]。

定住民や移民の生活にとっては、ある地点から別の地点への移動が主となり、行程がさまざまな地点に従属するのに対し、遊牧民においては、地点と地点のあいだがそれ自体で固有の存在を持ち、行程が地点に先行するものとなる。それゆえに、遊牧民にとっては、あらゆる移動が中間でなされることになる。

遊牧民がある地点からべつの地点へと移動するのは、事情に迫られた結果にすぎず、原理的に、さまざまな地点は、遊牧民にとってひとつの行程の中継点なのである[82]。

これまで確認してきたように、〈ふたつのあいだ〉やインテルメッツォとは、二項機械による二項対立化に対抗するものであり、多様体であり、生成変化である。したがって、ここで述べられる遊牧民は、その移動そのものがふたつのあいだでなされ、生活自体がインテルメッツォなのだから、生成変化をそのまま体現するものとみなされている。ここに『千のプラトー』

(81) MP 471/下69.
(82) MP 471/下70.

における遊牧民の重要性がある。「遊牧民は常に中間にいる(83)」のである。

『千のプラトー』は、その後半において、自立性を獲得した、二点間のあいだにある遊牧的空間を「平滑空間 espace lisse」として概念化している。平滑空間は、定住民的で国家的なものとされる「条理空間 espace strié」と対をなし、両者は互いに混淆しつつ存在するとされるが、『千のプラトー』において、純粋な遊牧民は、この平滑空間によって規定されている。

遊牧民は平滑空間の中にみずからを配分し、その空間に住み、占拠し、保持するのであり、これこそが彼らの領土にかかわる原則である(84)。

遊牧民の基本的規定は、平滑空間を占拠し保持するということであり、これによって遊牧民は遊牧民として（本質として）規定される(85)。

ドゥルーズとガタリは、囲碁と将棋（チェス）、編み物とフェルト、刺繡とパッチワークといった例や、ブーレーズによる音楽理論などをさまざまに引きながら、平滑空間と条理空間、および両者の相互作用について語っているが、ここでは平滑空間が「触視的」な空間であるとされている点に着目しよう。

「触視的 haptique」という言葉は、古代ギリシャ語 ἅπτω に由来し、オーストリアの美術史家アロイス・リーグルからとられた概念である。ἅπτω は、中間態（中動態）において、「触覚以外の感覚によって触れる」という意味を持ち、ドゥルーズ自身も注意しているように、haptique もまた、視覚に内在する触覚的なありようを指し示す。(86)

リーグルは、『末期ローマの美術工芸』において、とくに古代エジプト美術に典型的にあらわれていた対象のとらえ方を「触覚的 taktisch」あるいは「近接視的 nahsichtig」と形容した。(87) これは、とくに浅浮き彫りにみられるような、形態と背景が奥行きではなく輪郭によって区別され、同一平面上で互いに接しているあり方を指す。リーグルによれば、このようなエジプト的平面は、触れることでその精緻さが理解されるとともに、奥行きが失われるほどに接近して見ることで知覚されるものである。それゆえに、こうした視覚は、前景と後景を明確に区別する遠近法的な視覚とは全く異なったあり方を示す。

（83） D 39/57.
（84） MP 472/下71.
（85） MP 510/下126.
（86）「〔眼と手という〕どちらかの感覚器官への厳密な従属も、緩やかな従属や潜在的な接続もなく、視覚それ自身が、自己のうちにみずからに固有の触れるという機能を発見するとき、触視的ということが語られる」FB 99/204.
（87） Alois Riegl, *Spätrömische Kunstindustrie*, Wien, 1927 (1901), S.32（アロイス・リーグル、『末期ローマの美術工芸』、井面信行訳、中央公論美術出版、二〇〇七年、四二頁）なお、『感覚の論理学』における、ドゥルーズによるリーグルの受容と変奏については、篠原資明、『漂流思考』、弘文堂、一九八七年、一七〇―一七九頁参照。

しかしリーグルは、後に「触覚的」という言葉を「触視的 haptisch」に変えるべきだったと考えたようであり、ドゥルーズはそこから触視的というあり方を積極的に受容し、これを平滑空間に結びつけている。

われわれには、〈平滑なもの〉こそが、すぐれて近接視的像の特権的な対象であるとともに触視的空間の要素（これは触覚的であるとともに、視覚的でも聴覚的でもありうる）であるように思われる(88)。

このように、平滑なもの、平滑空間とは触視的な視覚による空間である。そして『千のプラトー』においては、この触視的な空間は、草原や砂漠、氷原といった環境と結びつけられることによって、遊牧民的空間と一体化するのである。

そこ〔砂漠や氷原〕には天と地を分かついかなる線もなく、介在する距離も遠近法もなければ輪郭もなく、視界は限られている。しかし、地点や対象ではなく、此性つまり諸関係の集合〔風、雪や砂の波動、砂の響き、氷の割れる音、砂と氷の触覚的性質〕の上に成り立つきわめて繊細なトポロジーが存在する。それは触覚的空間、あるいはむしろ「触視的」空間であり、視覚的というよりもむしろはるかに音響的である(89)。

第一の相における、近接視的像による触視的な平滑空間とは、方向、指標、接続の連続変化である。それは少しずつ作用していく。例えば、砂漠、ステップ、氷原、海といった、純粋な連結による局所的空間である。[90]

このようにドゥルーズとガタリは、触視的な平滑空間を、砂漠や草原、氷原、海等に見出している。それゆえに、彼らが考える遊牧民には、いわゆる中央ユーラシアのそれだけでなく、砂漠の部族や北極のイヌイットなども含まれている。

それに対し、条理空間は遠隔視的な像と光学的な視覚によって定義される。

〈条理化されたもの〉は、より遠くからの像、より光学的な空間の方に依拠しているようだ。〔……〕条理空間は遠隔視的像の要求によって定義される。[91]

(88) MP 615/下284.
(89) MP 474/下74.
(90) MP 615/下285.
(91) MP 615-6/下284-6.

これはリーグルが末期ローマの帝政期の芸術に見出した把握法であるが、ドゥルーズはこのような視覚によって、奥行きを持つ遠近法的な表象空間が成立するとみなしていた。もし古典的表象について語ることができるとすれば、それは決して正面からの〔近接視的〕像ではない遠隔視的像をともなう光学的空間が獲得されたという意味においてである。形態と背景はもはや同一平面上にはなく、遠近法がそれらを奥行きにおいて貫通し、後景を前景と結びつける。(92)

このような空間の二様態の区別は、先に論じた多様体のふたつのタイプの区別と重なるとともに、戦争機械と国家装置というもうひとつの区別につながっていくものである。というのも戦争機械と国家装置はそれぞれ、平滑空間と条理空間を構成し、展開するものとされているからである。

多様体のふたつのタイプのあいだにあるあらゆる種類の差異に、われわれは何度も出会ってきた。計量的と非計量的、外延的と質的、中心化と非中心化、樹木状とリゾーム状、数えられるものと平らなもの、次元性と方向性、群衆と群れ、大きさと距離、切断と頻度、条理化されたものと平滑なもの。平滑空間を満たすものが、単に、絶えず変化する距離であり変身をやめない群れである砂漠の部族のような、分割されるならば性質を変える多様体であるというだけでなく、砂漠、草原、海、氷原といった平滑空間そのものが、このタイプの多様体なのである[93]。

国家の基本的な任務のひとつは、みずからが支配する空間を条理化すること、あるいは平滑空間を条理空間のための交通手段として利用することである[94]。

戦争機械は、その本質において、平滑空間を構成する要素であり、この空間の占拠、この空間内の移動、対応する人間の編成の構成要素である。これこそ戦争機械の唯一の真の積極的目標（ノモス）である。すなわち砂漠や草原を増大させること[95]。

こうしてふたつの多様体のあいだの区別は、平滑空間と条理空間の、そして戦争機械と国家装置の区別へと発展していく。おそらく戦争機械と遊牧民の登場こそが、『アンチ・オイディ

(92) FB 80-1/166.
(93) MP 604/下267.
(94) MP 479/下80.
(95) MP 519/下139.

プス』と『千のプラトー』を分かつもっとも大きな違いのひとつであり、それゆえここにドゥルーズとガタリの理論的進展をみることができる。

『アンチ・オイディプス』における歴史理論

『アンチ・オイディプス』は、その第三章において独自の歴史理論を展開していた。それは、端的に言って原始社会から資本主義社会への発展の歴史である。そこでは、野生、野蛮、文明という三つの社会形態が想定され、世界史はおおむねこの順に発展してきたとみなされているのである。もちろんドゥルーズとガタリがマルクスとともに指摘するように、「世界史は偶然的出来事の歴史であり、必然性の歴史ではない[96]」。しかしながら回顧的に振り返るならば、世界史を資本主義との関係において読むことが可能である。というのも、資本主義以前の社会は、資本主義が到来しないように予防してきた社会なのであり、いわば資本主義を先取りしつつ払いのけていた社会とみなすことができるからである。この意味で、原始社会も世界史の流れの内部でとらえられることになる。

原始的な社会は歴史の外にあるのではない。むしろ資本主義が歴史の終わりに存在するのであり、資本主義は、長きにわたる偶発事や偶然事の歴史から結果し、この歴史に終わりをもたらす。それ以前の社会体が、資本主義を予見していなかったと言うことはできない。この

〈もの〉が外部からやってきたのは、それが内部から上昇してきたにもかかわらず、その上昇が妨げられたからでしかない。ここからあらゆる歴史を資本主義との関係において回顧的に読むという可能性が生じるのである。[97]

歴史を資本主義との関係において回顧的に読むこと。そのためにドゥルーズとガタリは、欲望をどのように抑圧し、抑制するのかという方法によって社会を区別する。欲望はあらゆる社会体に先行して存在するものであるとともに、資本主義以前の社会は、欲望をコード化することによって、欲望の流れが社会を覆ってしまうことを防いでいたのである。

欲望する生産はまた、はじめから存在してもいる。社会的な生産および再生産が存在するならば、欲望する生産はすでに存在しているのである。しかし確かに、資本主義以前の社会機械は、非常に厳密な意味で欲望に内属していた。これらの社会機械は、欲望をコード化し、欲望の流れをコード化する。欲望をコード化すること、すなわちコードを逃れる（décodé）流れに対する恐れと不安、これこそまさに社会体の関心事なのである。[98]

(96) AO 163/上264.
(97) AO 180/上287.
(98) AO 163/上263.

ここで社会機械（machine sociale）という言葉が用いられている。社会とは欲望の流れを抑圧し、コード化するものであるが、社会はそのために人間を部品として扱うのであり、この意味で、社会とは文字通り巨大な機械なのである。人間とは、社会の部品なのであって、その逆ではない。ドゥルーズとガタリにとって、人間や個人に対し、常に社会が先行する。

社会的機械は人間を部品にしている。〔……〕社会的機械は、それが不動の動者を提示し、さまざまな種類の切断を行う限りにおいて、あらゆる隠喩とは無関係に文字通りひとつの機械である。[99]

ここで切断といわれているのは、欲望の流れの切断であり、したがって欲望の流れのコード化であると考えてよい。個人は社会における欲望の流れのうちに存在するのであり、個人から欲望が発生するのではない。ここには、個人を資本や労働力の転化とみなしたマルクス流の考え方がみられるだろう。個人に対して社会や欲望の流れが先行するという考えは、『アンチ・オイディプス』全体を貫く基本的発想である。人間と自然の境界を越えた欲望の流れがまず存在しているのであり、この流れをいかにしてコード化し、抑制するのか。これが『アンチ・オイディプス』における社会の役割なのである。

『アンチ・オイディプス』と歴史の三段階（二）

ドゥルーズとガタリは、その歴史理論を、人類学者によって研究されてきた未開社会から始めている。先にも触れたように、未開社会、原始社会とは歴史の外にある社会ではない。むしろ独自のコード化の様式を持ち、資本主義の誕生を予感しつつそれを防いでいた社会なのであり、それゆえに原始社会は、資本主義へと至る世界史の一段階をなすのである。ドゥルーズとガタリは、この未開社会を「大地機械」として規定している。それは未開社会においては、大地に生産のあらゆる過程が登録されるからである。

欲望と生産の野生の原始的統一体とは大地である。〔……〕大地とは、生産のあらゆる過程が登記され、労働の対象、手段、力が登録され、生産者と生産物が分配される表面である。ここで大地は、生産の準原因として、欲望の対象として現れる。〔……〕原始的大地機械は、不動の動者である大地とともに、すでに社会機械あるいはメガマシンであり、生産の流れ、生産手段の流れ、生産者と消費者の流れをコード化する。大地の女神の充実身体は、その上で耕作可能な種、農業用具、そして人間という器官を結合するのである。(100)

(99) AO 165-6/上267.
(100) AO 164-6/上265-7.

未開社会においてあらゆる生産は大地と関係するのであり、したがってこの社会は大地の上で生産の流れを、すなわち生産物や生産手段、生産物の消費の流れ、家畜や穀物、女性や子どもの流れをコード化することになる。人間は、このコード化された流れのひとつの部品でしかない。しかしその一方で、大地機械が恐れる、コード化されない欲望の流れが存在している。それは強度的で、近親相姦的な、胚種的流れである。そのため未開社会においては、この胚種的流れが抑圧され、抑制されることになる。

この錯綜体（implexe）、すなわち胚種的流体は、大地において欲望を表象するものであるにもかかわらず、なぜ抑圧されるのか。それは表象するものの資格においてこの錯綜体が指し示すものが、コード化されえない流れ、コード化されるがままにならないようなひとつの流れだからである。これこそまさに、原始的社会体の恐怖なのである。[101]

ドゥルーズとガタリはこの胚種的流体の表現を、マルセル・グリオールによって報告された北アフリカのドゴン族の神話に求めている。というのも、「神話のみが、システムの強度の状態を原住民の思考や実践にしたがって規定して[102]」おり、また「神話的観点は、いかにしてシステムの外延が強度的で始原的な出自の系譜から形成され、規定されるかを説明する[103]」からである。つまり原始社会の神話は、抑圧され、外延化される以前の強度の状態にある欲望を表象しているのである。孫引きになるが、引用しておく。

グリオールが報告しているように、神の子ユルグは、自分がもぎ取った胎盤の断片の中に入りこんだために、母の兄弟のようなものであり、それによって母と結ばれる。「事実、この人物は、栄養を与えてくれる胎盤の一部、つまり自分自身の母の一部を携えて空間の中に出てきた。彼はまた、この器官が自分に固有のものとして属し、自分の人格の一部をなすものであるともみなしていたようである。したがって彼は、この場合には世界の母胎である自分を産んだ母と同一化し、世代という点では、母と同じ位置にあると考えていた。彼は、無意識のうちに、自分が母の世代に象徴的に属し、自分がその一員である現実の世代からは切り離されていると感じている。彼によれば、自分は母親と同じ実質、同じ世代に属しているので、自分を産んだ母と双子の男と同一視されることになり、対になったふたりの成員が結婚するという神話的規則によって理想の夫として推薦されることになる。つまり彼は、自分の母の擬似的兄弟という資格において母方の叔父、つまりこの女性の指定された夫の位置にい

(101) AO 191/上306.
(102) AO 185/上295.
(103) AO 182/上292.

るのである。(104)」

このようにドゴン族の神話において、神の子ユルグは、母親の胎盤を持っているがゆえに、母親の双子の兄弟とみなされ、それによってみずからの母親の夫の位置にいることになる。したがって、ここには母との近親相姦だけでなく、姉妹との近親相姦も見出される。ユルグは象徴的に母の双子の兄弟だからである。

しかし、ドゥルーズとガタリによれば、ドゴン族の神話が表象するのは、あくまでも強度的な状態であり、この段階にはいまだ区別すべき人称は存在しない。

彼らの名前が示しているのは人称ではなく、「ひとつの振動する螺旋運動」の強度的変化であり、包含的離接であり、必然的に双生児的かつ男女両性的な状態であって、これを通じてひとつの主体が宇宙的卵の上へと移行するのである。すべてを強度として解釈しなければならない。〔……〕私は、母の息子であり、兄弟であり、また姉妹の夫であり、私自身の父である。(105)

欲望されているものは、胚種的あるいは生殖質の強度の流れであり、この流れの中では、父、母、息子、姉妹、等々として識別されうる人物や機能さえも、求めることは無駄である。なぜならこれらの人物の名前はここで胚種として規定された大地の充実身体の上に起きる強度の変化だけを示しているからである。(106)

このように、ドゴン族の神話はいまだ人称を持たない強度の状態にある出自（filiation）を表象している。したがって、実のところ、この神話的な強度的出自においては近親相姦は存在しないことになる。というのも、強度の状態においては、近親相姦の相手として規定される母も姉妹もいまだ存在していないからである。そこには、父、母、姉妹のような人称的区別は存在しないのであり、ただ強度の差異だけが存在しているのである。

私たちはこの強度的出自、つまりこの包含的離接がどのようなものであるかを知っている。ここでは全体は分割されるとしても、それ自身において分割されるのであり、強度の差異を除けば、同じ存在が、あらゆるところ、あらゆる方面、あらゆる水準に存在しているのである。(107)

---

(104) AO 185-6/上296-7.
(105) AO 186/上297.
(106) AO 191/上305.
(107) AO 181/上289.

しかし、原始社会は、このような強度的な出自を抑圧し、外延化するのであり、そのためのシステムが外延的な出自と縁組（alliance）である。ここでの出自とは、親から子へと続く縦の系譜であり、縁組とは婚姻による異なる集団同士の横のつながりである。出自と縁組によって、強度的な出自は抑圧され、まさしく縦と横の拡がりを獲得するのである。

このような出自と縁組は、近親相姦の禁止と切り離すことができない。というのも出自は母との、縁組は姉妹との近親相姦が禁止されることでそれぞれ生まれてくるからである。

横方向の縁組が結ばれるのは姉妹との近親相姦の禁止によってであり、出自が外延的になるのは、母との近親相姦の禁止によってである。[108]

つまり母との近親相姦が禁止されることで世代という縦の系譜ができ（出自）、姉妹との近親相姦の禁止によって、他の家系との横方向のつながりができるのである（縁組）。このように原始社会は出自と縁組によって神話的な強度的出自を外延化し、それによって強度的出自における胚種的流体を抑圧するのである。それゆえ、レヴィ＝ストロースによって明らかにされたような婚姻規則の体系は、強度的出自のうち、何が交通し何が交通しないかを、つまり欲望のコード化の体系を明らかにするものとみなされる。

ただしこのように外延化された出自と縁組においても、やはり近親相姦は存在しない。というのも、母や姉妹は、そもそも配偶者としてふさわしくないものとしてしか存在しないからである。

名前や呼称はもはや強度的な状態を示すのではなく、識別可能な人物〔人称〕を指し示す。識別可能性が、禁止された配偶者としての姉妹や母に対し定立される。今や名前で指示されるこれらの人物は、禁止より以前に存在するわけではない。禁止こそが、そのような人物を構成するのである。母と姉妹は、配偶者として禁止される以前には存在しない(109)。

したがって、強度的な出自においても、外延化された出自と縁組においても、近親相姦は不可能なのである。

近親相姦について、文字通りそれは存在せず、また存在しえないと結論しなければならない。ひとは、常に近親相姦の手前、すなわち、識別可能な人物などしらない一連の強度の中にいるか、あるいはその彼方、すなわち、そうした人物を認知するが、性のパートナーとし

(108) AO 188/上300.
(109) AO 188/上301.

て不可能なものとして構成する外延の中にいるか、どちらかである[110]。

ところでレヴィ＝ストロースは近親相姦の禁止に、ある種の「交換の命令」を見ていた。というのも、自分の母や姉妹といった自集団の女性との婚姻の禁止は、自集団の再生産を他集団からの女性の贈与に依存させることになるため、どの集団も自集団を再生産するためには、自集団の女性を他集団へと贈与しなくてはならなくなるからである。それゆえに、レヴィ＝ストロースにとって、近親相姦の禁止とは互酬性の原理なのである[111]。

しかしドゥルーズとガタリは、近親相姦の禁止に交換ではなく「負債」を見出す。女性を譲渡した集団は債権者であり、女性を譲渡された集団は債務者なのであり、それゆえに縁組とは経済的関係なのである。たしかに、原始社会にも交換という現象は存在していた。しかし、ドゥルーズとガタリによれば、原始社会において交換は、追放すべきもの、あるいは管理すべきものであった。原始社会は交換を管理することによって、市場経済と貨幣が発生しないようにしていたのである。

原始的社会においても交換は知られている。全く周知のことである。しかしそれは、払いのけるべきもの、封じ込めるべきもの、そして厳密に管理すべきものとして知られているのである。いかなる価値も、決して交換価値として発展しないように。交換価値は、市場経済という悪夢を導入することになるからである。原始的な市場は、等価値のものを決めることよりも、むしろ値切ることによって始まる。等価値のものを決めることは、流れの脱コード化と、社会体における登記様式の崩壊をもたらすことになるのである。(112)

抽象量としての貨幣が登場し、あらゆる流れが脱コード化すること、これが資本主義社会の特徴であるが、原始社会はまさにこうした事態が起こらないよう出自と縁組を組み合わせ、負債を作り出すことで、欲望の流れをコード化していたのである。原始社会においては、出自と縁組が開かれたサイクルを形成し、社会全体がつねに不均衡の状態に保たれる。この不均衡は、社会的な威信や、快楽、あるいは身分の高低の発生によって、すなわちコードの剰余価値によって是正される。

連鎖からの離脱〔縁組による女性の贈与〕は、生産の流れの一方の側には過剰や蓄積の現象を、他方の側には、欠如や不足の現象を生み出すが、こうした〔不均衡の〕現象は、威信が

(110) AO 189/上301.
(111) レヴィ＝ストロースにおける近親相姦の禁止については、小田亮、『レヴィ＝ストロース入門』、ちくま新書、二〇〇〇年、第三章を参照。
(112) AO 220/上351-2.

獲得される、あるいは消費が分配されるといったタイプの交換不可能な要素によって補償されるのである[113]。

縁組の関係にしたがってシニフィアンの連鎖〔コード化された流れ〕から離脱するものは、流れの水準においてコードの剰余価値を発生させ、これから出自の血統において社会的地位の差異が生じることになる（例えば、女性を与える者と受け取る者との身分の優劣[114]）。

欲望を表象する強度的な出自の胚種的流体を縁組の関係によって外延化し、負債を生み出すこと。そしてこの負債を、コードの剰余価値によって補償すること。すなわち欲望の流れをコード化すること。これこそが未開の原始社会が行っていたことであり、『アンチ・オイディプス』における世界史の第一段階をなすものである。

『アンチ・オイディプス』と歴史の三段階（二）

未開の大地機械は出自と縁組によって欲望をコード化し、市場経済の発生を予防していた。しかしこの原始的社会にある「切断」が生じる。すなわち「国家」の誕生である。後で確認するように、『千のプラトー』は、人類学者ピエール・クラストルの説を取り上げながら、原始社会を国家の出現を妨げる社会として規定していたが、『アンチ・オイディプス』ではまだ、あたかも原始社会の後に国家が突然やってきたかのように論が進められている。国家は突然出現し、「あらゆる原始的コード化の集中的な破壊」を行い、「これらのコード化を、新しい機械の、すなわち新しい抑圧装置の副次的な部品の状態へと還元する[115]」のである。これが野蛮な専制君主機械の登場である。

ドゥルーズとガタリは、この段階の社会について、マルクスによる資本主義以前の社会の分析に多くを負っている。周知のように、マルクスは、資本主義社会における労働者を「自由」なものとして定義した。とはいえこの自由は必ずしも肯定的な意味を帯びてはいない。というのもマルクスによれば、資本主義社会における労働者は、みずからの労働力の自由な所有者であるという意味で自由であるとともに、みずからの労働を実現する手段を持たないという意味でも自由だからである。

自由というのは二重の意味でそうなのであって、自由な個人として自分の労働力を自分の商品として行使できるという意味と、他方では、労働力の他には商品として売るものを何も持っておらず、自分の労働力を実現するのに必要な一切のものから解き放たれており、それら

(113) AO 176/上281.
(114) AO 176/上282.
(115) AO 227/上363.

から自由であるという意味で自由なのである。[116]

それに対し、資本主義以前の社会体においては、労働者はみずからの仕事場としての大地から切り離されてはおらず、「自分を実現する条件の所有者として、主人として自分自身に関係して[117]」いたのである。

「資本主義的生産に先行する諸形態」において、マルクスはこの資本主義以前の所有形態をおおよそ三つに分けて論じているが、ドゥルーズとガタリが着目するのはその内のアジア的な形態である。というのもドゥルーズとガタリは、このアジア的な所有形態をあらゆる国家の理念的モデルである〈原国家 Urstaat〉と同一視しているからである。

〈国家〉は、徐々に形成されたのではなく、完全武装して一挙に出現する。これが起源的な〈原国家〉であり、あらゆる国家がそれであろうと願い欲するものの永遠のモデルである。いわゆるアジア的生産〔様式〕は、これを表現する国家を、あるいはこの生産の客観的運動を構成する国家をともなっているが、明確な形成体ではない。それは基礎となる形成体であり、あらゆる歴史の地平線をなす。[118]

ここで言われる「アジア的生産様式」とは、『経済学批判』の「序言」に一度だけみられる表現であり、その内実に関してマルクス主義の中でも大きな議論となったものだが、ドゥルーズとガタリは、これを「資本主義に先行する諸形態」における所有のアジア的形態と同一視している。

マルクスによれば、アジア的な所有形態においては、土地を所有（Eigenthum）するのは共同体であり、個々人はこの共同体の土地を占有（Besitz）するだけである。アジア的形態においては、共同体が実体であり、「個々人はその偶有性にすぎない」[119]のである。したがって、この形態においては、上位の統一体としての共同体だけが所有者である。

ここで重要なのは、こうしたアジア的所有形態においては、上位の統一体としての専制君主に、剰余生産物が回収されるという点である。マルクスは以下のように書いている。

---

(116) Karl Marx, *Das Kapital: Kritik der politischen Ökonomie*, Erster Band, *Karl Marx - Friedrich Engels Werke*, Band 23, Berlin, Dietz Verlag, 1962, S.183（カール・マルクス、『資本論』第一巻、マルクス＝エンゲルス全集刊行委員会訳、大月書店、一九六八年、第一分冊、二二二頁）

(117) Karl Marx, Formen, die der kapitalistischen Produktion vorhergehen, in *Karl Marx Friedrich Engels Gesamtausgabe*, Zweite Abteilung, Band 1, Teil 2, Berlin, Dietz Verlag, 1981, S.379（カール・マルクス、「資本主義的生産に先行する諸形態」、『マルクス資本論草稿集②』、資本論草稿集翻訳委員会訳、大月書店、一九九三年、一一七頁）

(118) AO 257/下11.

(119) Marx, *op. cit.*, S 381（マルクス、前掲書、一二三頁）以下の箇所も参照。「アジア的な（少なくともそれが支配的な）形態では、個々人の所有はなく、ただ占有だけがある。共同体が本来の現実的所有者であり、したがって所有は、土地の共同的所有としてのみある」S.388（一三二頁）

〔アジア的所有形態においては、〕これらすべての小さな共同体組織の上に立つ総括的統一体が上位の所有者として、あるいは唯一の所有者として現れる。〔……〕この統一体が現実の所有者であり、共同的所有の現実的前提なので、この統一体そのものが、ひとつの特殊なものとして、現実に存在する多くの個別の共同体組織の上に現れることができる。この場合、それら個別の共同体組織では、個人は事実上無所有である。すなわち所有は、〔……〕個人にとっては、多くの共同体組織の父としての専制君主において現実化される包括的統一体が、個別の共同体の媒介によって個人に委譲することによって、間接的に現れる。それによって剰余生産物は、おのずからこの最高の統一体に帰属することになる。〔……〕労働によって実際に取得するための共同的諸条件、すなわちアジアの民族においてきわめて重要だった用水路や交通手段等は、この場合、上位の統一体、すなわちもろもろの小共同体の上に浮かぶ専制政府の事業として現れる。[120]

ドゥルーズとガタリが、以上のようなマルクスの分析をほとんどそのまま受け入れていることは、例えば次のような記述に明らかである。

マルクスはまさに次のようにアジア的生産を定義している。つまり国家という上位の統一体は、土地の所有権を保有する原始的田園共同体の基礎の上に確立されるが、外見上の客観運動からすれば、国家が土地の真の所有者であり、この運動によって、剰余生産物は国家に帰属し、大土木事業における生産力が国家にもたらされ、国家そのものが所有の集団的条件の原因として現れるのだと。[121]

ドゥルーズとガタリが論じる専制君主国家とは、理想化されたアジア的生産様式なのであり、[122]この国家は原始的な共同体を統合するとともに、それによって剰余価値を回収する。剰余価値のすべてを回収すること、これが「超コード化」と呼ばれるものである。

それ以前の体制のコード化された流れは、剰余価値を領有する超越的な統一体によって超コード化される。[123]

超コード化、これこそが国家の本質をなす操作であり、国家とそれ以前の形成体の連続性と

(120) *Ibid.*, S.380-1 (同前、一二〇—一二頁)
(121) AO 230/上367.
(122) 「いわゆるアジア的生産のもっとも純粋な条件において現れるような専制君主国家」という表現を参照。AO 234/上374.
(123) AO 232/上370.

断絶とを同時に測定する操作なのである。[124]

マルクスは、上位の共同体による剰余労働の回収方式として、年貢の他、現実に存在する専制君主や想像上の神を賛美するための共同労働という例を挙げていたが、いずれの形態をとるにせよ、剰余価値はこの上位の統一体に帰属することになるのである。したがって、ここでも、貨幣が自律的な力を持ち、商品交換過程が形成されることが妨げられている。原始社会と同様、専制君主社会においても、貨幣が一般的な抽象量となり、商業の流れと一体化することはないのである。

このように自律的な商品交換過程の形成を妨げること、つまり脱コード化した流れを食い止めようとすること、ここにおいて、専制君主機械もまた原始的大地機械と軌を一にしている。原始的大地機械も専制君主機械も、「コードを逃れる流れへの恐怖、生産の流れへの恐怖[125]」という共通点を持っているのである。

『アンチ・オイディプス』と歴史の三段階（三）

まず私有財産の、次いで商品生産の影響によって、国家は衰弱におちいる。[126]

原始的な大地機械と野蛮な専制君主機械はそれぞれ、独自のコード化と超コード化によって社会における生産の流れを規定してきた。それによって一般的抽象量としての貨幣が登場することを妨げていたのである。しかし徐々に脱コード化した流れが顕在化してくる。それが私有財産や商品生産の流れである。

そもそも私有財産、富、商品、階級といったものはなにを意味しているのか。コードの破産であり、社会体の上を流れ、社会体を貫いて横断する脱コード化した流れの発生と登場である。(127)

こうして、もはやコード化されない流れ、脱コード化した流れが顕在化してくる。この脱コード化した流れの登場、これが資本主義社会への第一歩である。資本主義社会においては、この脱コード化した流れが社会全体を覆うことになるからである。

とはいえ、こうした脱コード化した流れの登場だけでは資本主義社会が誕生するにはいたら

---

(124) AO 236/上376.
(125) AO 233/上372.
(126) AO 257/下12.
(127) AO 258/下12.

ない。ドゥルーズとガタリはマルクスの議論を受けながら、資本主義社会を特にふたつの流れの連接によって定義している。すなわち自由な労働者と、この労働者が持つ労働力を買うことのできる貨幣である。このふたつの要因は、互いに異なる起源を持つため、出会わないこともありえた。むしろこのふたつの流れが合流し、ひとつの流れを作りだした点に資本主義の特殊性、あるいは、なぜ中国ではなくヨーロッパにおいて資本主義が誕生したのか、という問いに対する答えがあるのである。

コードを逃れる欲望や脱コード化への欲望、これらは常に存在したのであり、歴史はこれに満ちている。しかし、脱コード化された流れが一点で遭遇し、ひとつの空間で時間をかけて連接することによってのみ、諸々の流れはひとつの欲望を形成する。〔……〕資本主義とその切断は、単に流れの脱コード化によって定義されるのではなく、流れの全般的な脱コード化、大規模な新しい脱領土化、脱領土化した流れの連接によって定義される。資本主義の普遍性をなすのは、こうした連接の特異性である。[128]

資本主義を定義するのは、まさしくこの脱コード化した流れの出会いであり、連接なのである。そして資本主義社会において初めて、貨幣があらゆる流れに対応する「一般的等価物」として登場してくるのであり、それによってあらゆる種類の量が貨幣を媒介にして交通することになるのである。

資本主義的生産機械が組み立てられる以前でさえ、商品と貨幣は、その抽象作用によって脱コード化のはたらきを行っている。〔……〕しかし、「一般的等価物」が貨幣として現れると き初めて、量カテゴリー（quantitas）の支配が到来するのであり、この量カテゴリーは、あらゆる種類の個別の値をとりうるのであり、あらゆる種類の量（quanta）に相当しうる。(129)

量カテゴリーとは、個別的な量ではなく一般的な量を表すものであり、脱コード化し、脱領土化した流れは、この「一般的等価物」としての貨幣、すなわち資本によって吸収されることになるのである。これによって、資本主義社会においてはあらゆる量が、貨幣という抽象量を介してはかられることになる。「金銭は、等価形態という機能以外の機能を持たない(130)」のであり、このような貨幣によって、資本主義はあらゆる流れを貨幣の流れへと還元するのである。

ところでドゥルーズとガタリによれば、このとき国家が、抽象的な理念ではなく具体的なものとして資本主義社会のただなかに回帰してくる。つまり、もはや超コード化を行う上位の統

(128) AO 265-6/下23.
(129) AO 268/下27.
(130) AO 296-7/下67-8.

一体ではなく、脱コード化した流れの中で、その流れを調整するものとして回帰してくるのである。

国家はまず、ばらばらに機能する下位集合を統合する抽象的な統一体だった。今やそれは、諸力の場に従属して力の流れを調整し、諸力が互いに支配し、従属し合う自律的な関係を表現する。国家はもはや、煉瓦状に維持された領土性を超コード化するだけにとどまらない。国家は、金銭や商品、私有財産の脱コード化した流れのためのコードを構成し発明しなくてはならない。〔……〕国家はもはや、超コード化を行う統一体を生み出しはしない。国家自身が、脱コード化した流れの場のなかに生み出されるのである。[131]

ただし厳密には、資本主義社会において、国家はもはやコードによって定義されることはできない。資本主義社会においては、あらゆるコードが破産するからである。「資本主義は、コードの代わりにきわめて厳格な公理系（axiomatique）を採用している[132]」のであり、資本主義社会における国家の役割も、新しいコードの発明ではなく、公理系による脱コード化した流れの調整である。

要するに、脱コード化した流れの連接、それらの流れの微分的関係、そして流れの多様な分裂や亀裂はあらゆる調整を要求するのであり、この調整の主要な機関が国家なのである。資本主義国家とは、資本の公理系のなかでとらえられる限りにおいて、脱コード化した流れそのものの調整者なのである[133]。

したがって公理系とは、脱コード化した流れを再コード化することなく、脱コード化した状態のままで調整するシステムである。国家は公理系によって、脱コード化した流れを、資本という抽象量に縛り付けているのである。

こうして資本主義社会のさなかに、ふたつの方向性があることがわかる。すなわち、ますます脱コード化し、脱領土化を進めていく分裂症的な極と、流れを拘束し、調整するパラノイア的な極である。

現代社会の社会的公理系は、ふたつの極の間に挟まれており、絶えず一方の極から他方の極へと揺れ動いている。つまり、専制君主機械の廃墟の上で、脱コード化と脱領土化によって

(131) AO 261-2/下17-8.
(132) AO 292/下61.
(133) AO 299/下73.

生まれた現代社会は、〈原国家〉と鎖を解かれた流れとのあいだに挟まれているのである。〔……〕現代社会は、次のふたつの方向のあいだに挟まれる。すなわち古代主義と未来主義、新たな古代主義と古き未来主義、パラノイアと分裂症というふたつの方向のあいだに[134]。

ドゥルーズとガタリは、『アンチ・オイディプス』の第四章でふたつの図を掲げているが、これはまさしく、以上のふたつの方向性の共時的なあり方と、通時的なあり方を表すものである。一方の図は、振り子によって資本主義社会における共時的なふたつの方向性を表しており、他方の図は、通時的に進行してきた流れの脱コード化を表している。資本主義社会は、歴史的にも同時代的にもこのふたつの極のあいだに存在しているのである。これが『アンチ・オイディプス』における資本主義社会の位置づけである。

精神分析への批判

『アンチ・オイディプス』はその名の通り、精神分析批判の書であった。その批判はつまるところ、精神分析が無意識の欲望を父—母—子というオイディプス・コンプレックスの枠組みに還元してしまうという点に収斂する。ここでその批判点を理論的に分析することはしないが、こうした精神分析のやり方が、資本主義社会における隷属状態を強化するものであるという点を指摘しておきたい。というのも、資本主義社会において、父や母や子といった「私的な

privé」人格は、あくまでも資本や労働力といった抽象量から二次的に派生してくるものだからである。マルクスが指摘したように、資本家とは人格化した資本にすぎない。したがって、これらの抽象量は、まずは資本家や労働者といった社会的な人格として現実化し、私的な人格になるのはその後である。

個々人は、まずは社会的な人格、つまり抽象量から派生した機能である。〔……〕人格化した資本としての資本家、つまり、資本の流れから派生した機能としての資本家。人格化した労働力としての労働者、つまり労働の流れから派生した機能としての労働者。こうして資本主義は、みずからの内在野を諸々のイメージでみたすのである。〔……〕したがって、私的な人格は第二の次元のイメージであり、イメージのイメージ、すなわちシミュラクルである。シミュラクルはこうして、社会的人格という第一の次元のイメージを表象する能力を受け取ることになる。〔……〕私的な人物とはひとつの錯覚であり、イメージのイメージ、派生したものから派生したものである。[135]

このように私的な人格とは、第二の次元のイメージであり、イメージのイメージ、すなわち

(134) AO 309/下88.
(135) AO 314-5/下96-7.

シミュラクルである。最初にあるのは抽象量としての資本や労働力なのであり、これがさまざまな社会的な人物となる。家族という私的な規定があらわれるのはその後でしかない。フロイトは、ある意味では主観的抽象量としてのリビードを発見していた。それにもかかわらず、フロイトはオイディプス・コンプレックスによって、このリビードを家族という私的な領域へと関係づけてしまったのである。

資本家であれ労働者であれ、それが抽象量としての貨幣や労働力から派生したものである限りにおいて、どちらも資本主義社会に従属した形でしか存在しえない。マルクスが指摘していたように、資本家が価値の増殖を目指すのも、社会の圧力によって強制されるからでしかない。資本家もまた資本主義的社会の歯車でしかないのである。

したがって、この社会的な次元を考慮せずに、私的な次元だけを問題にすることは、この資本主義社会への従属をますます強める結果にしかならない。しかしこれこそが、フロイトがオイディプス・コンプレックスによってなしたことなのである。それゆえにこそ、精神分析は、「資本機械に本質的な倒錯[136]」なのである。

ノマドロジーの意義

さて、以上のような『アンチ・オイディプス』の歴史理論は、きわめて直線的な進化論的図式におさまっているように思われる。たしかにドゥルーズとガタリも強調するように、西ヨーロッパにおいて資本主義社会が形成されたのは、あくまでも偶然的な要因による。しかしその一方で、現在の視点から回顧的に見る限りにおいて、この展開は必然的であったようにもみえる。それに対し、『千のプラトー』における思想的発展は、資本主義的社会の外、国家形式の外というものを思考しようとする点にある。ここに現れるのが遊牧民であり、国家の外部に位置づけられる「戦争機械」なのである。

ここでとりわけ重要なのは、人類学者ピエール・クラストルの説である。というのも、ドゥルーズとガタリは、クラストルの説によりながら、国家の理念的モデルたる原国家を歴史上常に存在してきたものとして措定するとともに、国家に対抗する戦争機械という、もうひとつのモデルを引き出してくるからである。

クラストルによれば、原始社会とは国家が誕生する以前の低い段階の社会ではない。むしろ国家の形成を妨げるような独自のメカニズムを備えた社会なのである。例えば、原始社会の首長は国家における専制君主とは全く異なるものである。

ひとりの男が、首長にふさわしいと部族によって判定されるのはどのようにしてか。それは結局のところ、ひとえにその男の「技術的」能力、すなわち弁説の才能、狩人としてのノウ

(136) AO 373/下181.

ハウ、攻撃あるいは防御における軍事行動の統率能力によってである。そして社会は、いかなる形であれ首長がこの技術的限界を超えることを許さず、技術上の優位が政治的権威に転化することを認めない。首長は社会に仕えるのであり、真の権力の場としての社会それ自体が、社会そのものとして首長に対して権威を行使するのである。だからこそ首長が、この関係を自分の利益のために逆転し、社会を自分のために奉仕させ、権力と呼ばれるものを部族に対して行使することは不可能なのである。原始社会は、首長が専制君主に転化することを決して許容しないのである(137)。

このように、原始社会において、権力は常に社会の方にあり、首長に集中することはない。仮に首長が一線を越え、部族を自分のものとしようとするならば、彼はその部族から見捨てられることになるのである。

ドゥルーズとガタリは、クラストルの説のうち、とりわけ戦争の機能に着目している。というのも、クラストルによれば、戦争こそが、国家の形成を妨げるための優れた手段となっているからである。

クラストルは、原始社会における戦争を、国家の形成を妨げるもっとも確実なメカニズムとして規定している。というのも、戦争は、集団の分散性と切片性を維持するからである。また、戦士は戦功を蓄積する過程に引きずり込まれる結果、威信に満ちた、しかし権力には無縁な孤独な死へと導かれるからである[138]。

クラストルによれば、社会が原始社会であるためには、人口が少なくなくてはならない。原始社会は、各地域集団が人口を少なく保ち、自立性を維持することによって、集団を統合するものとしての国家の出現を妨げているのである。戦争の目的とはまさに、集団を分散した状態に保つことなのである。

地域集団の分散は、もっとも直接的に知覚することのできる原始社会の特徴であるが、これは戦争の原因ではなく結果であり、戦争に特有の目的である。原始社会の戦争の機能とはどのようなものか。それは集団の分散化、細分化、微粒子化の永続性を保証することである[139]。

（137）Pierre Clastres, *La société contre l'état*, Paris, Les Éditions de Minuit, 1974, p.176（ピエール・クラストル、『国家に抗する社会』、渡辺公三訳、書肆風の薔薇、一九八七年、二五七―八頁）

（138）MP 442/下25.

（139）Pierre Clastres, *Archéologie de la violence*, Les Éditions de l'Aube, 2012 (1977), p.22（ピエール・クラストル、『暴力の考古学』、毬藻充訳、現代企画室、二〇〇三年、一〇四頁）

こうして「国家は戦争に反対する」というホッブズの命題は、「戦争は国家に反対し、さらに国家を不可能にする」と逆転されることになる。ドゥルーズとガタリはここから、国家と戦争、すなわち国家装置と戦争機械という二極を取り出すとともに、クラストルの説に異論をはさみながら、歴史上常に存在する原国家というものを想定する。

国家は、経済力や政治力の進歩によって説明できないように、戦争の結果としても説明できない。ここからピエール・クラストルは、反国家的社会すなわち原始社会と、彼が怪物的と呼ぶ国家的社会のあいだの裂け目を深く掘り下げていくことになるのだが、その結果、どのようにして国家を持つ社会が形成されえたのかが分からなくなってしまった。〔……〕それゆえ次のように言わなければならない。国家は常に存在してきた、しかも完全に形成された状態で存在してきたのだ、と。(140)

このようにして、『アンチ・オイディプス』において理想的なアジア的生産様式と同一視されていた原国家が、あらゆる歴史の地平に存在するものとしてとらえ直される。「前もって存在する農業も冶金術も持たない狩猟採集民のまっただ中に、国家は何の介在もなく直接的に樹立される」のであり、「国家が一定の生産様式を前提とするのではなく、逆に、国家が生産をひとつの様式にする」のである。(141) それに対し、「あらゆる点で、戦争機械は、国家装置とは別の種類、別の本性、別の起源に属している」[142]。

ここで戦争機械という形象が持ち出された意義は大きい。『アンチ・オイディプス』においては、歴史は一直線的な進化論的図式におさまっており、それゆえに資本主義は歴史に終わりをもたらすものとみなされていた。したがって、『アンチ・オイディプス』には、それ以外の歴史の可能性を思考する余地がなかったのである。それに対して『千のプラトー』は、戦争機械を国家の外部に存在するものとして措定することで、国家による公理系を備えた資本主義的社会とは異なる社会のあり方を思考しようとする。この意味で、戦争機械とは国家装置の外部であり、外部性の形式そのものである。そして戦争機械は、歴史的にも地理的にも遊牧民と結びつくことになる。国家に対抗する戦争機械と遊牧民、これらを導入することにより歴史の「外」を思考すること、これこそが『アンチ・オイディプス』から『千のプラトー』への大きな前進なのであり、ノマドロジーの意義なのである。

遊牧民と戦争機械

それでは戦争機械の国家とは異なる起源はどこにあるのか。遊牧民と戦争機械が結びつくの

(140) MP 444-5/下29-30.
(141) MP 534/下163.
(142) MP 436/下15.

は、ここにおいてである。

戦争機械は遊牧民の発明である（それが国家装置の外部にあり軍事制度と区別される限りにおいて）(143)

ドゥルーズとガタリは戦争機械を国家装置の外として規定するとともに、それが遊牧民に由来するものとみなしている。例えば軍隊である。軍隊は兵を十進法によって編成するが、ふたりによれば、人間を数によって組織するというのは元来遊牧民の考え方であり、それが遊牧民ヒクソス人によってエジプトにもたらされ、モーセがユダヤ人に適用したのだという。国家的な軍隊にも十進法による編成は見られるが、それは国家がこの考え方を継承したにすぎない。「人間を数によって組織するという奇妙な考え方は、はじめは遊牧民のものだった(144)」のである。ドゥルーズとガタリは、その他、刀や鐙もまた遊牧民に起源を持つという。

このように、戦争機械は、一面では歴史的な意味で遊牧民と結びつけられている。しかしそれは「歴史的配慮(145)」によってでしかない。というのも、すでに見たように、戦争機械は概念的には平滑空間と結びつけられており、戦争機械が遊牧民とかかわるのはこの平滑空間を通じてだからである。戦争機械は、遊牧民的な平滑空間を構成することを本質としており、この意味で必ずしも現実的なものとしての戦争を意味しない。ドゥルーズとガタリによれば、戦争機械が現実的に戦争の形をとるのは、平滑空間とは区別される条理空間を展開するものとしての国家装置と衝突することによってである。戦争機械はこのときはじめて戦争となり、国家形式を破壊しようとするのである。

戦争機械から戦争が必然的に導かれるのは、戦争機械がそれ自身の積極的目標に対立する（条理化の）勢力としての国家と都市に衝突するからである。いったん衝突してからは、戦争機械は国家と都市、国家的都市的現象を敵とみなし、それらの撃滅を目標にする。まさにこのとき、戦争機械は戦争となって、国家の力を撃滅させ、国家形式を破壊しようとするのである(146)。

したがって、現実における戦争は、戦争機械にとってはあくまでも代補的な目標であり、その本質を規定するものではない。戦争機械は、必ずしも戦争を目標としないのである。しかし他方で、戦争機械が国家装置によって所有されるという事態が生じることも確かである。ドゥ

（143）MP 471/下69.
（144）MP 482/下84.
（145）MP 526-7/下150.
（146）MP 519/下139.

ルーズとガタリによれば、軍事制度や軍隊とは、国家によって所有された戦争機械なのであり、戦争機械は国家装置によって所有されることによって戦争そのものを目標とするようになる。要するに、「国家装置が戦争機械を所有するのと、戦争機械が戦争を目標として、戦争が国家の目的に従属させられるのは、同時に起こることなのである[147]」。

したがって純粋な戦争機械、戦争を目標にせず、国家に対抗する戦争機械とは、あくまでも純粋な「理念」であることに注意しなくてはならない。それは条理空間と対立する平滑空間が生み出されるならば、そこに存在するものなのであり、定まった特定の形態を持たない。むしろ外部性形式としての戦争機械は、その外部性のゆえにそれ自体として姿を現すことはなく、さまざまな姿をとるのである。

戦争機械は、その外部性形式の故に、みずから変身することによってしか現実には存在しない。戦争機械は、産業上の革新において、技術上の発明において、商業上の販路において、また宗教上の創造において、つまり国家によっては副次的にしか所有されない流れや動きにおいて現実に存在するのである[148]。

同様に遊牧民もまたひとつの理念である。というのも、平滑空間の内部にとどまり続けることのできる遊牧民は現実には存在せず、実在する遊牧民は必ず移民や移動牧畜民と混淆しているからである。[149] したがって、現実の遊牧民の存在が戦争機械を基礎づけるのではなく、むしろ戦争機械を展開し、平滑空間を構成する遊牧民こそが、ひとつの理念として現れるのである。

純粋な〈理念〉は、まさしく戦争を目標にしないで、戦争と潜勢的あるいは代補的な総合的関係を持つ戦争機械の理念と考えられる。したがって遊牧的戦争機械は、クラウゼヴィッツが言うように現実の戦争の一事例ではなく、〈理念〉に十全に適合した内容、〈理念〉の発明であり、ノモスの空間と構成という固有の目標をともなっているように思われる。しかし、それはやはりひとつの〈理念〉であり、この戦争機械は遊牧民によって現実化されたとはいえ、純粋〈理念〉の概念は維持しなければならない。むしろ遊牧民こそがひとつの抽象、ひとつの〈理念〉、すなわち実在的でありながら顕在的ではない何かであり続けるのである。[150]

(147) MP 521/下141-2.
(148) MP 446/下31-2.
(149)「経験に与えられる遊牧生活は、事実においては、経験に与えられる移民や移動や移動牧畜と混淆している」MP 523/下146.
(150) MP 523/下145.

機械圏、あるいは多元論＝一元論

ここで多様体の論理にもどろう。というのも国家装置と戦争機械はそれぞれ、先に見たふたつの多様体と一致させられていたからである。そして空間を条理化する国家装置と、平滑空間を展開する戦争機械の関係を考察することで、ふたつの多様体のあいだの混淆を考察することができる。そのための特権的な対象が「海」である。というのも海は、「優れて平滑空間でありながら、ますます厳しくなっていく条理化の要求にきわめて早くから直面してきた[151]」空間なのである。

ドゥルーズとガタリによれば、かつては風や波、色、響きを頼りにした経験的な遊牧的航海術が存在していたのであり、これが天文学と地理学にもとづく航海術に取って代わられた。緯度と経度からなる地図の誕生によって、平滑空間としての海は文字通り条理化されたのである。しかし、この条理化の果てで、海は再び平滑なものになる。すなわち現存艦隊（fleet in being）や戦略潜水艦によって、海は条理化されることなく、平滑なままで国家によって所有されるのである。ドゥルーズとガタリは、注において、以下のようなポール・ヴィリリオの分析を引いている。

現存艦隊とは、いかなる時にもいかなる場所でも敵を攻撃しうる見えない艦隊が絶えず海上に現存しているということであり、〔……〕もはや直接対決からは生じないような暴力の新しい観念である。〔……〕現存艦隊は、時空間における目的地を持たない移動という概念を発明したのである。〔……〕戦略的潜水艦はどこにも行く必要はなく、制海権を保持しながら姿を隠しているだけであり、出発地も目的地も持たない以上、それは絶え間ない絶対的回遊航行の実現である[152]。

このように、再び平滑なものとなった海は、新しい暴力の観念をともなっている。したがって、平滑空間は、平滑であるからといって、必ずしも肯定的なものであるとは限らないのである。ここに平滑空間の両義性がある。「平滑空間と外部性形式は必ず革命的使命を持つというわけではなく、どんな相互作用の場に取り込まれるか、どんな具体的条件のもとで実行され成立されるかによって極端に意味を変えてしまう[153]」のであり、「平滑なものはそれ自体、悪魔的な組織によって与えられ、占拠されることもある[154]」のである。それゆえに、平滑空間だけを手放しに称賛するだけでは十分ではないのである。『千のプラトー』の本論は、以下の言葉で結ばれている。すなわち、「平滑空間だけで救われるなどと決して信じてはならない[155]」。

(151) MP 598/下257-8.
(152) MP 481/下83 note 58.
(153) MP 481/下83.
(154) MP 600/下260.
(155) MP 625/下298.

このように海の事例は、平滑空間と条理空間、戦争機械と国家装置の対立が、単純な価値判断には還元されないことを明らかにしている。むしろ国家装置と戦争機械の対立は、きわめて多様な中間状態や混淆状態をとりうるのであり、ふたつの多様体は、あくまでも共存しつつ、競合するのである。これは定住民と遊牧民という対立項においても同様である。

遊牧民は定住民に先立つのではなく、遊牧生活（nomadisme）とはひとつの運動、つまり定住民に影響を与えるひとつの生成変化であり、同様に、定住化とは遊牧民を固定するひとつの停止である。[156]

こうしてふたつの空間、ふたつの多様体の対立は、常に両者の混合状態へと差し戻される。現実は常に混淆状態なのであり、ふたつの傾向を分離するのは、あくまでもその分析のためである。『千のプラトー』はその結論部において、国家装置と戦争機械を、人間的な形態における抽象機械のふたつのアレンジメントであるとして総括している。[157]したがって、国家装置と戦争機械という二元論は、最終的には抽象機械の一元論として収斂する。ただし、ここで注意しなければならないのは、すでにみてきたように、戦争機械と国家装置がともに異なるタイプの多様体であるということ、つまり各々がそれだけですでに「多」であるという点である。それゆえに、抽象機械による一元論は、あくまでも「多元論＝一元論」という「魔術的等式[158]」をなすものとみなされなければならない。そして国家装置も戦争機械もともに抽象機械のアレンジメントであるという点で、両者は相俟ってひとつの「機械圏 mécanosphère」を構成するのである。ふたつのタイプの多様体とその混淆と分離、それこそが機械圏の内実なのであり、ドゥルーズとガタリの存在論の帰結である。

（156）MP 536/下166.
（157）「私たちは、とりわけ、異なる組成を持つ人間的な二大アレンジメント、戦争機械と国家装置を考察してきた」MP 639/下321.
（158）MP 31/上51.

第五章　欲望と無意識

分裂症と自己

ドゥルーズとガタリは、最初の共著となった『アンチ・オイディプス』において、精神分析を激しく批判した。その批判は、精神分析が無意識を父―母―子というオイディプス・コンプレックスの図式へと還元してしまい、それによって社会と同じ拡がりを持つ欲望＝無意識を押しつぶしてしまうという点に集約される。前章で確認したように、精神分析は、欲望を家族という「私的な」領域に限定することで、欲望が持つ社会的な拡がりへの視線をそらし、それによって資本主義的抑圧に荷担しているのである。

『千のプラトー』は、同様のことを多様体の語彙で言いかえている。すなわち、「精神分析はすべてを押しつぶしてしまう。つまり群れと群衆を、モル状の機械と分子状の機械を、あらゆる種類の多様体を」(1)。このような精神分析に対して、ドゥルーズとガタリが対置するのが分裂性分析（schizo-analyse）である。

そもそもドゥルーズとガタリの思索にとって、分裂症というものが大きな問題圏を形成していたことは疑いを容れない。それはふたりの共同著作のもっとも大きな成果である『アンチ・オイディプス』と『千のプラトー』が、ともに「資本主義と分裂症」という題をつけられているという事実が端的に表している通りである。だがそれだけでなく、ドゥルーズは、詩人にして分裂症者でもあったアントナン・アルトーに絶えず言及しながらその思想を深めていったのであり、ラ・ボルド精神病院の活動に生涯携わったガタリも「いつも分裂症者に夢中で、彼らに強い魅力を感じていた[2]」と述べている。

一般に、分裂症（統合失調症[3]）には、能動性の欠如や、思考や感情のまとまりの低下、妄想・幻覚といった症状がともなうとされるが、精神病理学の分野において、分裂症という「病」は、人格や主体性にかかわるものとみなされ、自我あるいは自己というものに関係づけられてきたと言ってよい。これはある意味では、精神分析の創始者たるフロイトにおいてすでに懐胎していた傾向である。フロイトは、神経症が、エスのリビードが抑圧されることで生じるのに対し、精神病は、外界に向けられていたリビードが自我に撤収され、主体が現実を吟味する能力を弱める、あるいは喪失することによって生じると考えていたからである[4]。

日本においても、早くは村上仁が、能動性の消失および自我の外界からの断絶と、自我あるいは人格の解体を分裂症の基礎症状として挙げており、また木村敏は、分裂症者は多くの人たちにとって自明であるような「「自己」の「私性」、「私」の「自己性」」について特別に深刻な疑義を抱いていて、これが分裂病という事態の、他の精神疾患と根本的に違った特異性となっていることは確かである」と述べている。中井久夫もまた、いわゆる多重人格者にくらべて、分裂症者には「自分が唯一無二の単一人格であり続けようとする悲壮なまでの努力がありあり

---

(1) MP 48/上82.

(2) PP 26/35.

(3) 日本においてかつて「精神分裂病」と呼ばれていた「schizophrénie」(仏語)は、二〇〇二年、日本精神神経医学界により「統合失調症」に名称が変更され、現在ではこの名称が一般化している。しかし、「統合失調症」という呼び名には、本来あるべき統合が失調している、という含意が透けてみえ、以下で論じるようなドゥルーズとガタリの思想と相容れない。そのため本書では、ドゥルーズとガタリの多くの邦訳書と同様、「精神分裂症」あるいは「分裂症」を「schizophrénie」の訳語として用いる。なお、ドゥルーズとガタリは、『アンチ・オイディプス』において、分裂症者が苦しんでいるということを繰り返し述べており、臨床実体としての分裂症患者を称賛しているわけではないことは指摘しておきたい。また、日本語文献を引用する際の表記はすべて出典のママである。

(4) この点に関しては、日本語版『フロイト全集』第一三巻に付された、道籏泰三の「解題」を参照。道籏によれば、「神経症では、いわばリビードの鬱積したエスが退行してゆくのと同じく、精神病ではリビードの鬱積した自我が退行してゆく」のであり、「パラノイアおよびメランコリーにおいては、撤収されたリビードによって性愛化した自我は、かつてのナルシシズムの段階へと退行し、統合失調症では、よりもっと原初的な自体性愛の段階近くまで退行している」(『フロイト全集』、第一三巻、岩波書店、二〇一〇年、四二四頁)。ドゥルーズとガタリも『アンチ・オイディプス』において分裂症とパラノイアを精神病のふたつの極のように扱っているが、その起源はフロイトにあったと言ってよいだろう。

と認められる」と言う[5]。

ドゥルーズとガタリは、分裂症を自我の病とみなす傾向を代表するものとしてクレペリン、ブロイラー、ビンスヴァンガーの三者を挙げているが、それに対しふたりは、「ずっと前から、分裂症者は自我などすでに信じていない」と述べ、分裂症を自我の病とみなすことを批判している。

自我は、パパ－ママと同じようなもので、もうずっと前から分裂症者はそんなものを信じていない。分裂症者はこうした問題とは別の場所、その彼岸、その背後、その下にいるのであって、そのなかにはいないのである[6]。

また『千のプラトー』には次のような言葉もみられる。

精神分析が、立ち止まれ、君の自我を再発見せよ、と言うところで、こう言わねばならないだろう。もっと遠くまで行こう。われわれはまだ器官なき身体を見つけていない。十分に自我を解体していない、と[7]。

前章において、家族的な「私的な」人格とは、抽象量から派生する社会的人格のさらにその次に現れるものであり、したがって、イメージのイメージであり、シミュラクルであることを確認したが、自我を解体するとは、まずはこのイメージのイメージとしての人格を解体し、その下を流れる社会的な欲望＝無意識の流れへと眼を向けることである。それによって、人格や主体とは異なる個体化の様態、すなわち「此性」としての個体化が現れてくるのであり、分裂症者とは自己を喪失してしまった者というよりも、むしろ此性としての人格や無意識のあり方を証し立てているのである。

木村敏は、ハイデガーやミシェル・アンリが自明なものとみなす「自己」は、分裂症者には妥当しないとして、「分裂病者という人間についていえないことは、それ以外のすべての人間についてもいえないことであるはず[8]」だと述べていた。分裂症者の自己から主体や人格を思考

（5）村上仁、「精神分裂病の精神症状論」（一九四九年初出）、『統合失調症の精神症状論』、みすず書房、二〇〇九年所収；木村敏、「コギトの自己性」、『分裂病の詩と真実』、河合文化教育研究所、一九九八年、一一一頁；中井久夫、『最終講義――分裂病私見』、みすず書房、一九九八年、九三頁。

（6）AO 30/上52.

（7）MP 187/上310.

（8）「このようなアンリの議論に対して、そしてハイデガーに対しても、われわれはここでただちに声高に「分裂病者を除いて！」とつけくわえなくてはならない。そして「分裂病者を除いて」ということは、とりもなおさず「すべての人間を除いて」ということなのだ。なぜならば、分裂病者という人間についていえないことは、それ以外のすべての人間についてもいえないことであるはずなのだから」木村敏、「コギトの自己性」、『分裂病の詩と真実』、前掲書、一一〇頁。

し直すことは、主体や人称に関する思考そのものを再考することであり、ここにもやはり、多様体へと向けられたドゥルーズとガタリの思考を見出すことができるのである。

分裂症的コギトと集団的アレンジメント

ドゥルーズとガタリは、『千のプラトー』のある箇所で、「分裂症的コギト（cogito schizophrénique）」というものについて語っている。あまり着目されることはないが、まずはこの場面から考察を初めてみたい。

ある分裂症者は言う。「私はいくつもの声がこういうのを聞いた。彼は〈自分の〉生を意識している」。まさしくこの意味で分裂症的コギトというものがあるのだが、それは自己の意識を指令語の非身体的変形に、あるいは間接話法の結果にしてしまう。私の直接話法もやはり、他の世界、他の天体からやってきて、私を貫通する自由間接話法である。(9)

この分裂症者の例は、反精神医学を主導したイギリスの精神科医デヴィッド・クーパーが、その著『狂気の言語 *The Language of Madness*』において引いているものである。クーパーは、この言葉に「狂気の証拠 evidence of madness」を見出し、コメントを加えている。クーパーによれば、

「聞く」という言葉は、通常の話法の意識を越えるなにかを、したがって、「他なるもの other/différent」として経験されねばならないなにかを感じ始めていることを意味する。[10]

ドゥルーズとガタリはこの文章を注で引用しているが、彼らはその際に、クーパーによる「通常の話法 normal discourse/discours normal」という言葉に対し、「すなわち直接話法」と書き加えている。[11] ここから、ドゥルーズとガタリが、この分裂症者を、直接話法という自己の一人称的な意識を越えたなにかを感じている例として引いていることがわかる。木村敏は、分裂症者に典型的な「作為体験」(自分の行動がだれかによって動かされていると感じること)や「思考伝播」(自分の考えが周囲の人に筒抜けになっているという意識)の訴えから、分裂症者は「普通なら自性をともなって経験される自己の思考や意志行為を、〔……〕他性をおびたものとして経験する」[12] と述べているが、ドゥルーズとガタリもまた、ここで分裂症者の言葉を、通常なら

(9) MP 107/上181.
(10) David Cooper, *The Language of Madness*, London, Allen Lane, 1978, p.34, cité in MP 107/上181 note14.
(11) この加筆は、邦訳書では訳し落とされている。
(12) 木村敏、「自己と他者」、『分裂病の詩と真実』、前掲書、八二頁。なお、近年いわゆる多重人格を含む解離性障害の増加が語られるが、精神科医の柴山雅俊によれば、作為体験や思考伝播がみられた場合、解離性障害よりも統合失調症の疑いが強いという。柴山雅俊、『解離性障害』、ちくま新書、二〇〇七年参照。

自分の意識として感じられるものを他者の声として聞いている体験とみなしているのである。「自己の意識を間接話法の結果にしてしまう」という言葉は、まさしくこのことを意味していると考えていいだろう。

しかし、ドゥルーズとガタリはここからさらに一歩踏み出す。「私の直接話法も、私を貫通する自由間接話法である」という言葉がそれである。ここには、個人的な言表など存在せず、個人の言表は言表行為の集団的アレンジメント（agencement collectif d'énonciation）によって産出される、というふたりの考えが明確に反映されている。

ドゥルーズとガタリによれば、われわれはつねに何らかのアレンジメントのなかに存在しており、個人的な言表というものは、アレンジメントにおける言表の再生産にすぎない。「私たちひとりひとりがこのようなアレンジメントのなかに捕らえられており、まさに自分の名において語っていると信じる時、各人はその言表を再生産している」のである[13]。したがって、純粋に個人的な言表というものはなく、個人的な言表は、それを生産するアレンジメントによって生み出されたものである。私たちが自分の名において語っていると信じるまさにその時、私たちはアレンジメントから自分の名を引き出しているのである。この意味において、集団的アレンジメントとは、「私が私の固有名をくみとるざわめきであり、私が私の声を引き出す声の集合、一致していることもあれば一致していないこともある声の集合[14]」である。

とはいえここでまず着目したいのは、右記の分裂症者の言葉が、ドゥルーズとガタリが指摘

する集団的アレンジメントの存在を明かすものとして引かれているという点である。ドゥルーズとガタリによれば、

言表行為の集団的アレンジメントは、つねに間接話法の言表以外の言表を持たない。(15)

そして個人的な言表とは、この非人称的で集団的なアレンジメントによって生産されるのであり、その逆ではない。

言表の個人化や、言表行為の主体化が存在するのは、非人称的で集団的なアレンジメントがこれを要求し、決定する限りにおいてでしかない。(16)

したがって、論理的には、まず非人称の集団的アレンジメントが存在し、これが主体化のプロセスを規定するからこそ個人的な言表が生産されることになる。そしてこのアレンジメント

(13) MP 50/上86.
(14) MP 106-107/上180-181.
(15) MP 106/上180.
(16) MP 101/上173.

は、無意識的なものであり、無意識そのものですらある。

アレンジメントは根本的にリビード的であり無意識的である。アレンジメントは無意識そのものなのだ[17]。

したがって、アレンジメントとは、非人称的で集団的な無意識に関係するものである。この限りにおいて、自己の意識を他者の声として聞く分裂症者の言葉は、この非人称的で集団的な無意識を直接とらえているものとして、すなわち通常は無意識的にとどまる集団的アレンジメントを可視化し、その存在を明かすものととらえられているのである。

このように精神病的な経験が、多くの「健常者」といわれる人たちにおいては無意識にとどまる領野を明らかにするという考え方は、ドゥルーズとガタリの分裂症や精神病に関する言及において一貫していると考えられ、とりわけ『アンチ・オイディプス』はまさにこの視点に立って、精神分析とは異なる無意識の哲学を確立しようとした試みとみなすことが可能である。その際に大きな役割を果たしたのが、精神病者が抱く妄想であった。

しかしながらこの問題を論じる前にまず、ドゥルーズの『差異と反復』から分裂症的コギトの構造について考察してみたい。というのも、『差異と反復』での分裂症に関する議論を、分裂症的コギトの構造に関する言説として読み解くことができるように思われ、それによって、分裂症的なコギトが集団的アレンジメントとかかわるということを、いわばコギトの構造からとらえることが可能であると思われるのである。

カントと権利における疎外

ドゥルーズは『差異と反復』において、おそらく二度「精神分裂症」という言葉を用いている。一度目は、カントとの関連において、カントは「権利における疎外（aliénation de droit）」を自己の内に導入したと述べた後で、「ほんの一瞬、私たちは思考の最高の力を特徴づける、権利における精神分裂症（schizophrénie de droit）に足を踏み入れた」[18]と語られる。二度目はアルトーについて論じたのちに、分裂症は「人間的な事実であるだけでなく、思考の可能性でもあり」、この可能性は、〈思考とは本性上真理を求めるものだ〉というイメージが廃棄されなければ開示されないと述べる。[19]

『差異と反復』における分裂症論は、その後のドゥルーズの分裂症観の基礎となるものであり、自己同一的な主体という概念を内側から解体しようとする試みである。そのためにドゥルーズは、カントとアルトーから自己の内に潜む他というテーマを取り出してくるのである。ま

(17) MP 50/上85.
(18) DR 82/上168.
(19) DR 192/上394.

ずは、ドゥルーズのカントへの言及を引こう。

カントが合理的神学を批判するとき、彼は同時に、一種の不均衡、裂け目あるいは亀裂を、〈私は考える Je pense/Ich denke〉の純粋な〈自我 Moi〉のなかに導き入れる。それは権利上克服することのできない疎外、権利における疎外である。〔……〕「私は考える」の〈自我〉は、その本質において直観の受容性を含んでいるが、この受容性に対してすでに、《私》とはひとりの他者である（JE est un autre）。[20]

ドゥルーズはここで合理的神学と書いているが、おそらくこれは「誤謬推理」の章における合理的心理学もしくは合理的魂論の間違いである。というのも、ここでドゥルーズが述べている不均衡、裂け目、亀裂とは、超越論的なものとしての私、あるいは〈私は考える〉という統覚としての私と、この統覚によって触発される受動的な私のあいだにあるものとみなされているからである。

『純粋理性批判』の「誤謬推理」の章において、カントは、合理的心理学が、〈形式としての私〉と〈経験的なものとしての私〉、あるいは〈規定する自己〉と〈規定されうる自己〉を混同していることを告発した。概念としての〈私〉が実体であり、単純であり、同一的で、外的対象から区別されるとしても、経験的対象あるいは客観としての〈私〉が実体であり、単純であり、同一的な人格で、外的対象とは区別される現実存在を持つ、ということにはならない。後者の命題には、概念以外に、私に関する直観が前提とされているからである。『差異と反復』においてドゥルーズは、特にカントのデカルト批判に着目していたが、それはカントのデカルト批判が、まさしくこの論点にかかわっているからである。例えばカントは以下のように書いている。

〈私は考える〉という命題は、それが〈私は思考しながら現実存在する〉ということを意味する限りにおいて、単なる論理的な機能ではなく、主観（それはこの場合同時に客観である）を現実存在について規定しており、内感を欠いては生じえない。そして内感の直観は、つねに客観を物自体そのものとしてではなく、ただ現象としてのみ与える。したがってこの命題の内にはすでに、もはや単なる思考の自発性だけでなく、直観の受容性も存在しており、私自身の思考は、まさしく同一の主観の経験的直観へと適用されている。[21]

（20）DR 82/上168.
（21）『純粋理性批判』B 429-430. 原典と邦訳は以下を用いた。Immanuel Kant, *Kritik der reinen Vernunft*, hrsg. von Jens Timmermann, Hamburg, Felix Meiner Verlag, 1998（イマヌエル・カント、『純粋理性批判』、熊野純彦訳、作品社、二〇一二年）

カントにおいて、〈私は考える〉という命題は、それだけでは思考の論理的な機能を示すにすぎず、したがって対応する客観を持たない。それゆえに「私は考える」という命題が、現実に存在する私についての規定を含んでいるならば、そこには内感が、すなわち私に関する直観が介入していることになる。それゆえにデカルトの「我思う、故に我あり」という命題は、それが現実に存在する私について述べている限りで、カントにとっては経験判断にすぎないのであり、したがって偶然的なものである[22]。

ドゥルーズはカントのこの議論を受けつつ、ここで述べられた、主観をその現実存在において規定するものこそ内感の形式たる時間であると述べ、次のように言う。

私の未規定な現実存在は時間の中でしか規定されえないのだが、それは現象の現実存在として、時間の中に現れる受動的あるいは受容的な主観の、つまり現象としての主観の現実存在として規定される。したがって、私が〈私は思考する〉の内に意識する自発性は、実体的で自発的な存在の属性としては理解されえず、ある受動的自我の触発としてのみ理解されうる。〔……〕《私 JE》とはひとりの他者であり、あるいは内感のパラドクスである。思考の能動性は受容的な存在、受動的な主観へと差し向けられ、この受動的主観は、〔……〕その能動性をみずからにおける〈他なるもの Autre〉として生きるのである[23]。

ここで言われる「内感のパラドクス」とはカントが「演繹論」で述べた以下のような事態、すなわち「内感は私たち自身をさえ、私たちが私たち自身としてあるようにではなく、私たちが自分に現象するとおりにのみ、意識に提示する」という事態、したがって「私たちは自分を、私たちが内的に触発されるとおりにしか直観せず」、「自分自身に対して受動的なものとして振る舞わなくてはならなくなる」という事態（いわゆる自己触発）を指す[24]。

このようにカントにおいては、経験的な自己は、超越論的な統覚によって受動的な主観が触発されることによって可能となる。もちろんこのことは、超越論的な次元と経験的な次元を区別するカント哲学の必然的な帰結であり、『実践理性批判』において「奇妙だが争いえない主張」と述べられているように[25]、カント自身にとっては、実際のところパラドクスではない。しかし、ドゥルーズはいったんカントのこの議論を受け入れた上で、受動的な主観が超越論的統

（22）「経験概念に基礎をおいた規則は経験的であり、したがって偶然的である」、カント、『判断力批判』、V174. Immanuel Kant, *Kritik der Urteilskraft*, Hamburg, Felix Meiner Verlag, 2006, S.12（イマヌエル・カント、『判断力批判』、熊野純彦訳、作品社、二〇一五年、一二頁）

（23）DR 116/上238-239. また、自己を触発する時間という論点に関しては、『批評と臨床』に収録された「カント哲学を要約してくれる四つの詩的表現について」も参照。

（24）『純粋理性批判』B 152-153.

（25）『実践理性批判』V6. Immanuel Kant, *Kritik der praktischen Vernunft*, Hamburg, Felix Meiner Verlag, 2003, S.7（イマヌエル・カント、『実践理性批判』、熊野純彦訳、作品社、六頁）

覚によって触発されるという契機を強調し、私とは常になんらかの〈他なるもの〉によって触発されていると述べているのである[26]。

したがって右記引用文中において、「《私》とはひとりの他者である」というランボーの言葉によって表現される大文字の《私 JE》とは、内感を触発する超越論的統覚としての〈私〉を指しているとみなすことができる。われわれの経験的な自己は、この超越論的統覚による触発によって初めて現象として成立しうる。そしておそらく、それが超越論的なものである限りにおいて、超越論的統覚による自己の触発を経験的に認識することはできない。すなわち、ドゥルーズのカント解釈によるならば、われわれは、意識することはできずともつねになんらかの〈他なるもの〉に触発されるよって、みずからの存在を規定されているのである。

ここでドゥルーズは、カントのなかに、自己の内に潜む「他」なる契機を見出そうとしていたのであり、これが本節冒頭で引いた「権利における疎外」であると言ってよいだろう。しかしカント的な権利における疎外は、いまだ権利における分裂症への入り口にすぎない。この道をさらに進んで行くために、次節では実際の分裂症者であったアントナン・アルトーに対するドゥルーズの言及を取り上げることにしたい。

分裂症者アルトー

ドゥルーズはアルトーに対し絶えず言及をつづけたが、『差異と反復』において取り上げられるのは、アルトーと当時のＮＲＦ（La Nouvelle Revue Française）紙編集長であったジャック・リヴィエールとの往復書簡である。

アルトーはＮＲＦ紙に詩を送るが掲載を拒否される。そこから編集長のリヴィエールとの書簡のやりとりが始まるのだが、そこでアルトーは、「精神の恐るべき病」に苦しんでおり、自分の思考が、自分から離れ去ってしまうのだと述べる。そしてまた、自分の詩がうまくまとまりのとれたものではないのは、修練の不足などではなく、本質的な事態なのだと主張する。

私の詩の散漫さ、かたちの上で不備、私の思考の絶えざるぐらつき、これは修練の不足や使っている方法の把握具合、知的な発達といったもののせいではなく、魂の中心部の崩壊や、本質的であると同時に束の間のものでもある一種の思考の腐食、私の発達の具体的な獲得物の一時的な喪失、思考の諸要素の異常な分離などのせいと考えなくてはなりません。／したがって、私の思考を破壊するなにかが、私が何ものかでありうることを妨げはしないけれど

---

(26) これはカントにおいて経験的ではない統覚がいかにして「私」であると言われるのか、という問いでもある。中島義道は、『プロレゴメナ』における「存在するという感じ（das Gefühl eines Daseins）」という言葉に着目し、そこから「私の存在こそ超越論的観念論にとって唯一「そと」への通路が開けているところなのだ」と述べる。中島義道、『カントの自我論』、岩波現代文庫、二〇〇七年参照。

も、こう言ってよければ、私を宙吊りにしておくようななにかがあるのです[27]。

アルトーはここで「魂の中心部の崩壊」「思考の腐食」「思考を破壊するなにか」について語っている。これは何を語っているのか。ドゥルーズの解釈は以下である。

彼〔アルトー〕が感じているという困難は、事実として理解されてはならず、思考するということが意味するものの本質にかかわり、その本質に影響を及ぼす、権利における困難として理解されなくてはならない[28]。

ドゥルーズは、アルトーが感じている困難は、事実に関するものではなく権利における困難だと述べている。つまりドゥルーズによれば、アルトーが感じている困難は、何らかの外的な原因によってたまたまうまく思考することができない、といった偶然的な事態を表しているのではなく、本質的な、人間の思考それ自体における困難なのである。リヴィエールは、アルトーに対し、精神は偶然の障害を必要としており、知性の流れが偶然の障害と妥協することで成功した思考が生まれるのだと答えているが、これはアルトーの訴えを全く理解していないことになる。というのも、アルトーは、この知性の流れそのものがうまくいかないことに苦しんでいるからである。アルトーにとって思考とは、生得的な能力の行使ではなく、生み出さなくてはならないもの、創造すべきものなのである。

彼〔アルトー〕は、思考するということが生得的なものではなく、思考の中で生み出されなくてはならないことを知っている。彼は、本性においても権利においても前もって存在している思考を導いたり、方法論的に応用したりすることではなく、まだ存在していないものを生み出すことが問題であることを知っている。(29)

つまり、うまく思考することができない分裂症者アルトーは、うまく思考できないというまさにそのことによって、思考が人間の生得的な能力の単なる行使ではなく、生み出さなくてはならないものであることを明らかにするのである。(30)

アルトーはリヴィエールへの書簡で、こうした困難を懸命に記述しているが、ドゥルーズに

(27) Antonin Artaud, *Correspondance avec Jacques Rivière*, in *Œuvres complètes*, tome1, Paris, Gallimard, 1970, pp.35-36（「アントナン・アルトー、「ジャック・リヴィエールとの往復書簡」、粟津則雄訳、『アントナン・アルトー全集一』、現代思潮社、一九七一年、三九頁）

(28) DR 191/上392.

(29) DR 192/上393.

(30) 「アルトーが、思考の腐食について、本質的であると同時に偶然的なものとして話すとき、また根本的な無能さでありながら、最高の能力として話すとき、すでに分裂症のどん底から話している」LS 184/上273.

よれば、それは、思考が、思考することができないという事態を強制的に思考させせられている事態、思考がみずからの「無能さ impuissance」を思考している事態である。

思考が思考することを強制されるもの、それはまさにみずからの中心部に起こる崩壊、みずからの亀裂、みずからの本性的な「無能さ」であり、これは〔思考の〕最大の力（puissance）と、すなわち思考されるべきもの（cogitanda）と混ざり合っている。[31]

ドゥルーズはアルトーの状態を、ハイデガーの言葉――「人間は思考することの可能性を持っている限りで思考しうる。しかしこの可能性としての思考は、私たちが思考できるということまでは保証してはくれない。〔……〕もっとも思考すべきこと（das Bedenklichste）とは、私たちがまだ思考していないということである[32]」――に重ねているが、アルトーはその無能さによって、最大限の思考を生み出すのである。

さて、ドゥルーズは、以上のようなアルトーにおける思考の不可能性、思考の無能さを「愚劣 bêtise」とも呼ぶが[33]、ドゥルーズによれば愚劣とは、ある背景を、それにかたちを与えることなしに浮上させるものである。そしてこの背景が超越論的統覚としての〈私 Je〉もそれに相関する〈自我 Moi〉もともに崩壊させるというのである。

〈〈私〉も〈自我〉も〉〈私〉と〈自我〉に対し歪んだ鏡を、すなわち〈私〉と〈自我〉を歪曲させる鏡を差し出す、ある背景の浮上から身を守る術を持っていない。そこでは今や思考されたすべての形式が崩壊する。愚劣とは、背景でも個体でもなく、まさしく個体化が背景を、それにかたちを与えることなく上昇させる関係である。[34]

背景や個体化という用語も含めて難解な文章であるが、ここで着目したいのは、アルトー的な思考の無能さである愚劣が、〈私〉と〈自我〉とを歪曲し、崩壊させることになる、とされている点である。〈私〉と〈自我〉は、先に見た規定する自己と規定される自己、内感を触発する超越論的統覚とそれによって触発される受動的主観に対応しており、カント的な統覚の構造とみなすことができる。[35] したがって、ドゥルーズにとってアルトーにおける思考の無能さと

(31) DR 192/上392. また『シネマ2』の以下の文章も参照。「思考することへの無能さ、アルトーはそれを、思考との関係においてわれわれを襲う単純な欠陥と見なしたことはなかった。それは思考に属しており、したがって、全能の思考を再建できるなどと思い込むことなく、その無能さを私たちの思考法へと変えなくてはならない」IT 221/237.

(32) Martin Heidegger, *Was heißt Denken?*, in *Gesamtausgabe*, Bd.8, Frankfurt am Main, V. Klostermann, 2002, S.5-6(マルティン・ハイデッガー、『思惟とは何の謂いか』、四日谷敬子/ハルトムート・ブフナー訳、創文社、二〇〇六年、九―一〇頁)

(33)「愚劣は、思考の最大の無能さを構成する」DR 353/下279.

(34) DR 197/上404.

(35)「〈自我〉は時間の中にあり、絶えず変化する。それは時間の中で変化を感じる受動的な、より正確には受容的な

は、カント的な統覚構造の崩壊であり、統覚がうまくはたらかないままに、崩壊してしまった思考、「腐食」してしまった思考が、腐食したそのままのかたちで現れている状態なのである。したがって、ここで言われている背景とは、カントにおいては自己を触発する機能を持つ超越論的統覚として構造化されていた〈他なるもの〉にあたるものであり、それが統覚としてうまく構造化されずに浮上してきたのだということになるだろう。

ここで再び木村の言葉を引くならば、分裂症者の経験は、自己が「全面的に他性をおびてしまっているのではなく、自己がみずからの「内部」に姿を現した他性によって干渉を受けている経験」であり、分裂症者においては、「自己の自己性の根拠が他性をおびることによって、自己はその根底から、超越的かつ内在的な他者によって簒奪されることになる」という[36]。アルトーは、自分の思考を、まさしく自分の思考として制御できずに苦しんでいたのであり、その苦しみを克明に記述していた。これは、カントにおいて、統覚が、すべての表象が「私の」表象であることを保証する機能も持っていたことと対応しているように思える。つまり、統覚構造の崩壊は、この「私の」という機能がうまく働かないことを意味するととらえることができるように思われるのである[37]。

したがって、先にみた分裂症的コギトとは、この統覚構造の不調もしくは崩壊によって、「私の」表象というという枠組みがうまく機能せずに、自己の内に他なるものが、自分のものとして感じられることなく入りこんでしまう状態なのではないか。それゆえに分裂症的コギトは、自己の意識を間接話法によってでしか表現できないのである。しかし、それによって分裂症的コギトは、言表行為の集団的アレンジメントの存在を明かすのである。

ドゥルーズとガタリは、集団的アレンジメントを「社会的な性格を必ず考慮にいれるがゆえに、もっとも重要なものになる[38]」と述べていた。カントにおける疎外において、自己を触発する〈他なるもの〉はいまだ超越論的な統覚として構造化されていた。これは自己の同一性を疑わない限りにおいて、大多数の人にあてはまる事態である。しかし、この統覚構造が不調をきたしたとき、他なるものが自己へとうまく組み入れられないままに意識に浮上してくると言えるのではないか。分裂症者は単に自分の表象が他人のもののように感じられるのではない。むしろ通常人がなんらかの仕組みで自己へと編入する他なるものを、自己へと統合することができないままに意識へと上らせてしまうのである。以上の見解は、次節で論じる『アンチ・オイ

自我である。〈私〉は、私の現実存在（私は存在する）を能動的に規定する行為（私は考える）であるが、〈私〉は、時間の中で、受動的で、受容的で、変化する自我としてしかそれを規定することはできない」«Sur quatre formules poétiques qui pourraient résumer la philosophie kantienne», in CC 43/69

（36）木村敏、「自己と他者」、『分裂病の詩と真実』、前掲書、七四頁。

（37）ドイツの精神科医ヴォルフガング・ブランケンブルクは、カントではなくフッサールの現象学から、分裂症を超越論的自我と自然的自我のあいだの関係性の問題として考察している。Wolfgang Blankenburg, *Der Verlust der natürlichen Selbstständigkeit*, Stuttgart, Ferdinand Enke Verlag, 1971（ヴォルフガング・ブランケンブルク、『自明性の喪失―分裂病の現象学』、木村敏・岡本進・島弘嗣訳、みすず書房、一九七八年）

（38）MP 101/上173.

ディプス』の妄想論において、より確証されるように思われる。

無意識と精神病

前節までにおいて、分裂症的コギトが、カント的な統覚がうまく構造化されていないコギトであること、およびそれによって、自己の内に他なるものが、自己へと統合されることなしに入りこむことになることを論じた。分裂症的コギトは、それによって言表行為の集団的アレンジメントの存在を明かすのである。したがって分裂症的コギトとは、統覚がうまく構造化されていないというまさにこのことによって、通常は不可視なものにとどまる集団的無意識を可視化するものだと言うことができる。本節では、この仮説をもとに『アンチ・オイディプス』の読解を試みる。

『アンチ・オイディプス』においては精神病者の妄想が非常に大きな役割を果たしていたが、その前提にはガタリ自身の臨床経験があったことはおそらく間違いない。ガタリは、ドゥルーズと共同作業に入る以前、すでに以下のように書いていた。

私は、〈自我〉の彼方では、主体が歴史的宇宙の四方に砕け散っていることを確信しており、これは重篤な神経症や、精神病の経験が反論の余地もない仕方で示していることである。譫妄性患者（délirant）は見知らぬ言語（langue étrangère）を話し始め、歴史に幻覚を引きおこす。階級闘争や戦争は、彼ないし彼女にとって自分自身を表現する手段となるのである[39]。

この言葉はまずは、前節までで確認してきた分裂症的コギトに現れる事態とほぼ同じことを述べていると考えられる。すなわち重篤な神経症者や精神病者においては、自己の内に他なるもの、すなわち歴史的なもの、社会的なものが入りこむのであり、これらの病を患っている人々は、それを妄想というかたちで表現しているのである。われわれはある特定の時代に、特定の社会において存在しており、自我の背後には、歴史的、社会的なものが存在していると言いうる。しかしこの次元は、通常は明確なものとして意識に現れてくることはない。ところがある種の「病」を抱えた人たちは、それを表現として外に表していると言うのである。

ここには、精神病者が、通常は目に見えない次元、無意識にとどまる次元を可視化しているというドゥルーズとガタリの思考が読みとられるように思われる。ドゥルーズとガタリによれば、それ以前の精神医学は妄想の内容には注意を払ってこなかった[40]。フロイトのシュレーバー

(39) Félix Guattari, *Psychanalyse et transversalité*, Paris, Éditions La Découverte, 2003 (1972), p.155（フェリックス・ガタリ、『精神分析と横断性』、杉村昌昭・毬藻充訳、法政大学出版局、一九九四年、二四五頁）

(40)「医師は患者に自分の父と母について話すよう強制する。これはわれわれの本の重要な面であり、これはまた非常に具体的です。精神科医も精神分析家も妄想に注意を払ったことがなかったのです。錯乱している人に耳をかたむ

についての分析が典型的に示しているように、そこでは、「あたかもリビードが、こうした事柄にはかかわらなかったかのように、シュレーバーの妄想の政治的社会的歴史的な膨大な内容については、一言も取り上げられていない。性的な議論と神話学的な議論だけが引き合いに出されている」[41]のである。しかし、「あらゆる妄想は、歴史的かつ世界的、政治的、人種的内容を持っている」[42]のであり、リビードの役割とは「さまざまな無意識形態において社会野を備給し、それによってあらゆる歴史に幻覚を引き起こし、文明、大陸、人種に妄想し、世界的生成変化を強度において感じること」[43]なのである。

以上の論点を、ドゥルーズとガタリによるニコラス・レイの映画『ビガー・ザン・ライフ』（一九五六）の分析を取り上げて確認してみよう。主人公のエド・アヴェリー（ジェームズ・メイスン）は、妻子ある小学校の教師であり、仕事の合間にタクシー会社の無線係として働いている。彼は、ある日発作を起こして病院に運ばれるが、検査の結果、症状はきわめて重く、コルチゾンという薬を六時間毎に飲まない限り一年以内に死ぬと宣告される。エドはコルチゾンを服用することによって健康を取り戻したかのようにみえるが、薬には副作用があり、徐々に精神が錯乱していく。態度も傲慢になり、暴力的になる。また教育熱心になり始め、教育改革案を考案したり、自分の息子を厳しく教育しようとしたりする。ある日教会で聞いたアブラハムとイサクの話から、息子を殺そうとするが、同僚の教師に取り押さえられ、病院に搬送される。病院で目覚めたエドは正気を取り戻し、物語はハッピーエンドとなる。

映画の流れはおおよそこのようなものだが、ドゥルーズとガタリはこのエドの妄想の内容に着目している。ふたりによれば、主人公のエドは、教育システム「一般」に、また純粋な「人種」に、道徳的で社会的な「秩序」に、そして「宗教」について妄想している。すなわちどんな妄想であれ、つねに社会全体とかかわっており、それが妄想の内容として表れているというのである。

あらゆる妄想は、まず社会野の、すなわち経済的、政治的、文化的、人種的かつ人種差別的、教育的、宗教的といった領野の備給である。(44)

けるだけでいいのです。「ロシア人がいらつかせるんだ、中国人もだ。もう我慢ならない。地下鉄でだれかにおかまを掘られた。そこらじゅうにばい菌や精子がうようよしている。フランコやユダヤ人やマオイストのせいだ」。全部社会野についての妄想です。これがどうして主体の性愛や、主体が中国人、白人、黒人の観念と持つ関係と無関係なのでしょうか。文明や、十字軍、地下鉄とも。精神科医や精神分析家はそれを聞こうともしないのです。自分たちが無防備なだけ、守りに徹しているのです。彼らはあらかじめ作られた基本的言表のもとで無意識の内容を押しつぶしてしまうのです」«Sur le capitalisme et le désir»[1973], in ID 379/下273-4.

(41) AO 67/上111.
(42) AO 106/上173.
(43) AO 117/上190.
(44) AO 326/下115.

こうした妄想のとらえ方は、精神分析があらゆる妄想をオイディプス・コンプレックスの枠組みにおいて解釈しようとすることと著しい対照をなす。ドゥルーズとガタリによれば、精神病者が自分の家族に妄想を適用するとしても、あくまでも社会野との関係がそれに先立つのである。したがって重要なのは、社会野がつねに無意識と関係しているとされている点である。

パリ・コミューン、ドレフュス事件、宗教と無神論、スペイン戦争、ファシズムの台頭、スターリニズム、ベトナム戦争、六八年五月……、こうしたものすべてが無意識のコンプレックスを形成する。(45)

無意識が歴史的社会野全体と関係しているという主張は『アンチ・オイディプス』全体にわたって幾度も繰り返される主張であるが、ドゥルーズとガタリによれば、精神病者が抱く妄想とは、それがこの社会野と関係する無意識を表現している限りにおいて、「無意識的なあらゆる社会的備給の一般的原基(46)」なのであり、この意味において「社会の根底には妄想がある(47)」のである。したがって、オイディプス・コンプレックスにかかわる家族的な備給は、あくまでも社会的備給の結果なのであり、その逆ではありえない。「家族的備給は、常に社会的で欲望するものであるリビード備給の結果であり、これだけが第一次的(48)」なのである。

ここには私的な人格に対して社会的な人格が先行するというマルクスから引き出された議論

の反映がみられるが、ドゥルーズとガタリにとって、精神病者の妄想とは、なによりも歴史的かつ社会的な領野に開かれた無意識の存在を示すものなのである。『ビガー・ザン・ライフ』では、エドの妄想は薬の副作用として描かれているが、ドゥルーズとガタリが考える精神病者とは、薬物なしにこうした妄想にとらわれている人たちだったと言うことができるだろう。

無意識のふたつの極

さてドゥルーズとガタリは、妄想がつねに社会野への備給であるとした上で、妄想のふたつの極を区別していく。すなわちパラノイアと分裂症という区分である。ふたりによれば、前者は「私たちは永遠に優等人種に属している」という言葉で表現されるような、人種隔離的（ségrégatif）、反動的、ファシズム的で、人種主義的（raciste）な極であり、後者は「私たちは永遠に劣等人種に属している」という言葉で表現される遊牧的（nomadique）、革命的、人種的（racial）な極である。ここで重要なのは、『アンチ・オイディプス』では、このふたつの極は、単に異なる傾向を持つものとして区別されているのではなく、モル的と分子的、マクロ

（45）AO 116/上188.
（46）AO 329/下119.
（47）AO 437/下277.
（48）AO 433/下270.

とミクロというある種の規模の違いとしてとらえられていることである。

パラノイア患者は、大衆を機械として操作する。彼はモル的な大集合、統計学的な形成体や群居性、組織された群衆を扱う芸術家である。彼はすべてを巨大な数において備給する。〔……〕分裂症者は逆の方向に、もはや統計学の法則にはしたがわないような分子の方向、ミクロ物理学の方向へ向かう。それは、波動と粒子、もはや巨大な数に従属することのない部分対象と流れの領域である。(49)

この記述は、パラノイアと分裂症における妄想形成の手法のようなものを述べていると考えられるが、モル的なもの、統計学的なマクロなものの方向に向かうパラノイアと、分子的で、ミクロなものの方向に向かう分裂症が明確に対比されている。もちろん、これらの極は純粋に分離したかたちで存在しているわけではなく、あくまでも傾向の違いとしてとらえられており、実際の妄想においては、これらの二極が混在しているとされる。

パラノイア的な備給と分裂気質の備給は、いわば無意識的なリビード備給の対立する二極をなす。〔……〕妄想が社会野と外延をともにするということが正しいならば、あらゆる妄想のなかにはこの二極が共存し、革命的な分裂気質の備給の断片が、反動的なパラノイア的備給のブロックと同時に生じるのが見られる。二極のあいだの振り子運動がまさしく妄想を構成するのである。[50]

しかしながら分裂症は、パラノイアに対して、理論的な観点からすれば先行しているということができるだろう。というのも、ドゥルーズとガタリの述べるパラノイア的な妄想は、分裂症的なミクロの無意識、分子的な無意識を統計学的、モル的に組織したものとされているからである。ドゥルーズとガタリは、まさしくこのミクロの無意識を「欲望」と呼び、それこそが「真のvéritable」無意識であると主張する。

ミクロ物理学、あるいはミクロな心理の領域において、そこにはまさに欲望が存在している。[51]

真の無意識は集団の欲望のなかに存在し、欲望する機械の分子的次元を活動させる。[52]

(49) AO 332/下124-125.
(50) AO 451/下298.
(51) AO 337/下131.
(52) AO 305/下83.

それゆえに、「分裂症者とともに、無意識はそれ自体として現れる[53]」のであり、究極的には「ただ欲望だけが、そしてさまざまな環境、社会野、群居形態だけが存在する[54]」、あるいは「欲望と社会的なものだけが存在し、ほかにはなにもない[55]」と言われるのである。

この意味において、存在するのは欲望と社会的なものだけである。経済的、政治的、宗教的等々といった形成体に対する意識的備給の下には、無意識の性的備給、ミクロの備給が存在し、このミクロの備給は、欲望が社会野に現前する仕方を表し、欲望が社会野に結びつく仕方を表す。社会野とは、欲望と結び付いた、統計的に規定される領域なのである[56]。

こうした見地からすれば、社会とは、ミクロな欲望が集合しては離散しつつ、モル的な極と分子的な極、パラノイア的な極と分裂症的な極を揺れ動きながら、多様な形態を形作っているものとみなすことができる。「いたるところに、モル的なものと分子的なものがある[57]」のであり、『アンチ・オイディプス』における分裂性分析とは、この欲望の集合・離散の分析に他ならない。分裂性分析の課題とは、「社会野に対する無意識的欲望の備給に到達すること[58]」なのである。ドゥルーズとガタリにとって、分裂症者やパラノイア患者が語る妄想は、まさしく以上のような欲望や無意識が存在していることを明かし、それがどのように編成されているかを可視化してくれるものなのである。

分裂性分析へ

ここまで、ドゥルーズとガタリにおける分裂症者の意義を、通常不可視にとどまる無意識の次元を明らかにするものとして論じてきた。それでは精神病者のように妄想を顕在的に抱くことのない場合、その無意識や欲望はいかにして分析されるのか。ドゥルーズとガタリは、健常者と呼ばれるような人々においては、無意識の流れがみえにくいことを認めつつ、性愛（sexualité）こそが無意識の指標であると述べる。

集団あるいは個人の次元で、分裂性分析が社会野のリビード備給を解明するために使用しうるものは、ただ指標、それも機械状の指標でしかないように思われる。ところで、この観点

（53）«Schizophrénie et société»[1975], in DRF 17/上22.
（54）AO 341/下137.
（55）AO 36/上62.
（56）AO 216/上346.
（57）AO 407/下232.
（58）AO 419/下248.

から言えば、こうした指標となるものは性愛である。[59]

社会野に対する私たちのリビード備給は、反動的であれ革命的であれ、あまりにも隠され、あまりにも無意識であり、あまりにも巧みに前意識的備給によって覆われるので、性愛に関する選択の中にしか現れない。愛は革命的なものでも反動的なものでもなく、リビードの社会的備給の反動的な、あるいは革命的な性格の指標なのである。〔……〕愛と性は、ここでは社会野に対するリビード備給の無意識的指数であり計測器である。愛されたり欲望されたりする存在はすべて、集団的言表行為の代行者として機能する。[60]

ここで集団的言表行為の代行者という言葉が出てきたことに注意しなくてはならない。すでに本章において、言表行為の集団的アレジメントについて論じたが、代行者（agent）とアレンジメント（agencement）は言葉の上からも連関している。すでにみたように、分裂症者はまさしく集団的アレンジメントの存在を明らかにしてくれる存在だった。それと同様に、性愛における関係では、愛される存在がそれに相当し、そこに普段は見えない欲望の流れがみえてくるのである。したがってアレンジメントとは、実のところ、この欲望の編成を論じるための概念に他ならない。

欲望はいつもアレンジメントの形をとり（agencé）、また欲望はアレンジメントによって存在するべく規定されるものである。[61]

どうしてアレンジメントに、それに帰属する「欲望」という名前を拒否することができようか。[62]

そして、無意識そのものである欲望それ自体は、つねに不可視なものである。だからこそ、なんらかの指標によって欲望を可視化しなくてはならない。そのための指標が性愛なのである。個々の人間は単一な存在というよりもさまざまな流れに貫かれて存在している。それゆえに、性愛においてある相手を選ぶこと、あるいは選ばないことは、完全に個人的で私的な事象ではありえない。性愛は常に世界と関係しているのであり、社会野をみたすさまざまな流れが、その対象を通じて可視化してくるのである。

（59）AO 419/下249.
（60）AO 422/下253.
（61）MP 280/中140.
（62）D 85/120.

リビードが意識の中に入ってくるのは、リビードが対象とみなす身体や人物との関係においてでしかない。しかし、私たちの「対象選択」それ自体は、生の流れと社会の流れの連接にかかわっている。この身体、この人格は、生物的、社会的、歴史的な領野において、つねにこのような連接を遮断し、受容し、放出しており、このような領野に、私たちは等しく投げ込まれ、この領野とコミュニケーションを行っている。私たちが愛を捧げる人物は、両親のような人物も含めて、ただ流れが接続し離接し連接する点として介入するだけであり、これらの人物は、流れにおける本来的に無意識的な備給のリビード成分を翻訳するものなのである。〔……〕私たちはつねに世界と愛を交わしている。私たちの愛は、愛する相手のリビード的特性に狙いを定め、より広い世界に対して、大規模な集団や群衆に対して、自分自身を閉じることもあれば開くこともある。私たちの愛のなかには、統計的なもの、大数の法則に属するなにかがつねに存在している。(63)

私たちは、社会から独立した個人として存在しているのではない。あくまでも社会のなかで、政治的、経済的、歴史的、文化的、宗教的、その他さまざまな要因が複雑に絡みあう領野において存在している。私たちはこのような社会野において、つねにさまざまな流れの中で存在しているのであり、その流れを受け入れることもあれば遮断していることもある。ドゥルーズとガタリが欲望と呼ぶミクロな無意識とは、この流れそのものであり、分裂性分析はまさにこの流れが個々人においていかに組織されているかを問題とするのである。『アンチ・オイディプス』において、「君の欲望する機械はどのようなものか」というかたちで定式化されている問いは、この欲望の流れに関する問いに他ならない。『アンチ・オイディプス』の冒頭に掲げられたリチャード・リンドナーの絵のように、各人は直接社会に接続されているのである[64]。

ここにおいて「十分に自我を解体していない」という、本章冒頭で引用した言葉の意味もより明らかとなるだろう。それはすでに述べたように、個々人の意識下にある無意識の流れを分析せよということだけを述べているのではない。それとともに、人間あるいは個人的な人格は、決して確固たる存在ではないことをも述べているのである。

ドゥルーズとガタリは、これを性愛におけるn個の性として表現している。ふたりによれば、モル的なレベル、マクロなレベルでは男性や女性であっても、ミクロなレベルでは男性でも女性でもないn個の性が個人のなかに犇めいており、性愛における関係ではこのn個の性が交通し合うのである。『千のプラトー』から印象的な一節を引いておく。

〔男女という〕ふたつの性は、多様な分子状の結合へと向かい、そこでは女性のなかの男性

（63）AO 349/下147-8.
（64）「リンドナーの絵では、太った男の子が、両親を介さずに、すでに欲望する機械を社会機械につないでいる」AO 429/下264.

や男性のなかの女性だけでなく、男女それぞれが相手の性の内部で動物や植物等々と結ぶ関係も作用している。無数の微小なる性[65]。

したがって、この意味における分裂性分析は、こうした無数の性、n個の性の分析であるということになる。

ひとつの性でも、ふたつの性ですらもなく、n…個の性がある。分裂性分析とは、ひとりの主体におけるn…個の性の多様な分析であり、社会性が主体に課すような、また主体自身もみずからに与えてしまうような、自身の性愛についての擬人的（anthropomorphique）表象を越えていくのである[66]。

あらゆる個人はミクロなレベル、無意識のレベルでは、社会と共外延的な多様な流れによって横断されているのであり、個人とはそうした多様な流れの結節点として存在している。ドゥルーズとガタリにとって個人や主体とはそれ以上のものではない。むしろ個人は、そのようなものとして、確固たるものではなくつぎはぎだらけのものとして生きざるをえないのである。したがって、分裂性分析とは、個人を形成するこの流れの分析である。モル的で自己同一的な主体の下に、それを構成しているミクロの蠢きを読み解くこと。そしてそこにある流れを別様に交通させること。これが分裂性分析の課題であり目的なのである。

正常といわれる自我を解体するという絶えざる破壊の課題を、みずからの肯定的な課題の中に入れないような分裂性分析は存在しない。〔……〕男性も女性も、明確に定義される人格ではない。そうではなくて、もろもろの振動であり、流れであり、分裂であり、「結節点」である。〔……〕分裂性分析の課題とは、飽くことなく自我とその諸前提を破壊すること、自我が閉じ込め抑圧している人称以前の特異性を解放すること、特異性を発し受け止め補足する流れを自由に交通させること、自己同一性という条件以下のところで、分裂や切断を絶えずより遠くに、より精妙に確立すること、個々人を裁断し直し、別のひとたちとグループ化する欲望機械を組み立てることである。というのも各人は、いわば小集団(groupuscule)であり、また小集団として生きなければならないからである。あるいはむしろ、ちょうど壊れてたくさんの亀裂が金を接合剤として修理される茶道の茶碗のように、あるいは割れ目がすべて塗料や石灰で強調される教会の板石のように生きなければならないからである。[67]

(65) MP 260/中107.
(66) AO 352/下152.
(67) AO 434/下272.

三つの線

以上見てきたように、主体や人格とは、カント的な統覚のように絶対的に同一的なものというよりも、つぎはぎだらけのものである。マクロな視点、モル的な視点からは同一的に見えたとしても、ミクロな分子的な視点に対してはそうではない。主体や人格は、社会と共外延的なさまざまな流れに横断され貫かれながら存在しているのである。

『ディアローグ』と『千のプラトー』は、この認識をさらに進め、人間を「線」という概念でとらえている。われわれは、さまざまな線に貫かれ、線の集合として存在しているのである。

個人であれ、グループであれ、われわれはさまざまな線から成り立っている。(68)

われわれはさまざまな線から成り立っている。(69)

ドゥルーズとガタリは、特に三種類の線を区別しているが、これらの線のあり方は、前章で見た切片性と生成変化のあり方におおよそ対応している。すなわち、性別、職業、社会階級といった二項機械による識別にかかわる切片性の硬質な線。二項対立化のあいだをすり抜け、生成変化のブロックを生み出す分子状のリゾーム的な線。そして知覚しえないものへの生成に対

応する逃走線である。(70)

こうして、『アンチ・オイディプス』において社会と個人を貫く欲望の分析として論じられていた分裂性分析は、三種類の線の分析としてとらえ直される（『千のプラトー』の第八プラトーにおける文学論は、文学を題材にした分析の実践例である）。そしてそれと同時に、「器官なき身体」が、これらの線が刻まれる場として浮上してくる。

さまざまな線が〈器官なき身体〉の上に刻まれる。そこではすべてが素描され、逃走する。想像的形象も象徴的機能も持たない抽象線そのもの。器官なき身体の実在。分裂性分析はそれ以外の実践的対象を持たない。君の器官なき身体とはなにか。君に属する線はどのようなものか。〔……〕分裂性分析の対象は、要素でも集合でもなく、主体や関係でもなければ構造でもない。分裂性分析の対象は、個人も集団も横断する線の配置（linéament）をおいて他にはない。(71)

（68）D 151/209.
（69）MP 238/中68.
（70）「少なくとも三つの線がある。ひとつは輪郭のはっきりした硬質な切片性の線、もうひとつは分子状の切片化（segmentation）の線。最後に抽象線、つまり生死にかかわるという点では最初のふたつに引けをとらない逃走線。〔……〕しかし三つの線は絶えず混ざり合ってもいる」MP 242/中75.
（71）MP 249/中88-9.

こうして『アンチ・オイディプス』における「君の欲望する機械はどのようなものか」という問いは、「君の器官なき身体はなにか」と「君に属する線はどのようなものか」といった新たな問いに交替する。

ドゥルーズとガタリは、器官なき身体について、「すべてを取り除いてしまった後にまだ残っているもの(72)」と言いつつも、「ある意味では、あらかじめ存在している(73)」と書く。それは器官なき身体が、線が刻まれる土台でありながら、その土台は線を分析することによってでしか見出すことができないからである。

それに対し三種類の線は、つねに複雑に絡み合っており、三つのタイプの線が揃っていることもあれば、逃走線がない場合や、切片性の線しかない場合もある(74)。あるいはまた、切片性の線を第一の線とみなすこともできれば、逃走線から他のふたつの線が派生してくるかのようにみなすこともできる。しかしいずれにせよ、これらの線はたがいに内在しあい、複雑にもつれ合っているのであり、これらの線が共存し、絡み合う空間を思考しなくてはならない。

それはむしろ、部族、帝国、戦争機械といった三種類の線が共存し、緊密に混ざり合う空間のようなものである。逃走線が第一の線であるとも、すでに硬質化した切片がそうだとも言うことができるし、柔軟な切片化がたえずふたつのあいだを揺れ動いていると言うこともできるだろう[75]。

それゆえにドゥルーズとガタリは、ふたつのタイプの抽象機械と、それらの共存というアイディアを思考するのである。

一方には、超コード化の抽象機械がある。硬質な切片性、マクロの切片性を定義するのはこの機械である。切片を生産、あるいはむしろ再生産し、それらをふたつずつ対立させ、すべての中心を共振させた上で、あらゆる方向に条理化された、等質的で分割可能な空間を展開するからである。このような抽象機械は国家装置へと向かう。〔……〕他方、もう一方の極には、脱コード化と脱領土化によって作動する突然変異の抽象機械がある。逃走線を引くのはこの機械である。この機械はそれ自身逃走の状態にあり、みずからの線上に戦争機械を組み立てる。〔……〕しかしまた、ふたつの極のあいだには、本来的に分子状の折衝や通訳（traduction）、形質導入（transduction）の全領域があるのである[76]。

(72) MP 188/上311.
(73) MP 185/上307.
(74) D 165/228-9.
(75) MP 271/中125.
(76) MP 273/中126-7.

超コード化の抽象機械から思考するならば、切片性の硬質な線が第一のものとなり、突然変異の抽象機械から思考するならば、逃走線が第一のものとなる。それに対し、分子状の柔軟な線とは、この両極に挟まれた両義的な線なのである。『ディアローグ』においても『千のプラトー』においても、この分子状の線と逃走線の区別はあまり明確ではないように思えるが、それは分子状の線がある程度まで逃走線と重なりあう性質を持っているからである。分子状の線においては、脱領土化が相対的であり、再領土化によって埋め合わされるのに対し、逃走線においては脱領土化が絶対的なものとなるのである。

逃走線あるいは断絶線は、脱領土化のすべての運動を連接し、その量子を加速し、相互に近傍に入りこむ加速された微粒子をそこから抜き取り、それらを存立平面、あるいは突然変異の機械へと運ぶ。その次に分子状の第二の線がある。そこでは脱領土化はもはや相対的でしかなく、脱領土化と同じだけの蛇行、迂回、平衡化、安定化を課す再領土化によって常に埋め合わせがおこなれている。[77]

これは生成変化が動物や女性といった具体的な形象をとどめている段階と、知覚しえないものという完全な抽象まで到達した場合の差異であると考えてよいだろう。

だが重要なのは、現実はあくまでも複数の線の錯綜によって織りなされているということ、タイプの異なる抽象機械がひとつの空間において共存し機械圏を構成しているということである。前章で確認した多様体の論理は、分裂性分析において、器官なき身体上における交錯するいくつもの線の分析として結実するのである。そして、われわれが個人も集団も貫いて存在するこれらの線から成り立っている限りにおいて、やはり「存在以前に政治がある」[78]のである。

(77) D 165/228.
(78) MP 249/中89.

第六章　芸術とともに

芸術と自然

本書において、これまで何度か芸術の例に出会ってきた。第二章で論じた映画論、第三章で触れたベーコンの絵画、第四章における「触視的」の概念などであり、第五章でもニコラス・レイの映画作品『ビガー・ザン・ライフ』に言及した。また芸術が哲学とともに、潜在性や出来事と関係することも確認した。ここからも見て取れるように、ドゥルーズは芸術に言及しながら、あるいは芸術とともに思考することによって、みずからの思想を練り上げてきた哲学者である。それゆえに、彼の哲学を語る上で、その芸術論を無視することはできない。本章で考察されるのは、ドゥルーズの芸術論である。

しかし絶えず芸術に触れてきたにもかかわらず、あるいはそれゆえに、ドゥルーズが芸術そのものについて語る場面はそれほど多くはない。ドゥルーズ最後のまとまった著作であり、ガタリとの最後の共著ともなった晩年の『哲学とは何か』を除けば、『プルーストとシーニュ』においてプルーストとともに語られた芸術哲学か、あるいは『千のプラトー』において動物とともに語られたそれか、くらいであろう。しかし『千のプラトー』の議論も、「芸術は人間を待たずに始まる」[1]という言葉が示しているように、芸術そのものを論じるというよりは、一種の自然哲学的な相貌を呈している。同書の、特に「リトルネロについて」と題された第一一プラトーにおいて集中的に論じられるこの主張は、鳥の鳴き声や、魚の体の鮮やかな色彩に表現の質料（matière d'expression）を見出し、独自の自然哲学的視点から芸術を論じるものである。とはいえ同様の主張は、芸術を人間の思考形態のひとつとして論じる『哲学とは何か』にも引き継がれるものであり、ドゥルーズとガタリの芸術論の基本的な主張であると考えられる。

このようなドゥルーズとガタリの芸術論に対し、アンヌ・ソヴァニャルグは、芸術を生命のレベルからとらえ直すことで、人間と動物の境界線を無化しようとするというドゥルーズとガタリの戦略的な意図を強調する。[2] たしかにドゥルーズとガタリ自身、芸術を自然とともに論じながら、人間と動物のあいだに境界線を引くことを退けている。

例えば、『千のプラトー』では以下のように言われている。

動物はタブローに描くわけではないとしても、それだけで動物たちが絵を描かないと断定することはできない。そして動物たちの色や線をみちびくのがホルモンだったとしても、動物と人間を明確に区別する根拠などほとんどありはしないのだ[3]。

しかしながら、ドゥルーズとガタリにとって問題となるのは、芸術が自然的なものかどうかではなく、むしろ芸術的な視点によって自然をとらえ直すことであり、人間と動物の境界線に対する考察が導き出されるのは、あくまでも自然に対する芸術的な視点に依拠することによってである。

本章では、芸術が自然や動物の世界にも見出されるのは、自然に対する芸術的な視点が前提とされている限りにおいてであることを示し、また『千のプラトー』以後のドゥルーズとガタリの芸術論を、ドゥルーズ単独の代表作である『プルーストとシーニュ』における芸術の本質論と突きあわせて考察する。それによって、いまだ十分に論じられているとは言いがたいドゥルーズとガタリの芸術論を整理するとともに、これまで確認してきたドゥルーズ思想の変遷、

（1）MP 394/中338.

（2）Anne Sauvagnargues, *Deleuze: De l'animal à l'art*, in *La philosophie de Deleuze*, Paris, PUF, 2011. また生物学者の立場から、リトルネロの章における「アート生物学」を考察したものとして、以下のものがある。遠藤彰、「ドゥルージアン／ガタリアン・アニマル」、『ドゥルーズ／ガタリの現在』、平凡社、二〇〇七年所収。

（3）MP 370/中295.

すなわち潜在性からの発生の哲学から、あいだ、中間における生成変化の哲学へという方向性を確認することとしたい。

表現と領土

まず、表現性が自然の中に現われることを確認しよう。自然の中に現れる表現性について、ドゥルーズとガタリは、オーストリアの動物行動学者コンラート・ローレンツの研究を特に参照している。ローレンツはその著『攻撃』（一九六三）において、ある種の、けばけばしく派手で、「ポスターのような」色彩を持つ魚が、なわばりを持ち定住し、さらに同じ種の個体にのみ攻撃を行うことに注目した。そして生物学者として「一体何のために、これらの魚はかくも色鮮やかなのか」と問うたのである。[4] ローレンツにとって、この「何のためか」という問いは、当の性質が持つ種を保つ働きを問うことに等しい。というのも、野生の生物が持つ特徴はすべて、突然変異と自然淘汰というふたつの働きによって、長い年月をかけて作られてきたものだからである。

さて、右記の問いに対するローレンツの答えは明確である。それは、派手な色彩によって自分のなわばりを示し、それによって同一種の個体が一箇所に集中しすぎないようにするためである。ローレンツによれば、派手な色彩を持つ魚は、同じ色彩を持つ、同じ種の別の個体が自分のなわばりに入ってくる場合にのみ、激しく攻撃し、追い払おうとするのであり、別の種の個体に対しては攻撃しない。このように同一種の個体同士がある一定の距離内で攻撃し合うことにより、その種の個体が密集しないようになっており、生活圏全体に均等に分布するということが起こる。それによって、例えば、食物がある地域では食べつくされているのに別の場所に豊富に残っている、といった状況を回避することができるのである。

これは人間社会において、同一の職種が密集しすぎないことと同じである。互いに一定の距離を取り合うことによって、種全体が、より効率よく生活圏を活用することができるようになるのであり、魚の派手な色彩は、そのために遠くからでも互いの存在が確認できるようにする働きをもっているのである。このように、互いに相手を寄せ付けないようにすることこそ、「種内攻撃が持つ、種を保つ働きのもっとも重要なものである」(5)。

このようにしてローレンツは、ある種の魚が持つポスターのような色彩が、鳥の鳴き声と同様に、自身のなわばりを示す機能を持つことを明らかにした。

その色彩は、同じ種の仲間、しかも同じ種の仲間のあいだに限って、相手が自分の領域の中にいるときには、激しくなわばりを守ろうとする行動を誘発し、自分が他人の領土に侵入す

---

(4) Konrad Lorenz, *Das sogenannte Böse: Zur Naturgeschichte der Aggression*, München, Deutscher Taschenbuch Verlag, 1974(1963)(コンラート・ローレンツ、『攻撃――悪の自然誌』、日高敏隆・久保和彦訳、みすず書房、一九七〇年)

(5) *Ibid.*, S.37(同前、五四頁)

るときには、戦闘の用意があることを予告して相手に恐怖を呼び起こす。このふたつの役割を果たしている点で、その壮麗な戦闘色は、これも心を打つ美しい自然現象である鳥の鳴き声、ナイチンゲールの歌声とうりふたつである。(6)

このように魚の色や鳥の鳴き声といった「表現」あるいは一種の「質」が、なわばりや領土を示すものだということに、ドゥルーズとガタリは注目する。「この表現の質料（質）の出現が、領土を定義するものとなる」(7)のである。つまり領土＝なわばりとは、魚における色や鳥における鳴き声といった表現の質料が生み出されることによって初めて成立するものなのである。

このようにドゥルーズとガタリはローレンツの議論を取り入れつつも、その一方で批判も差し挟む。それはローレンツがなわばりを攻撃本能から導き出そうとしている点にかかわる。例えばローレンツは『攻撃』において次のように書いている。

なわばりは、次のような事情によってのみ決まる。つまり、当の動物の戦意は、その動物にとってもっともなじみ深い場所において、つまり、まさしくなわばりの中心において、もっとも高くなるということ、言いかえると、その動物が「もっとも安全と感じている」場所、つまり、逃走の気分によって攻撃が抑制されることがもっとも少ない場所においては、闘争を引き起こす閾値がもっとも低くなるということによってのみ決まるのである。〔……〕したがって、ある動物が所有しているかに見える領土は、攻撃欲が場所との関連で変化するところの作用圏にすぎない。[8]

ローレンツによれば、なわばりを持つ動物は、自分のなわばりの中心に近ければ近いほど安心し、戦意も高い。それに対し、なわばりから離れれば離れるほど戦意は下がり、恐怖を感じるようになる。そのため、ローレンツにとってなわばりとは、動物の攻撃欲がもっとも高くなる場所であり、「攻撃の衝動は、領地の中心との距離が縮まっていくにつれて、幾何級数的に増大する」[9]のである。

それに対し、『千のプラトー』は次のように述べる。

われわれは、攻撃性を領土の基盤にしようとするローレンツのような説にしたがうことができない。彼によれば、領土が生まれるのは攻撃本能の系統発生的な進化によって、すなわち

(6) *Ibid.*, S.28（同前、三九頁）
(7) MP 387/中326.
(8) Lorenz, *op. cit.*, S.42（ローレンツ、前掲書、六〇頁）
(9) *Ibid.*

この本能が種に内的なものとなり、同種の動物に向けられることによってである。〔……〕ファクターT、即ち領土化を行う要因（facteur territorialisant）は、別のところに探し求められなくてはならない。すなわち、まさしくリズムやメロディーが表現的になることのうちに、つまり固有の質（色、匂い、音、シルエット……）の出現のうちに探し求められなくてはならない[10]。

このように、ドゥルーズとガタリは、領土の成立には表現性の出現が先んじており、表現的な質の出現こそが領土化の要因だと述べるのである。ふたりにとってなわばりを守るという攻撃の機能は、なわばりを生み出すものではなく、反対に、なわばりの成立によって説明されるべきものなのである。

ドゥルーズとガタリは魚の色や鳥の鳴き声にとどまらず、うさぎの糞便のにおいや、色鮮やかな性器を見せつける猿の例を引いているが、重要なのは、なわばり（領土）の形成にこうした色や匂いといった表現性が先行しているということであり、これらの表現によってなわばりが成立するということである。なわばりを守るという攻撃行動も表現性の成立を前提としているのであり、その逆ではない。「領土化した攻撃性は領土に由来するのであって、決して領土を説明するものではない[11]」のである。性行動や巣作りといったなわばりの内部で行われる行為が生まれるのは、その後である。

表現と芸術

こうして領土の成立に、表現が関係することが確認された。その上でドゥルーズとガタリは、こうした表現性の出現を「芸術」と呼ぶことができるだろうかと問うのである。

こうした〔表現的なものの〕生成、こうした〔色や音の〕出現を〈芸術〉と呼ぶことができるだろうか。もし可能なら、領土は芸術の効果だということになるだろう。芸術家とは、境界標を設け、〔領土の〕印をつける最初の人間ということになるだろう……。[12]

ここでは疑問文のかたちで書かれているが、ドゥルーズとガタリの答えは明らかに肯定であり、こうしてドゥルーズとガタリは、表現性という芸術的なものの出現を自然の内に見出す。この限りにおいて、「芸術は、まず初めにポスターであり立て札[13]」なのである。

（10）MP 388/中328. また以下の文章も参照。「〔動物や鳥の〕色が表現的になるのは、時間的な恒常性と空間的な射程を獲得し、それによって色が領土の印に、より正確には領土化を行う印に変わるときである」MP 387/中326.
（11）MP 395/中339.
（12）MP 388/中329.
（13）*Ibid.*

ふたりは、この段階における表現のあり方を「署名 signature」や「レディ・メイド」、「アール・ブリュット」といった言葉で表している。「レディ・メイド」と言われるのは、署名や刻銘によって既製品をみずからの芸術作品へと変えたマルセル・デュシャンの実践が念頭にあるのだろうし、「アール・ブリュット」と言われるのは、落ちていた石を拾い集めてみずからの理想宮を作り上げたフェルディナン・シュヴァルのように、手近な素材をなわばりの目印にするところからだろう。いずれにせよ、ある種の表現性によってみずからのなわばりを示すことは、その場に自分の名を刻むことであり、所有とは芸術的な行為なのである。

私が特定の色を好むのと、その色を自分の旗印や立て札にするのは同時である。人は大地に自分の旗を立てるように、対象に署名する。(14)

しかしながら、重要なのは、これはあくまでも最初の段階であり、通過されるものでしかないということである。署名は「スタイル」へと乗り越えられていく。

表現の質料は、初めはポスターないし立て札であるが、それにとどまるものではない。表現の質料はそこを通過するにすぎないのである。まさに署名はスタイルへと生成変化する。(15)

ドゥルーズとガタリによれば、表現の質料によって領土ができあがり、そこで「モチーフ」と「対位法」が成立することで、署名はスタイルとなる。「モチーフ」と「対位法」という言葉自体は、ヤーコプ・フォン・ユクスキュルの『意味の理論』からとられたと思われるが[16]、ここで言われるモチーフとは、領土と結びついた食欲や性衝動、攻撃衝動といった個体の内的衝動であり、対位法とは領土に近づいてくる敵や天候といった外的な環境である。つまりこの段階では、表現性によるなわばりの成立という抽象的な関係だけでなく、より具体的な複数の要素が考察されているのである。スタイルと呼ばれているのは、この複数の要素からなる複合体である。

こうして私たちは、立て札の段階を脱する。というのも、それ自体で考察された各々の表現的な質、あるいは各々の表現の質料が立て札やポスターであるとしても、このような考察は

(14) MP 389/中329.
(15) MP 390/中331.
(16) Cf. Jakob von Uexküll, *Bedeutungslehre*, 1940, in *Streifzüge durch die Umwelten von Tieren und Menschen; Bedeutungslehre*, Frankfurt am Main, Fischer, 1970（ヤーコプ・フォン・ユクスキュル、「意味の理論」、『生物から見た世界』、日高敏隆・野田保之訳、新思索社、一九七三年所収）なお、ふたりは『生物から見た世界』という書名しか挙げていないが、仏訳版の同書には『意味の理論』も収録されており、モチーフと対位法という考え方に関しては、内容からしてもこちらを参照していると考えられる。

抽象的であることには変わりがないからである。表現的質は相互に可変的なあるいは不変的な関係を結び合う（これが表現の質料がなすことである）。こうして、もはや領土を標示する立て札ではなく、モチーフと対位法が構成され、このモチーフと対位法は、たとえそれが与えられていなくとも、領土と内的衝動との関係、あるいは領土と外的状況との関係を表現する。もはやいくつもの署名ではなく、ひとつのスタイルがあるのだ[17]。

そしてさらに、現実のなわばりには、そのなわばりを争う同一種の個体や、求愛の対象となる異性の個体、さらには他の種の動物等も関係しているのであり、ドゥルーズとガタリは特に、同一種の個体との関係を「リズム的人物 personnage rythmique」、別の種の個体との関係を「メロディー的風景 paysage mélodique」と呼んでいる。分かりにくい表現だが、このふたつはともに、複数の個体や種のあいだの関係を表すための言葉であると考えてよい。

リズム的人物とは音楽家オリヴィエ・メシアンからとられた言葉であり[18]、ドゥルーズとガタリは、この言葉を同一種の個体同士の関係を表すために用いている。例えば、なわばりを争う同一種・同一性の二匹の動物のあいだでは、どちらのなわばりに近いかに応じて、能動的なリズムと受動的なリズムが生まれ、両者のあいだにはたえず変動する第三者的な証人のリズムが表れる。また求愛の際には、二重奏によるリズム的人物が生まれる、といった具合である。他方メロディー的風景とは、互いになわばりを争うことのない異種間の個体同士の関係性を指す。ローレンツも指摘していたように、ある動物のなわばりのなかでも、種の異なる個体は問題なく共存しているからである。このようにして領土は、同一種の個体を分離すると同時に、異なる種の個体を共存させるのである。

領土は、同一種の成員の共存を保証し、調節するために成員を相互に隔てるだけでなく、同じ環境にできるだけ多くの異なる種が共存できるように、それらを種別化している。同一種の成員がリズム的人物の中に入るのと、さまざまな種がメロディー的風景の中に入るのは同時なのである。(19)

このように見るとき、自然はさまざまなリズムとメロディーの交錯として、すなわち音楽的なものとして現れてくる。

(17) MP 391/中333-4.
(18) 特に以下を参照。オリヴィエ・メシアン/クロード・サミュエル、『オリヴィエ・メシアン――その音楽的宇宙』、戸田邦雄訳、音楽之友社、一九九三年、八九―九〇頁。ここでメシアンはリズムを、攻撃する人物に相当する能動的なリズム、攻撃される人物に相当する受動的なリズム、じっとせず何もしない人物に相当する証人のリズムの三つに分類している。
(19) MP 394/中338.

魔法の鳥スキノピーティス

以上によって、表現的なものとそのさまざまな関係が自然のなかにも見出され、それによって芸術はいったん自然の次元へと戻される。ドゥルーズとガタリが「魔法の鳥」スキノピーティス・デンティロストリス（学名 Scenopoeetes dentirostris／和名ハバシニワシドリ）に好んで言及するのは、この鳥が以上の要素をすべて含んでいるからに他ならない。ここで、これまでの議論をスキノピーティスに即して確認しておこう。

スキノピーティス・デンティロストリスという鳥は、毎朝、あらかじめ切り取っておいた木の葉を落とし、次にそれを裏返して、色の薄い裏側を地面と対照させることで自分の印を作る。つまり裏返すことによって表現の質料が生まれるのだ。〔……〕どんなものでも表現の質料に変えてしまうこと。スキノピーティスはアール・ブリュットを実践しているのであり、芸術家はスキノピーティスである。[20]

これは領土に対する表現の先行性を表すものである。つまり、スキノピーティスは葉を裏返すことによって表現の質料を生み出し、みずからのなわばりを示しているのである。スキノピーティスが実践するアール・ブリュットとは、木の葉によって表現の質料を生み出すことを指している。

しかし、スキノピーティスはさらに、求愛行動において同じ地域に生息する他の鳥たちの鳴き声を模倣し、それによってますます独自の鳴き声を構成する。ここには単なるアール・ブリュットからより複雑なスタイルへの変化が見出される。

スキノピーティスは蔓や小枝を歌の棒（singing stick）にしてそこにとまって歌う。そこは、あらかじめ準備した舞台（display ground）、つまり地面と対照をなすように切り取り、裏返した木の葉によって印づけられた舞台の真上である。スキノピーティスは、歌うと同時にくちばしの下に生えた羽毛を開き、その黄色い付け根の部分を露出する。〔……〕スキノピーティスの歌は、複雑で変化に富んだモチーフを形成する。このモチーフはスキノピーティスに固有の音調と、歌の合間で真似する他の鳥の音調によって織りなされている。こうして種固有の音調と別の種の音調、木の葉の色合い、喉元の色によって「共立する consister」強化体が形成されるのである。これこそ、スキノピーティスの機械状言表、あるいは言表行為のアレンジメントである。[21]

このように、スキノピーティスは、みずからの鳴き声と他の鳥の鳴き声や、自分の身体の色

(20) MP 387-389/中 327-330.
(21) MP 408/中 360.

と木の葉の色を組み合わせることで、その歌をひとつの「スタイル」へと高めている。ここで言われる「共立」とは、このときの諸要素間の関係のありようを表す言葉であり[22]、さまざまな異質な要素が共立することによって、スキノピーティスはみずからの言表行為のアレンジメントを形成しているのである。

これはすでに確認した多様体のあり方に他ならない。多様体とは、異質な諸要素の脱領土化と再領土化によって構成される生成変化のブロックであり、此性であった。したがって、スキノピーティスは、ひとつの多様体、ひとつの此性として、みずからの歌声を、すなわちみずからの言表行為のアレンジメントを構成するのである。他の鳥の歌声とスキノピーティス自身の歌声、葉や身体の色が脱領土化し、ひとつのスタイルとして再領土化する。このようにしてひとつの感覚のブロックを作りあげる限りにおいて、後に『哲学とは何か』で言われるように、「スキノピーティスは完全な芸術家[23]」なのであり、「芸術は人間の特権ではない[24]」のである。

こうして『千のプラトー』においては、一種の自然哲学的な立場から芸術が論じられることになる。人間の芸術がそれ自体として論じられるのは、ふたりの最後の共著となった『哲学とは何か』を待たなくてはならない。

芸術作品の身分

以上によって、表現が人間的なものにとどまらず、自然の領域にまで拡張されることを確認した。とはいえこれだけなら単なる芸術的な自然哲学の一種にとどまる。むしろ重要なのは、あくまでも人間的な創造行為としての芸術を論じる『哲学とは何か』においても、芸術が動物とともに始まるとされていることである。『哲学とは何か』では、哲学・科学・芸術が人間の思考がとる三つの形態とされ、哲学は概念（conception）を、科学は関数（fonction）を、そして芸術は感覚（sensation）を創造するものとされる。そして同書においてもまた、芸術は動物とともに始まると述べられるのである。

芸術はおそらく動物とともに、少なくとも領土を切り取り、家を作る動物とともに始まる。〔……〕領土は純粋な感性的質の出現、すなわちセンシビリア（sensibilia）の出現を折り込んでいる。〔……〕この質の出現は、外的な素材の処理においてだけでなく、身体の色や姿勢においても、領土を印づける鳴き声やさえずりにおいても、すでに芸術に属している。[25]

いくつかの用語に若干の変更があるにせよ、これはほとんど『千のプラトー』の議論の繰り

（22）「共立性は必然的に非等質的なもののあいだに生まれる」MP 407/中358.
（23）QP 174/310.
（24）MP 389/中330.
（25）QP 174/309-310.

返しである。ただし『千のプラトー』においてはいまだ疑問形で語られていた、動物たちの身体の色や鳴き声も芸術に属するのかどうかという問いに対し、『哲学とは何か』は明確に肯定的な答えを与えている。そして『千のプラトー』と同様にスキノピーティスの例が引かれ、前述のように「スキノピーティスは完全な芸術家」だと述べられるに至るのである。

しかし、『哲学とは何か』は、あくまで芸術を人間の思考の形態として論じるものであり、人間を動物とともに論じる自然哲学の書ではない。したがって問うべきは、このように芸術を自然の内に置き直すことの意義である。ここではこの問いに対し、芸術作品が主観的なものでも物質的なものでもなく、独自の身分を持つものだということを強調するためだという答えを与えたい。

ドゥルーズとガタリは『哲学とは何か』において、芸術とは被知覚態（percept）と情動（affect）から成る感覚のブロックを創造するものだと定義する。そして被知覚態と情動は、ともに、主観的な知覚や感情とは異なるということが幾度も繰り返されている。

被知覚態はもはや知覚（perception）ではなく、それを感じる者の状態から独立している。情動はもはや感情（sentiment）や情緒（affection）ではなく、それを経験する者の力を越えている。感覚、すなわち被知覚態と情動はそれ自体で妥当性を持つ存在であり、あらゆる体験を超えている。それらは人間の不在において存在すると言うこともできる。石材のなかや画布の上、言葉の流れにおいてとらえられた人間は、それ自体、被知覚態と情動の合成物だからである。芸術作品はひとつの感覚存在（être de sensation）であり、他の何ものでもない。芸術作品はそれ自体で（en soi）存在する[26]。

被知覚態や情動については以下で論じるが、ここで確認したいのは、ドゥルーズとガタリが論じる被知覚態は主観的な知覚ではなく、また情動も主体が感じる感情や情緒ではないという点である。だからこそ感覚は人間の不在においても存在するのだと言われるのであり、したがってこの感覚はある種の客観性を持っている。

しかしながら、この客観性は物質的な客観性でもない。たしかに作品そのものはその素材となる物質と不可分であり、それなしには存在しない。また素材となる物質と感覚の境目も明確なものではない。しかしそれでも、権利上は、芸術作品、あるいはそれが成立させる感覚は、素材から独立しているのである。

芸術は、事実上は、石材や画布、合成顔料といった支持体や素材以上に持続するわけではないが（事実問題？）、それ自体において保存しかつ保存されるものである（権利問題？）[27]。

（26）QP 154/275.

感覚は〔素材とは〕別の次元に属しており、素材が持続する限りにおいて即自的な存在を所有している。(28)

このように主観的な体験とも、客観的な素材とも異なるものとしての感覚を打ちたて、保存するもの、これこそがドゥルーズとガタリによる芸術作品の定義である。芸術作品がそれ自体で存在すると言われるのは、感覚が主観的な知覚や感情とも、素材となる物質とも異なる存在様態を持つからであり、ドゥルーズとガタリにとって芸術作品は、この、それ自体で存在する感覚を打ちたて保存するモニュメントなのである。

ただし、ここで言われるモニュメントとは、過去の人物や出来事を記念するものではなく、非時間的な、現在を逃れる出来事を具体化するものである。

なるほど、あらゆる芸術作品はモニュメントであるが、この場合のモニュメントとは、過去を記念するものではなく、現前する感覚のブロックであり、この感覚は、それ自体でみずからを保存し、出来事にそれを言祝ぐ合成体を与えるのである。(29)

したがって、芸術作品は、顕在的で物質的な素材よりも潜在的な出来事とより深く関係している。

モニュメントは、潜在的な出来事を顕在化するのではなく、潜在的出来事を具体化（incorporer）し、あるいは受肉させる。モニュメントは、潜在的な出来事にひとつの身体、ひとつの生、ひとつの宇宙を与えるのである[30]。

芸術作品はこうして、物質的な手段を通じて、潜在的な出来事を具体化する。芸術は、有限なものを通じて無限なものを与え返すのである[31]。いずれにせよ、ここに科学とも哲学とも異なる芸術のあり方が見出されるのであり、芸術は、潜在的な出来事を、顕在的な事物を通して具体化し、可視的なものにするのである。「芸術は見えるものを再現するのではなく、見えるようにする[32]」というクレーの言葉の反響をここに見ることもできるだろうが、芸術は、こうして

(27) QP 154/274.
(28) QP 182/325.
(29) QP 158/281-2.
(30) QP 168/299.
(31)「おそらく、芸術に固有なこととは、有限なものを通じて無限なものを見出し、与え返すことである。〔……〕芸術は、無限なものを与え返してくれる有限なものを創造することを欲するのである」QP 186/332-3.
(32) 第三章、注八四参照。

潜在的でも顕在的でもない「可能的な」ものを世界に付け加えていくのである。(33)

美学的自然哲学

さて、ここで動物たちの世界に見いだされる表現の質料に話を戻すならば、芸術作品のように主観的な知覚や感情にも、客観的な物質性とも異なる独自の存在を持つもの、これをドゥルーズとガタリは動物たちの世界に現れる「表現の質料」に見出したのではないか。たしかに、動物たちの身体の色や鳴き声はそれを発する者から独立に存在するわけではないし、またその色も例えばホルモンのような生理的な原因を割り当てることもできる。しかし、ドゥルーズとガタリにとって、領土化を行い、なわばりをつくりだす表現の質料は、そうした物質的な次元ではなく、領土化の要因という、あくまでもそれとは異なる次元で見出されるべきものである。先に引用したように、「領土は純粋な感性的質の出現、すなわちセンシビリア（sensibilia）の出現を折り込んでいる」のである。まさにこの感性的質が見出されるという点に、自然のうちに芸術が見出される理由がある。先に見たスキノピーティスはさらに、表現の質料を組み合わせることで独自のスタイルと感覚のブロックを作り上げていた。この意味において、やはり動物たちも芸術活動を行っていると言いうるのである。

しかしながら、ドゥルーズとガタリは、芸術とは自然的なものであり、したがって人間の芸術も自然的であると主張しているわけではない。さまざまな表現が魚や鳥といった動物たちの活動に見出されるとはいえ、動物たちの中にこうした表現性を見出すためには、自然についての芸術的な視点がすでに前提とされていなければならないからである。

ドゥルーズとガタリは、モチーフと対位法からなる自然という見方をユクスキュルから引き出していたが、このユクスキュルの考え方について以下のように書いている。

これは〔自然についての〕目的論的な概念ではなく、メロディー的な概念である。そこでは、もはや何が芸術に属し、何が自然に属するのかわからない。[34]

つまり、自然と芸術の境界が曖昧なものになるのは、自然に対するメロディー的な概念が前提とされているからであり、その逆ではないのである。この意味で、芸術的なものとしての自然という考え方にはすでに芸術的な視点が含まれているのであり、自然が芸術的なものとして現れてくるのは、この芸術的な視点に対してである。ユクスキュル自身は素朴に「生物学の領域へ音楽的なたとえを当てはめること[35]」と言っていたが、ドゥルーズとガタリが述べるよう

(33)「これらの宇宙は潜在的でも顕在的でもなく、可能的である」QP168/299.「芸術家は、つねにいくつかの変化を世界に付け加えていくのである」QP 166/295.
(34) QP 176/312.
(35) Uexküll, *op. cit.*, S.157（ユクスキュル、前掲書、二一〇頁）

に、芸術的な概念から自然を見直すとき、芸術と自然の区別はつかなくなり、あたかも自然それ自体が芸術的であり、芸術とは自然の産物であるかのようにみえるのである。芸術が自然的なのか否か、動物たちも芸術活動を行っているのか否かはすべてこの視点にかかっているのであり、その逆ではない。この意味でドゥルーズとガタリの自然哲学は、芸術的自然哲学あるいは美学的自然哲学とも言えるものである。

プルーストと芸術（一）

以上でドゥルーズとガタリの自然哲学が美学的なものであることを確認した。以下では、以上の議論をドゥルーズ単独の代表作である『プルーストとシーニュ』における芸術論と接続させ、『哲学とは何か』の議論が持つ美学的な意義を考察するとともに、ドゥルーズの思想の変遷を明らかにしてみたい。『プルーストとシーニュ』には、プルーストに委託したかたちでの一般的な芸術哲学とみなしうる側面が存在するが[36]、『哲学とは何か』での議論はその発展形と考えられる側面が存在し、これまで確認してきたドゥルーズの思想の変遷を裏付けることができるのである。

ドゥルーズは、『プルーストとシーニュ』第一版（現行の第一部）において、プルーストの『失われた時を求めて』を、シーニュ（記号）の「習得 apprentissage」の物語として再構成してみせた。それによって、『失われた時を求めて』は、従来言われてきたように、記憶や過去ではなく、習得という未来に向けられた物語であることを強調するのである。

プルーストの作品は、過去と記憶の発見に向けられているのではなく、未来と習得の進展に向けられている。[37]

習得とは、「物質、対象、存在を、あたかもそれらが解読や解釈をするべきシーニュを発しているかのようにみなすこと[38]」であり、時間的な進展と切り離すことができない。ドゥルーズは、習得すべきシーニュを社交界のシーニュ、恋愛のシーニュ、感覚的シーニュ、芸術のシーニュの四つに分類している。「『失われた時を求めて』は、いくつかの領域に組織され、また所々で交わる、さまざまなシーニュの世界を探求することとして提示される[39]」のである。

社交界のシーニュは、その名の通り社交界で見られるシーニュであり、それは行動や思考の代わりをする。そこでは、例えば、自分が面白いことを話しているというシーニュを発し、自

(36) この点に関しては以下のものを参照。篠原資明、「ポスト構造主義」、『トランスエステティーク』、岩波書店、一九九二年所収。
(37) PS 36/33.
(38) PS 10/4.
(39) PS 11/5.

分が笑っているというシーニュを発するのである。したがって、このようなシーニュは、きわめて空虚であり、また、ある家では通用するが別の家では通用しないといったこともある。社交界とは、特定のシーニュを発し、それを理解する人々からなる世界なのであり、社交界に入ることは、このシーニュを習得することである。

恋愛のシーニュは、愛する相手、愛される者が発するシーニュである。愛する者は、自分の愛する相手が発するシーニュを受け取り、その人が包み込んでいる未知なる世界を展開しようとする。しかし、恋愛のシーニュは、プルーストにとってはとりわけ嫉妬の苦しみと結びついている。というのも、愛する相手のシーニュを解読していくと、必ずそれが嘘であることが明らかになるからである。愛する相手の嘘は、『失われた時を求めて』においては、やがてソドムとゴモラという同性愛の世界へとつながっていくことになる。

感覚的シーニュは、特に無意志的な記憶と結びつくものである。紅茶に浸したマドレーヌの味から、かつて住んでいたコンブレーの街がよろこびとともに思い出されるという、『失われた時を求めて』序盤のシーンは有名である。無意識的記憶によって、マドレーヌの味は、コンブレーの街を「その本質において」[40]開示するのである。ただし無意志的記憶によって開示される本質は、いまだ純粋な本質ではない。感覚的シーニュによって与えられる本質は、それを思い出す人物の自我や思い出される場所、さらには無意志的記憶のきっかけとなる物質とも結びついているからである。ここに芸術のシーニュの特権的な位置がある。

ドゥルーズによれば、四つのシーニュのうち、芸術のシーニュだけが非物質的なシーニュである。他のシーニュが、それを発する事物において物質的であるだけでなく、その意味が他の事物のうちに見出されるという点においても物質的であるのに対し、芸術において物質は精神化され、非物質化されるのである。

本質は、物質の中に受肉する。しかしこの物質は従順で、非常に練られ、鋭利なものとなっているために、完全に精神的なものになる。〔……〕芸術とは物質の真の変質である。芸術において、物質は精神化され、物理的環境は非物質化されるのである。[41]

芸術における物質＝素材（matière）は、画家における色彩や音楽家における音、作家における言葉などさまざまでありうるが、この物質＝素材は、各芸術家の「スタイル」によって非物質化されるのであり、この非物質化された素材に本質が受肉するのである。したがって芸術のシーニュの意味とは、全く精神的なものであり、芸術が開示する本質とは、この非物質的なシーニュと、精神的な意味との統一である。

（40）PS 76/75.
（41）PS 60-1/58-9.

〈芸術〉はわれわれに真の統一を与えてくれる。つまり非物質的なシーニュと、全く精神的な意味との統一である。〈本質〉とはまさに、芸術作品において示されるような、シーニュと意味のこの統一に他ならない[42]。

そして芸術作品において開示される本質とは、ドゥルーズによれば絶対的な〈差異〉である。

芸術作品において明かされる本質とは何か。それはひとつの差異、究極で絶対の〈差異〉である[43]。

芸術作品の非物質性は、これまでみてきたように、ドゥルーズ晩年の著作である『哲学とは何か』における感覚の位置づけとも共通している。この点でドゥルーズの芸術への視点は、プルーストとともに練り上げられたといってよい。ドゥルーズには、フランス文学よりも英米文学への偏愛がみられるが、その中でもプルーストはたえず言及され続けたフランスの文学者である。この点でもプルーストはドゥルーズの思想において大きな位置を占めている。そしてプルーストとともに語られた本質としての差異もまた、かたちを変えつつ晩年に至るまで息づいているのである。

プルーストと芸術（二）

『プルーストとシーニュ』において語られる、芸術の本質としての差異とは、プルーストの言葉を引きつつ語られるように、「世界が私たちに現れてくる仕方の中にある質的な差異、もし芸術がなければ永遠に各人の秘密のままであるような差異[44]」である。したがって、芸術において示される差異とは、ふたつの事物のあいだにあるような外在的で経験的な差異ではない。それは「内的な」差異であり、世界に対する視点（point de vue）である。ドゥルーズはさらに、プルーストの以下の言葉を引用している。

芸術によってのみ、私たちは自分自身から抜け出して、ひとりの他人がこの宇宙をどんなふうに見ているのかを知ることができる。その宇宙は私たちの宇宙と同じものではなく、その風景は月世界のそれのように私たちには知られないままになるところだった。芸術のおかげ

（42）PS 53/51.
（43）PS 53/51.
（44）Marcel Proust, *À la recherche du temps perdu*, sous la direction de Jean-Yves Tadié, Quarto, Paris, Gallimard, 1999, p.2285（マルセル・プルースト、『失われた時を求めて』、鈴木道彦訳、全一三巻、集英社文庫、二〇〇六―二〇〇七年、第一二巻、四二三頁）cité in PS 54/52.

で私たちは、たったひとつの自分の世界だけを見るかわりに、世界が多数化するのを見ることができる。そして独創的な芸術家の数だけ、私たちは世界を自由にするのであり、それらの世界は、無限の中を転回するさまざまな世界以上に互いに異なっているのである(45)。

つまり芸術の本質としての差異とは、自分が見ている世界とは異なる世界を与えてくれるものであり、芸術作品は、この視点としての差異によって世界を多数化するものなのである。それゆえにこの視点は鑑賞者の主観的な視点とは区別されなければならない。むしろこの視点の方こそが、その視点にやってくる主体を個体化するのである。

視点は、そこに身を置くものよりも上位であり続け、あるいはそこにやってくる者すべての同一性を保証する。視点は個体的ではなく、反対に個体化の原理である(46)。

このように、芸術作品が提示してくれる本質としての視点に巻き込まれることによって、鑑賞する主体はその視点へと個体化し、自分のものとは異なる世界を垣間見ることになるのである(47)。

一方また、この視点によって表現される世界も、ドゥルーズによれば「絶対的に異なる世界」であり、「〈世界〉一般の始まり」である。

本質によって包まれた世界は、つねに〈世界〉一般の始まりであり、宇宙の始まり、絶対的で根源的な始まりである。(48)

こうして芸術作品は、われわれに新たな視点を与え、それによって新しい世界を与えてくれるのである。(49) プルースト自身、ルノワールを例に出しながら、芸術家を「眼科医」にたとえていた。

---

(45) *Ibid.*, cité in PS 55/53.
(46) PS 133/123.
(47) このように、ここで言われる個体化は第四章で論じたような此性タイプの個体化ではなく、むしろ主体を形成するタイプの個体化である。ただし、ここで言われる主体があくまでも視点によって作られるものであって、自己同一的な主体ではないことに注意しなくてはならない。
(48) PS 57/55.
(49) ドゥルーズ自身、『プルーストとシーニュ』の第二版において追加された箇所で、以下のようにまとめている。「われわれが先に示そうと試みたように、プルーストによる本質とは、何か見られるものではなく一種の上位の視点である。それは他のものに還元できない視点であって、世界の誕生とひとつの世界の独創的な性格とを同時に意味している。この意味において、芸術作品はつねに世界の始まりを構成・再構成するとともに、他の世界とは絶対的に異なる固有の世界を形成し、われわれがとらえていた場所とはまったく異なる非物質的な風景や場所を包んでいる」PS 133/123.

そんな風に認められることに成功するために、独創的な画家、独創的な芸術家は眼科医のように事をなす。彼らがその絵画や散文によって行う治療は、必ずしも気持ちのよいものではない。治療が終わると医者は私たちにこう言う。「さあ、みてごらんなさい」と。するとたちまち世界は（これまでにただ一度だけ創造されたのではなく、独創的な芸術家がやってくるたびに創造された世界であるが）、以前の世界とはまったく違ったものとして、だがきわめて明瞭な世界として私たちの前に現われる。女性たちは以前の彼女たちと違った女性になって通りをすぎていく。なぜならそれはルノワールの女性たちだからだ。つまり以前は私たちが女性と認めるのを拒んでいた、あのルノワールの女たちだからである。(50)

印象派と呼ばれる画家たちが、当初激しく非難されたことはよく知られている。なかでもルノワールの《陽光の中の裸婦》は、一八七六年の第二回印象派展において、「腐敗した死体」とまで形容されていた。当時の批評家には、裸婦の身体に落ちた木陰を表現するために用いた紫の色が、女性自身の肌の色のように見えたのである。

しかしルノワールの「治療」を受けることによって、世界はそれ以前とは全く異なるものに変貌する。通りをすぎる女性たちは、ルノワールの絵画を通して見られるようになるのであり、このようにして芸術家は、新しい世界を創造するのである。したがって世界は、独創的な芸術家の数だけますますその数を増やすことになる。プルーストが言うように、世界はこれまで幾度となく再創造されてきたのである。これこそ『プルーストとシーニュ』が、本質や視点といった言葉で表現していたことであろう。

芸術と生成変化

以上の論点は、力点を多少変えてはいるものの、『哲学とは何か』にも共通するものだと考えることができる。とりわけ芸術家が被知覚態と情動によって構成される感覚を創造するのだと述べる際、ドゥルーズとガタリは以下のように書いている。

芸術家は、みずからが与える被知覚態、あるいはヴィジョンと連関する情動の使い手であり、情動の発明者であり、情動の創造者である。芸術家が情動を創造するのは、自身の作品においてのみではない。芸術家は情動を私たちに与え、私たちをその情動とともに生成変化させ、私たちを構成物〔感覚〕のうちでとらえるのである。(51)

ここで被知覚態がヴィジョンという言葉と並置されていることに着目したい。この表現は否

(50) Proust, *op. cit.*, p.1000(プルースト、前掲書、第六巻、四七頁)
(51) QP 166/296.

応なく『プルーストとシーニュ』における視点を思い起こさせる。『プルーストとシーニュ』においては、視点とは芸術の本質たる絶対的差異であり、それによって自分が見ている世界とは異なる新たな世界を与えてくれるものだった。それに対し、『哲学とは何か』のドゥルーズとガタリは、被知覚態とは「人間以前の風景、人間の不在における風景[52]」だと述べる。これは、見る主体に依存しない視点が他の世界とは絶対的に異なる世界を含んでいるという、『プルーストとシーニュ』における本質の議論とほぼ同じ論理である。被知覚態とは、誰かが見ている風景ではなく、風景そのものとなった視点なのである。

とはいえ『哲学とは何か』において被知覚態に対応するのは、『プルーストとシーニュ』におけるような世界の始まりではなく、情動である。ドゥルーズとガタリは被知覚態と対照させるかのように、情動とは「人間の非人間的なものへの生成変化」だと述べている。

被知覚態が自然の非人間的な風景であるとすれば、情動はまさしく人間の非人間的な生成である。〔……〕ひとは世界内に存在するのではなく、世界とともに生成変化し、世界を観照しながら生成変化する。すべてはヴィジョンであり、生成変化である。ひとは宇宙へと生成変化する。動物への、植物への、分子への、ゼロへの生成変化[53]。

このように、芸術作品はもはや根源的な世界の始まりを表現するのではなく、人間的な視点を超え、その視点に対応するさまざまな生成変化を与えてくれるのである。芸術家とは、この意味で被知覚態と情動を作りだし、鑑賞者を生成変化させる人の謂いである。ヴィジョンとしての被知覚態は、そのヴィジョンに対応する力を感じとらせ、それによって鑑賞者は変容し、生成変化するのである。

宇宙と芸術、発生から生成変化へ

ここにドゥルーズとガタリによる芸術の第三段階を見出すことが可能である。すなわち、署名やポスターでもなく、スタイルでもなく、宇宙へと開かれるという段階である。もはや表現の質料を生み出しなわばりを形成するのでも、他の個体や種とともにスタイルを作りあげるのでもなく、なわばりを離れ、脱領土化する段階である。

たしかに表現の質料が生み出されることによって領土が成立し、そこに攻撃性や巣作りのような新しい機能が生まれることになる。しかしまた求愛の行為のように、なわばりの中で行われながらも、領土化の度合いが低いものもある。こうした機能は、自立性を獲得し、領土的アレンジメントから異なるアレンジメントへと移行していくことが、つまり脱領土化していくことがあるのである。

(52) QP 159/284.
(53) QP 160/285.

脱領土化の方向に進むために、実際に領土を離れる必要はない。そうではなく、つい今しがたまで領土的アレンジメントのうちに形成された機能だったものが、今度は別のアレンジメントを構成する要素に、別のアレンジメントへの移行の要素になるのである。〔……〕領土的アレンジメントから求愛のアレンジメントや、自立化した社会的アレンジメントへの開かれがあるのである。(54)

例えば、オーストラリアのアトリ科の鳥には、求愛のために草の切れ端を使う種類がいる。この草の切れ端は、かつては巣作りのために用いられていたものであり、それが次第に求愛行動にも使われるようになったと考えられている。したがって、草の切れ端は、領土的なアレンジメントから求愛のアレンジメントへの移行の途上にあり（中間アレンジメント）、アレンジメントの変換器の役割を果たしている。このように、求愛や集団性のような領土内で成立するさまざまな機能は、自立性を獲得し、他のアレンジメントとして独立していくのである。

しかし、脱領土化の運動の中には、産卵のために生まれた川に戻ってくる鮭や、季節毎に大規模な移動を行う渡り鳥のように、単に領土的アレンジメントから別のアレンジメントへと移行すると考えるのでは不十分な場合が存在する。こうした事例においては、脱領土化が絶対的なものとなり、宇宙的な拡がりを持つことになるのである。

もはや中間アレンジメントが、すなわち領土的アレンジメントから別のタイプのアレンジメントへの移行があると言うことですら十分ではない。むしろ、あらゆるアレンジメントから離脱し、あらゆる可能的アレンジメントの潜在能力を凌駕して、別の平面に入りこむかのようである。〔……〕はるかに拡がりのある運動に、今や宇宙が取り込まれているのである。(55)

ドゥルーズとガタリは、こうした宇宙との関係をやはりプルーストに見出していたし、マティスやゴーギャン、ベーコンの絵画にみられるモノクロームの平塗り、イヴ・クラインの青色や、ワーグナーやドビュッシーの音楽、さらには建築にも見出そうとしていた。(56)ただいずれの芸術形態においても「非知覚態としての〔宇宙の〕力と、情動としての生成の完全な相補性や交錯(57)」があるのである。

こうして芸術家はあらたな被知覚態あるいはヴィジョンを生み出し、それによって鑑賞者を生成変化へと呼び込むことになる。あらたなヴィジョンを生み出し、それを伝えること、ここ

(54) MP 398/中345.
(55) MP 401/中350.
(56) QP 170-172/304-307, 177-181/315-323.
(57) QP 173/308.

に芸術の役割があり、鑑賞者はそれによって新たな生成へと巻き込まれていくのである。ここではもはや『プルーストとシーニュ』で語られた世界の始まりではなく、生成変化が眼目となっている。もはや根源的な開始が重要なのではなく、始まりそれ自体が「あいだ」において始まるのである。

始まりは、ふたつのもののあいだでしか、インテルメッツォでしか始まらない[58]。

ここにドゥルーズの思想の変化を見て取ることができるだろう。すなわち潜在性からの発生（genèse）の哲学ではなく、あいだでの生成変化（devenir）の哲学へ。

すでに論じたように、生成変化とは二項機械のあいだをすり抜け、此性タイプの個体化を遂げることである。同じ個体化という言葉が用いられているとはいえ、『プルーストとシーニュ』で語られるような主体形成タイプの個体化と、此性タイプの個体化は区別されなくてはならない。むしろ、同じ言葉でとらえられる内実が変化しているところにドゥルーズの思想の変化が表れているとも言えよう。しかしいずれにしても、こうして芸術あるいは芸術作品は生成変化を引き起こすものとしてとらえ直される。それは芸術作品が生み出す被知覚態によって、それとともに生成変化することである。

被知覚態それ自身の定義とは、以下のようなものではないだろうか。つまり、世界に住まい、私たちを触発し、生成変化させる感覚不能な力を感覚可能にすること。(59)

そしてドゥルーズとガタリにとって、新しい感覚を生み出すことは、哲学や科学と同じく思考することであった。したがって、新たな作品を生み出す作家だけでなく、芸術作品が提示する感覚を感じ取り生成へと巻き込まれることによって、鑑賞者もまた新たな思考を手にするのである。

したがって芸術とは、目的ではなく、生を変容させるための道具である。芸術は被知覚態と情動によって生成変化を生み出し、それによって新たな生のありようを生み出す。それは決して観念的な事柄ではなく、実在的で現実的な事態である。芸術とともに思考すること、それはこの新しい生のありようを思考することなのである。

ひとはエクリチュールによって動物に生成変化し、色彩によって知覚しえぬものに生成変化し、音楽によって激しく、また思い出を持つことなしに、同時に動物にも知覚しえぬものに

(58) MP 405/中355.
(59) QP 172/306.

も生成変化する。つまり恋する者に。だが、芸術は決してひとつの目的ではなく、さまざまな生の線を引くための道具でしかない。そして生の線とは、単に芸術の中で生産されるものではないすべての実在的な生成変化であり、芸術の中に逃げることや避難することではないすべての能動的な逃走であり、芸術の上に再領土化しようとするのではなく、むしろ非意味的なもの、非主体的なもの、顔なきものの領域へと芸術を運んでいく肯定的脱領土化なのである。[60]

（60）MP 229-30/中52.

あとがき

本書は、平成二七年度に京都大学に提出された博士学位論文「ジル・ドゥルーズと哲学――多様体の論理と実践へ」を増補・改訂したものである。元の論文にはなかった節をいくつか書き加えたほか、論文では省略していた内容を展開したり、小見出し・改行を増やしたりと、全体にわたって文章に手を入れた。これらの作業により、より多面的にドゥルーズの思想を描き出すことができただけでなく、（元の論文とくらべて）ずいぶんと読みやすい書物に仕上がったと思う。出版を引き受けてくれるとともに、書き直しの方向性を示してくれた人文書院の松岡隆浩さんに感謝したい。

博士論文の審査は、京都大学大学院人間・環境学研究科の篠原資明先生、岡田温司先生、多賀茂先生の三名によって行われた。改稿するにあたって、公聴会の場で受けたご指摘は可能な限り反映させたつもりである。あまりに大きすぎるがゆえにいまだ未解決の課題もあるが、各先生から受けたご指摘によってより広い学問的な展望を得ることができた。記して感謝申し上げたい。また博士論文の主査であり、指導教員でもあった篠原先生には、学部時代から数えてずいぶんと長い時間お世話になってしまった。こうして博士論文を一冊の書物としてまとめるにあたり、自分では篠原先生からの思想的影響をさまざまに感じている。この場を借りてあらためて感謝申し上げたい。

本書は、「はじめに」を別にすれば、序論＋六章の計七章からなっている。しかし本書では、前の章が次の章を基礎づけ、次第に発展していくような類いの書物ではなく、かといって各章が全く独立したものというのでもなく、各章が互いに反響し合うことでひとつないし複数の図像を描くような、そんな書物を構想してみた。そのため、哲学史的な議論を取り扱った第一章が内容としては一番ややこしいかもしれない。読んでいて分かりにくい箇所と出会ったときには、その場で立ち止まるよりも読み飛ばして進んでいってもらえればと思う。後の文章や他の章を読むことで、意外な理解が得られることもあるはずである。

また本書には「二〇世紀のエピステモロジーにむけて」という副題をつけた。必ずしも内容と十全に一致してはいないかもしれないが、ドゥルーズという稀代の思想家を通して、二〇世紀思想の（ささやかな）見取り図を描き出したいという意図を込めたものである。ドゥルーズというひとりの哲学者の思考だけをひたすらに追うのではなく、より広い文脈の中で、ドゥルーズがどのような問題と対峙し、それに対してどのような回答を出そうとしていたのか。これを明るみに出すことが本書の隠れた主題であった。それゆえ、ここで言う「エピステモロジー」とは、「科学認識論」と訳されるような狭義のそれではなく、さまざまな学問についての考察といったニュアンスで、あくまでも「知識」や「学」という古典ギリシャ語エピステーメーの元の意味合いを強く含ませて用いたものである。

本書の完成までには多くの人の助力を得た。先に挙げた先生方だけでなく、特に大学院の先輩・同期・後輩諸氏からは常に大きな刺激と活力を与えられた。他愛のない話から真面目な議論まで、そのすべてがここに生きている。

末尾ではあるが、本書を両親に捧げたい。

著者

平成二九年睦月

本書の刊行に際しては、京都大学の平成二八年度総長裁量経費人文・社会系若手研究者出版助成を受けた。

著者略歴

渡辺洋平（わたなべ　ようへい）

1985年宮城県仙台市生まれ。2009年京都大学総合人間学部卒業。2016年京都大学大学院人間・環境学研究科博士後期課程修了。博士（人間・環境学）。専門は美学、哲学。早稲田大学、関西大学、学校法人北白川学園非常勤講師。本書以外の論文に「衣服論事始め」（『vanitas』No. 002）、翻訳にゲオルク・ジンメル「モードの哲学」（共訳、『vanitas』No. 003）。

Mail: dusten.alethei@gmail.com

ドゥルーズと多様体の哲学

二〇世紀のエピステモロジーにむけて

二〇一七年二月二〇日　初版第一刷印刷

二〇一七年二月二八日　初版第一刷発行

著　者　渡辺洋平

発行者　渡辺博史

発行所　人文書院

〒六一二－八四四七

京都市伏見区竹田西内畑町九

電話〇七五・六〇三・一三四四

振替〇一〇〇〇－八－一一〇三

装　幀　間村俊一

印刷所　モリモト印刷株式会社

落丁・乱丁本は小社送料負担にてお取り替えいたします

ISBN978-4-409-03093-6 C3010

ジル・ドゥルーズの哲学

超越論的経験論の生成と構造

山森裕毅著

三八〇〇円

新たなドゥルーズ研究が、ここから始まる。

ドゥルーズは哲学史家として、スピノザ、カント、ベルクソン、プルーストなどと格闘することで自らの思想を練り上げていった。本書では、それをもう一度哲学史に差し戻す。焦点となるのは、ドゥルーズ哲学前期ともいうべき、『経験論と主体性』から『差異と反復』までの一五年間。その間の著作を、時間軸に沿って綿密に検討し、ドゥルーズ哲学の中心を「能力論」と見定めることで、後期にまで及ぶ思想全体を根底から読み解く。次世代の研究の幕開けを告げる、新鋭による渾身作。補論として、『機械状無意識』を詳細に読み解いたフェリックス・ガタリ論（一五〇枚）を付す。